es 1267
edition suhrkamp
Neue Folge Band 267

Neue Historische Bibliothek
Herausgegeben von Hans-Ulrich Wehler

Die Geschichte der Bundesrepublik bis zur unmittelbaren Gegenwart wird im vorliegenden Band anhand dreier Problemkreise nachgezeichnet. Zum einen auf der Ebene der Außenpolitik: Hier fand die Einbettung in das westliche Bündnis statt, die Hinnahme der Teilung Deutschlands, in den siebziger Jahren der Versuch der Entspannung mit dem Osten. Wirtschaftspolitisch ging der Weg vom »Wirtschaftswunder« und Wachstumsglauben zur ökonomisch-ökologischen Orientierungskrise, gesellschaftlich vom Streben nach Sicherheit zum Machbarkeitsdenken und schließlich zur Betonung neuer immaterieller Werte. Kulturell hatte sich der Wandel schon seit den sechziger Jahren im Durchbruch kritischer Tendenzen in Literatur und Kunst gezeigt. Nach dem eher autoritären Beginn ist die Demokratie inzwischen in Deutschland ähnlich verankert wie in anderen westlichen Ländern, einschließlich ihrer radikal-utopischen Spielart.

Dietrich Thränhardt ist Professor für Politikwissenschaft an der Universität Münster.

Dietrich Thränhardt

Geschichte der Bundesrepublik Deutschland

Suhrkamp

edition suhrkamp 1267
Neue Folge Band 267
Erste Auflage 1986
© Suhrkamp Verlag Frankfurt am Main 1986
Erstausgabe
Alle Rechte vorbehalten, insbesondere das der Übersetzung,
des öffentlichen Vortrags
sowie der Übertragung durch Rundfunk und Fernsehen,
auch einzelner Teile.
Satz: Hümmer, Waldbüttelbrunn
Druck: Nomos Verlagsgesellschaft, Baden-Baden
Umschlagentwurf: Willy Fleckhaus
Printed in Germany

3 4 5 6 – 91 90 89

Inhalt

III. Regieren gegen Krisen 1974–1986

IV. Ausblick: Neue Herausforderungen, alte Antworten   224

Einleitung

Im Jahr 1986 besteht die Bundesrepublik 37 Jahre, zehn Jahre länger als die Weimarer Republik und das »Dritte Reich« zusammen. War sie bei ihrer Gründung weithin als Provisorium oder – so der erste Bundespräsident Theodor Heuss – als »Transitorium« betrachtet worden, als Übergangserscheinung auf dem Weg zu einem erneuerten Gesamtdeutschland oder auch als Baustein westeuropäischer Integration, so steht ihre Existenz heute nicht mehr zur Debatte. Ihre äußeren Beziehungen sind inzwischen nach allen Seiten dauerhaft definiert. Im Innern haben sich eigene Traditionen und ein bemerkenswert breiter sozialer und politischer Konsens, eine eigene bundesdeutsche Normalität herausgebildet.

Die Entwicklung und Stabilisierung eines demokratisch verfaßten Gemeinwesens in der Bundesrepublik, die entgegen den ursprünglichen Befürchtungen vieler Beobachter – und im Gegensatz zur Geschichte der Weimarer Republik – kontinuierlich und ohne größere Krisen und Erschütterungen vor sich gegangen sind, macht sicherlich den wesentlichsten Problemkreis einer Geschichte der Bundesrepublik aus. Er läßt sich in Fragen nach der Neuschaffung der institutionellen Ordnung, der Neustrukturierung von Parteien und Verbänden und den Veränderungen in der öffentlichen Meinung, nach den Mentalitäten und Ideologien und der politischen Kultur auffächern.

Die Entstehung und Festigung der politischen Ordnung vollzog sich in engem Zusammenhang mit den großen politischen Alternativen und Konflikten: der Teilung Deutschlands, der Einordnung in den westlichen Block, der Klärung des Verhältnisses zu den osteuropäischen Ländern, den Entscheidungen über die wirtschaftliche und soziale Ordnung, dem Wachstum der Wirtschaft und der Verteilung des neuen Reichtums. In diesen Auseinandersetzungen, die sich zum Teil in variierter Form wiederholten, wurden Argumentationsfiguren, Begriffe, Haltungen und Personalisierungen durchgesetzt, die inzwischen Elemente eines relativ einheitlichen, über Parteien und gesellschaftliche Gruppen hinausgehenden bundesdeutschen Geschichtsbildes sind.

Als Rahmenbedingung dieser bundesdeutschen Entwicklungen muß die »Teilung der Welt« in eine amerikanisch und eine sowjetisch dominierte Sphäre einbezogen werden.[1] Die schrittweise erreichte Wiedergewinnung der Souveränität unter westlicher Aufsicht, die engen Beziehungen mit der wirtschaftlich und sozial weit fortgeschrittenen amerikanischen Gesellschaft, die in dieser Zeit weltweit als Vorbild galt, sowie die wirtschaftlichen Expansionsmöglichkeiten in einer rasch wachsenden Weltwirtschaft in den fünfziger und sechziger Jahren sind einige wichtige äußere Phänomene der prägenden Gründungsphase.

Neben die mit dem Aufbau und der Festigung der Bundesrepublik verbundenen Themen sind in den letzten Jahren neue Problemfelder getreten, bei denen historische Zusammenhänge in der Öffentlichkeit wenig bewußt sind, in denen »Geschichtslosigkeit« herrscht, gerade auch bei jenen, die Geschichte und historisches Bewußtsein modisch beschwören. Hier gibt es – wie häufig in der deutschen Geschichte – das Bewußtsein eines völligen Neuanfangs, einer historischen Unschuld. Das gilt für den Umweltschutz ebenso wie für die Frage der ausländischen Minderheiten oder auch für die Veränderung der gesellschaftlichen Stellung der Frau.

In diesen Bereichen sind die Entwicklungen noch offener, die Meinungen weniger einheitlich, Veränderungen in der Interpretation des »demokratischen und sozialen Rechtsstaates« denkbar. Politische Entscheidungsqualität ist neu gefordert.

Eine Geschichte der Bundesrepublik Deutschland hat die hier skizzierten Entwicklungslinien und Fragestellungen nachzuzeichnen, Wandlungen zu erläutern, Entscheidungssituationen offenzulegen und auf diese Weise auch einen Beitrag zur Interpretation der Gegenwart zu liefern. Die Zusammenfassung in einem Band zwingt zu Konzentration und Auswahl – und damit auch zu Lükken.

Bereits der Aufbau der Darstellung bringt Vorentscheidungen über die Präsentation des Inhalts mit sich. Christoph Kleßmann hat in der Diskussion über das Bonner »Haus der Geschichte« mit guten Gründen vorgeschlagen, die bundesdeutsche Geschichte in zwei Hauptepochen einzuteilen: die Zeit der konservativen Gründung und der Dominanz der CDU/CSU bis 1966 sowie die Zeit seit 1969, die durch Reformen und Korrekturen dieser Grundentscheidungen geprägt wurde, vor allem auch durch eine breitere politische Beteiligung.[2] Nach diesem Konzept wäre die Zeit der Großen Koalition von 1966 bis 1969 eine Zwischenphase, in der sich ein tiefgreifender Wandel vollzog, in der sich Entscheidungen bündelten, in der sich mit den Erfolgen der NPD noch einmal eine antidemokratische Gefährdung von traditionell autoritär-faschistischer Natur bemerkbar machte und sich gleichzeitig eine demokratische Vitalisierung anbahnte, welche die Politik seither belebt und von der Atmosphäre der autoritär getönten, für ausländische Beobachter trotz ihrer Erfolge oft artifiziell wirkenden, die Bevölkerung in politische Entscheidungsprozesse wenig einbeziehenden ersten Jahrzehnte abhebt. Diese Unterscheidung gilt keineswegs nur für Protestgruppen und die radikaldemokratische Aktivierung der jüngeren Mittelschicht – zum erstenmal seit 100 Jahren –, sondern auch etwa für die CDU, die ihre Vitalisierung als Partei in den Oppositionsjahren nach 1969 erlebte.

In diesem Band habe ich eine andere Gliederung vorgenommen, die sich weniger an den Perioden parteipolitischer Dominanz und dem ins Auge fallenden Protest um 1968 orientiert, sondern drei Abschnitte der politischen, gesellschaftlichen und kulturellen Entwicklung unterscheidet:

Erstens: die Zeit des Wiederaufbaus, der Integration in die westliche Welt, der Teilung Deutschlands, der »autoritären Demokratie« Adenauers und der Gewöhnung der westdeutschen Bevölkerung an Verwestlichung und parlamentarische Demokratie unter den erleichternden Bedingungen des »Wirtschaftswunders« von 1945 bis 1961.

In diese Periode werden, einem anderen Vorschlag Kleßmanns folgend, die ersten Nachkriegsjahre unter der Perspektive einbezogen, daß die formale Gründung der Bundesrepublik 1949 nur ein Schritt im Rahmen der Gesamtentwicklung war, der sich dem Bewußtsein der Bevölkerung typischerweise weniger eingeprägt hat als die Währungsreform 1948. Die Gründung der Bundesrepublik war Bestandteil einer Kette von Entscheidungen, die von den Ergebnissen des Zweiten Weltkrieges mitbestimmt waren; die innere Ausgestaltung der Besatzungszonen, der schrittweise erfolgende Aufbau der Bi-Zone zu einem geschlossenen Verwaltungsgebilde und die »Entlassung« der Bundesrepublik aus der Besatzungsaufsicht bei gleichzeitiger Eingliederung in westeuropäische und atlantische Strukturen waren weitere Schritte. Prägend war ein starker antikommunistischer Basiskonsens, der sich auch auf die inneren Entscheidungen auswirkte. Abgeschlossen wurde diese Periode mit dem Bau der »Berliner Mauer«, der die Teilung Deutschlands vollendete und zugleich deutlich machte, daß die Adenauersche

Politik der Zurückdrängung des kommunistischen Staates auf deutschem Boden durch wachsende westliche Stärke gescheitert war. Der Verlust der Mehrheit im Bundestag bedeutete dann wenige Wochen später auch das Ende der Periode der Bestimmung der Politik aus dem Kanzleramt. Adenauer hatte in seinen letzten Jahren als Kanzler seine Autorität zu einem großen Teil verloren.

Zweitens: der Weg zur Reform von 1961 bis 1974. Trotz der unterschiedlichen parteipolitischen Dominanz in der Bundesrepublik und des zögernden Beginns der Reformen stellt sich diese Periode als eine Einheit dar. Schon um 1961 war der CDU-Führung bewußt, daß sie Gefahr lief, die »geistige Führung« zu verlieren, bereits Anfang der sechziger Jahre mußte die CDU gegenüber der SPD bei den Landtags- und Kommunalwahlen große Stimmverluste hinnehmen. Die Politik des Ausgleichs mit dem Osten begann mit Brandts »kleinen Schritten« in Berlin und einem neuen außenpolitischen Konsens, der sich abseits der parteipolitischen Polemik zwischen SPD, FDP und einem Teil der CDU herausbildete und die CDU/CSU von da ab ständig inneren Konflikten aussetzte. Diese Politik bedingte eine schrittweise Umstellung auch des Eigenbewußtseins der Bundesrepublik und mündete in die Auseinandersetzung über die Ostverträge ein. Nicht nur die außenpolitische Entwicklung wurde stark von den Impulsen John F. Kennedys Anfang der sechziger Jahre bestimmt. Auch von wichtigen innenpolitischen Reformen wurde bereits zu diesem Zeitpunkt gesprochen, obwohl sich Themen wie Bildung, Umweltschutz, Ausbau des Sozial- und Gesundheitswesens nur allmählich durchsetzten. Die im Vergleich mit den USA und Großbritannien verspätete Ablösung durch eine erklärte Reformregierung und das Zwischenspiel der für die Anhänger beider Seiten wenig attraktiven Großen Koalition machen die Heftigkeit der Revolte von 1968 zum Teil verständlich. Diese Epoche ist stark durch den Glauben an unbeschränktes Wachstum, die Möglichkeit steigender Umverteilung und die Machbarkeit der Dinge geprägt. Derartige Grundeinstellungen lassen sich bei allen Gruppen beobachten, von der CSU, die in diesen Jahren zur technokratisch ausgerichteten Apparatpartei wurde, bis hin zur Studentenbewegung.

Drittens: die Energiekrise beendete diese Phase der Expansion. Obwohl die Wirtschaft auch danach durchaus noch Wachstum verzeichnen konnte, wurden Ausmaß und Selbstverständlichkeit geringer. Das Lebensgefühl änderte sich, geprägt von konservativer

Interpretation und in der Krise hervortretender Angst. Die Bundesrepublik wurde in dieser Zeit zwar im internationalen Vergleich dank ihrer stabilen Sozialordnung und ihrer verantwortungsbereiten Gewerkschaften als »Musterstaat« betrachtet. Gleichzeitig ergab sich wegen der Zurückstellung der Reformen in der Krise (besonders in der Umweltpolitik) eine Kluft zwischen Reformnotwendigkeit und -verwirklichung. Die Mehrheit der Wähler wünschte nach einem Wort Rudolf Wildenmanns in dieser Zeit »eine CDU-Regierung unter einem Kanzler Schmidt«. Trotz des fortbestehenden Parteienkonflikts entstand so eine politische Situation, in der die gesellschaftlichen Antagonismen und Bewegungen kaum politisch umgesetzt wurden. Das führte schließlich 1983 zum erstenmal seit 30 Jahren zum Einzug einer neuen Partei in den Bundestag. Scheinbar dauert diese Grundkonstellation auch nach dem Regierungswechsel Schmidt-Kohl an. Trotz der wahltaktisch hervorgehobenen »Wende« ist die Lage nach dem Regierungswechsel durch die Akzeptanz der Grundzüge der alten Politik auch durch die neue Mehrheit geprägt, wie sie in der neuen Haltung von Franz-Josef Strauß gegenüber der DDR deutlich wird.

Der Schwerpunkt des Bandes liegt auf der Darstellung der politischen Geschichte der Bundesrepublik; jedoch ist versucht worden, soziale und kulturelle Entwicklungen einzubeziehen, insbesondere in ihrem Verhältnis zur Politik. Wirtschaftliche Faktoren werden nur berücksichtigt, soweit sie ein Erklärungsfaktor für politisch-gesellschaftliche Entwicklungen sind, zumal in der »Neuen Historischen Bibliothek« bereits Werner Abelshausers *Wirtschaftsgeschichte der Bundesrepublik* erschienen ist.

Die Intensität, mit der die einzelnen Themen in der Literatur bisher behandelt worden sind, ist – dem zeitlichen Abstand entsprechend – sehr unterschiedlich. Für die Nachkriegszeit liegen die meisten Untersuchungen vor, hier bildeten sich auch mehrere Interpretationsmuster und -schulen heraus. Auch für die Adenauerzeit existieren inzwischen, nach der Öffnung insbesondere der amerikanischen Archive, einige fundierte Studien. Für die sich anschließende Phase ist vor allem die Außenpolitik ausführlich behandelt worden. Obwohl die Archive zu diesem Thema noch geschlossen sind, dürfte insbesondere die Ostpolitik der sozialliberalen Zeit z. T. schon aufgearbeitet sein. Der Intensität der politischen Auseinandersetzung entspricht hier die der wissenschaftlichen Beschäftigung.

Für die Gesamtinterpretation der letzten Jahrzehnte liegt dagegen nur wenig wissenschaftlich distanzierte Literatur vor, so daß ich mich auf die Verarbeitung der zugänglichen Quellen beschränkt habe. Aus diesem Grunde habe ich mich für die Zeit nach 1974 auf eine geraffte, systematisch strukturierte Interpretation beschränkt.

Mein Kollege Herbert Kühr, der im Frühjahr 1985 überraschend einem Herzanfall erlegen ist, hat das Manuskript als erster gelesen; ihm möchte ich hier in besonderer Weise für Kritik und Ermutigung danken. Mein Dank für viele Anregungen zur Verbesserung der Lesbarkeit gilt Wilhelm Beckord, Ursula Heckmann, Markus Nagel, Astrid Rokossa und Herbert Uppendahl. Christel Franek übernahm die nicht immer leichte Aufgabe der Übertragung in ein lesbares Manuskript. Widmen möchte ich dieses Buch meiner Frau Amrei und unseren Kindern Angela, Bettina und Fumiko.

Münster, im Januar 1986   *Dietrich Thränhardt*

I. Gründung und Konstituierung
der Bundesrepublik 1945–1961

1. Die »deutsche Katastrophe«[1] als Ausgangspunkt

Ausgangspunkt der Geschichte der Bundesrepublik ist der Untergang des Deutschen Reiches 1945 als Abschluß des »totalen Krieges«, den das NS-Regime 1939 begonnen und 1941 auf die UdSSR und die USA ausgeweitet hatte. Mit der organisierten Ausrottung des größten Teils der europäischen Juden, der Vernichtungspolitik gegen Polen und Russen, mit der Unterdrückung der Völker des europäischen Kontinents hatte Deutschland jede moralische Achtung verloren. Fast die ganze Welt hatte sich im Krieg gegen die Achsenmächte zusammengefunden. Die auf der Basis dieser Kriegskoalition gegründeten Vereinten Nationen nahmen in ihrer Satzung eine »Feindstaatenklausel« auf, welche die besiegten Länder unter Sonderrecht stellt.

Nach den Beschlüssen der »Großen Drei« – Truman, Stalin und Churchill bzw. Attlee im Potsdamer Abkommen vom 2. 8. 1945 – verlor Deutschland die Gebiete östlich der Oder-Neiße-Linie, fast ein Viertel seines Territoriums. Die Flucht und Vertreibung von rund 15 Millionen Deutschen aus diesen Gebieten und aus Ostmitteleuropa in das zerstörte Rumpfdeutschland fand in der Welt vor dem Hintergrund der nun in ihrem ganzen Ausmaß bekanntgewordenen Greuel in den Konzentrationslagern wenig Anteilnahme. Deutschland hatte als Ergebnis des Krieges Millionen von Toten zu beklagen. Gerade die für einen Neuaufbau notwendige mittlere Generation war dezimiert. Das Verkehrssystem, ein Großteil der städtischen Wohnungen und viele Industrieanlagen waren zerstört. Die nationalsozialistische Diktatur hatte die demokratischen und humanitären Traditionen ebenso schwer geschädigt wie Kultur und Wissenschaft. Bedeutende Wissenschaftler, Künstler, Intellektuelle und demokratische Politiker waren vertrieben, eingesperrt, ermordet oder zumindest zwölf Jahre lang zum Schweigen verurteilt worden.

Das Ziel der Forderung nach »bedingungsloser Kapitulation«, auf die sich die Alliierten auf Anregung des amerikanischen Präsidenten Roosevelt geeinigt hatten, war es nicht nur, jeden Sonderfrieden, jede Entzweiung der Kriegskoalition auszuschließen.

Deutschland sollte diesmal begreiflich gemacht werden, daß es endgültig besiegt war. Nicht noch einmal sollte, wie nach dem Ersten Weltkrieg, die Legende eines Dolchstoßes entstehen können.[2] Die Quelle der Aggression, als welche die Alliierten Deutschland 1945 betrachteten, sollte unwiderruflich versiegen. Die alliierten Streitkräfte verstanden sich nicht wie in anderen Ländern als Befreier, sondern, wie es General Eisenhower in seiner »Proklamation Nr. 1« ausdrückte, als »Eroberer«, jedoch nicht als »Unterdrükker«.[3]

Damit war der Endpunkt einer Entwicklung erreicht, in der deutsche Regierungen zweimal versucht hatten, Europa zu dominieren und in der sich in Deutschland selbst immer stärker nationalistische, machtstaatliche, militaristisch-autoritäre und schließlich faschistische Konzeptionen und Bewegungen durchgesetzt hatten. Deutschland ebenso wie die anderen europäischen Mächte waren mit dem Ende des Zweiten Weltkriegs gegenüber den neuen Weltmächten USA und UdSSR zweitrangig geworden. Ebenso wie die anderen besiegten »Achsenmächte« Japan und Italien würden sie sich in die von diesen Mächten bestimmten Strukturen einfügen müssen. Wie die unterschiedliche Entwicklung Deutschlands und Österreichs gezeigt hat – beide wurden 1945 von denselben vier Alliierten besetzt –, war damit noch keine eindeutige Orientierung vorgezeichnet. Aber gerade die Radikalität der Niederlage bot eine gewisse Chance, neu zu beginnen und an die aufklärerisch-humanitären, liberalen, demokratischen und sozialistischen Ideen und Bewegungen anzuschließen, die es in Deutschland ebenso wie in seinen Nachbarländern gegeben hatte. Vielfältige Hinweise zeigen, daß weit über den während des »Dritten Reiches« bestehenden politischen Widerstand hinaus große Teile der Bevölkerung begonnen hatten, sich vom Nazi-Regime zu distanzieren, seitdem die Kriegsniederlage absehbar war. Die fanatische Verteidigung des deutschen Territoriums ohne Rücksicht auf die Lebensgrundlagen der Bevölkerung und ohne Aussicht auf Erfolg trug in den letzten Kriegsmonaten dazu bei, einen Umdenkungsprozeß in der Bevölkerung einzuleiten.

2. Besatzungspolitik und strukturelle Reformen

2.1. Strukturelle Einschnitte

Das Potsdamer Abkommen vom 2. August 1945[1] sah strukturelle Veränderungen in der deutschen Wirtschaft, Gesellschaft und Politik vor. Es war auf der Grundlage eines amerikanischen Entwurfs entstanden und verfolgte im wesentlichen eine liberal-demokratische Grundtendenz, die die Amerikaner in den »D«s zusammenfaßten: Demokratisierung, Denazifizierung, Demilitarisierung, Dekartellisierung, Dezentralisierung.

»Der deutsche Militarismus und Nazismus werden ausgerottet«, heißt es in Art. 3. Aufgrund militärischer Sicherheitserwägungen wurde die Entmilitarisierung in kurzer Zeit durchgeführt und jede deutsche Bewaffnung untersagt – bis hin zur Polizei. Mit dem Militär war ein Machtfaktor beseitigt, der in der preußisch-deutschen Tradition immer ein Eigenleben geführt hatte und während der Weimarer Republik antidemokratischen Kräften der Rechten als Bollwerk gedient hatte. Die NSDAP und ihre Nebenorganisationen wie SA, SS, NSKK und DAF wurden sofort verboten. Die Führungsspitzen dieser Organisationen, aber auch wichtige Militär-, Verwaltungs- und Wirtschaftsexponenten wurden in »automatic arrest« genommen. Ende 1945 waren in der amerikanischen Zone 117 512, in der britischen Zone 68 500, in der französischen Zone 18 963 Personen verhaftet. Bis Anfang 1947 hatte man 93 000 Personen wieder entlassen.[2]

In den Nürnberger Prozessen wurden die »Hauptkriegsverbrecher« abgeurteilt. Dem ersten spektakulären Prozeß gegen Göring und andere führende Parteifunktionäre, Beamte und Militärs folgten weitere gegen wichtige Diplomaten und Unternehmer sowie die Erklärung der SS und anderer Nazi-Verbände als »verbrecherische Organisationen«. Für das deutsche Volk sollte in diesen Prozessen deutlich werden, in welchem Ausmaß und mit welcher Systematik die Nazis Verbrechen begangen hatten.

Schwieriger gestaltete sich das weitergehende Vorhaben, die Träger des »Militarismus und Nationalsozialismus« zu bestrafen und ihres Einflusses zu berauben. Die Alliierten entschlossen sich zu einem Fragebogen-Verfahren, mit dem die gesamte erwachsene Bevölkerung erfaßt wurde. Speziell geschaffene Spruchkammern stuften die entsprechenden Personen in die Kategorien »Entlastete,

Mitläufer, Minderbelastete, Belastete und Hauptschuldige« ein. Belastete und Hauptschuldige sollten aus führenden Stellungen entfernt werden, außerdem wurden Geldstrafen verhängt. Die amerikanische Militärregierung scheint von vornherein Zweifel am Sinn eines derart umfangreichen Verfahrens gehabt zu haben, mußte es aber unter dem Druck vor allem der durch die KZ-Bilder aufgewühlten amerikanischen Öffentlichkeit durchführen.[3]

Es scheiterte schließlich an der zu umfangreich angelegten Erfassung. Eine große Zahl gerade von »schweren Fällen« war noch nicht entschieden, als das Programm unter veränderten politischen Rahmenbedingungen seinem Ende entgegenging. Durch die Abschlußgesetze von 1950 und 1954 wurde die »Entnazifizierung« schließlich abgebrochen, unter Bedingungen, die im Zusammenhang des Kalten Krieges und der Ära Adenauer zu erörtern sind. In der deutschen Öffentlichkeit wurde die »Entnazifizierung« wegen dieser Zusammenhänge bald sehr unpopulär. Immerhin trug sie dazu bei, die Eliten des »Dritten Reiches« eine Zeitlang auszuschalten und den demokratischen Eliten einen Startvorsprung zu verschaffen, den diese vor allem im politischen und im publizistischen Bereich nutzen konnten.

Zerschlagen wurde auch die staatliche überregionale Bürokratie. Der Staat Preußen, der bis 1945 etwa zwei Drittel Deutschlands umfaßt hatte, wurde 1947 von den Alliierten aufgelöst. Die im Potsdamer Abkommen vorgesehenen zentralen Verwaltungsbehörden für das gesamte Deutschland scheiterten am Veto Frankreichs. Nur in Teilbereichen schufen die Besatzungsmächte für ihre jeweiligen Zonen neue zentrale Organe.

Mit der Zerschlagung von Militär und Bürokratie war auch die institutionelle Basis der für die Geschichte Preußen-Deutschlands so wichtigen Schicht der ostelbischen »Junker« vernichtet. Ihre wirtschaftliche Grundlage hatten sie gleichzeitig durch die Abtrennung der Oder-Neiße-Gebiete und durch die Bodenreform in der Sowjetischen Besatzungszone verloren. In den Westzonen war der Großgrundbesitz weniger ausschlaggebend; trotz der Verabschiedung von Bodenreform-Gesetzen wurde er kaum angetastet.

Im wirtschaftlichen Bereich sah das Potsdamer Abkommen eine »Dekartellisierung« vor. Die »bestehenden übermäßigen Konzentrationen der Wirtschaftskraft, dargestellt besonders durch Kartelle, Syndikate, Trusts und andere Monopolvereinigungen« sollten vernichtet werden. Um die ehemals besetzten Länder zu entschädigen und über den Friedensbedarf hinausgehende Kapazitäten zu beseitigen, sollten außerdem Reparationen durch Abbau von Industrieanlagen geleistet werden. Die Entflechtung wurde in den westlichen Zonen in drei Bereichen durchgeführt. Die »IG Farben« – bis dahin größter Chemiekonzern der Welt –, die die deutsche und während des Krieges auch die europäische chemische Industrie monopolisiert und in Auschwitz einen großen Betrieb in Zusammenarbeit mit der SS-Vernichtungsmaschinerie unterhalten hatten[4], wurden zerschlagen und in kleinere Konzerne aufgeteilt: BASF, Hoechst, Bayer, Cassella. Die Stahlindustrie wurde in 28 Einzelunternehmen zergliedert. Die Großbanken (Deutsche Bank, Dresdner Bank, Commerzbank), die eng mit den Großunternehmen verflochten und hochkonzentriert waren, wurden aufgelöst und in regionale Einheiten auf Länderebene überführt. An die Stelle der faschistischen Monopolwirtschaft sollte nach dem liberalen amerikanischen Konzept eine Konkurrenzwirtschaft treten, um wirtschaftlicher Machtkonzentration vorzubeugen.

In Deutschland fanden diese liberalen Ideen zuerst wenig Resonanz. Die Dekartellisierung ist nach dem Ende der Besatzungsherrschaft auch weitgehend rückgängig gemacht worden. Die Großbanken reorganisierten sich unter der Regie ihrer vorübergehend entmachteten Chefs Anfang der fünfziger Jahre und haben seither ihre beherrschende Stellung in der Wirtschaft eher noch ausgebaut.[5] Auch die Stahlindustrie hat sich wieder konzentriert. Die »IG Farben« sind zwar nicht wiederhergestellt worden, aber zwischen den drei großen Nachfolgebetrieben besteht nach wie vor eine gewisse Kooperation. Eine Anti-Kartell-Gesetzgebung ist in der Bundesrepublik erst mit großer zeitlicher Verzögerung zustande gekommen; bis heute hat sie wenig Durchschlagskraft gewonnen. Erst nach Jahrzehnten des Erfolgs auf den Weltmärkten und der Einfügung in die amerikanisch dominierte westliche Welt hat sich wirtschaftsliberales Denken in der Bundesrepublik stärker durchsetzen können.

2.2. Gescheiterte Sozialisierung und paritätische Mitbestimmung

Waren die USA also in bezug auf die Dekartellisierung nur begrenzt erfolgreich, ist ihr Einfluß andrerseits dafür verantwortlich, daß in dieser Zeit auch sozialistische Konzeptionen nicht durchgesetzt werden konnten. Die USA befanden sich damit im Gegensatz zu den dominierenden Tendenzen in Europa.

Frankreich und Großbritannien haben in der Nachkriegszeit weitreichende Sozialisierungen vorgenommen: in Frankreich waren die Großbanken und wichtige Unternehmen wie Renault betroffen, in Großbritannien die Kohlengruben, die Stahlindustrie, Gas- und Elektrizitätswerke, Telefon- und Telegrapheneinrichtungen, die »Bank von England« und auch das Gesundheitswesen. Die Sowjetunion befürwortete ohnehin Verstaatlichungen. Auch in der deutschen Öffentlichkeit gab es in den Nachkriegsjahren einen weitreichenden Konsens zugunsten von sozialistischen Maßnahmen. Nicht nur SPD, KPD und Gewerkschaften traten für die Vergesellschaftung der Schlüsselindustrien und der Banken ein, sondern in den ersten Nachkriegsjahren auch die CDU. Meinungsumfragen zeigen, daß der Antikapitalismus jener Zeit nicht nur in der Arbeiterbewegung vertreten war, sondern sich auch aus konservativen Quellen speiste und mit situativen Erwägungen angesichts der »Gemeinsamkeit der Not« zusammenhing.[6] Angesichts der engen Verflechtung zwischen Staat und Industrie im »Dritten Reich« und dem Ausmaß der Zerstörung schien der Mehrheit der Bevölkerung eine neue kapitalistische Gesellschaftsordnung unmöglich zu sein.

In Volksabstimmungen in Sachsen und Hessen entschieden sich 1946 große Mehrheiten für die Sozialisierung. Mit einer Mehrheit aus CDU, SPD und KPD hatte die hessische Verfassungsgebende Versammlung einen entsprechenden Artikel in den Entwurf der hessischen Verfassung aufgenommen. Da diese Bestimmung ihrer Konzeption widersprach, verlangte die amerikanische Militärregierung eine gesonderte Abstimmung über diesen Paragraphen. Nachdem sich die Hoffnung auf die Wähler nicht erfüllt hatte und 71% der hessischen Wähler für den Sozialisierungsartikel votiert hatten, wurde dieser suspendiert – nun mit der Begründung, die Entscheidung über eine derart schwerwiegende Frage solle einem gesamtdeutschen Parlament vorbehalten werden, das in Zukunft zu bilden sei.

Diese Begründung diente auch dazu, entsprechende Gesetze in anderen Ländern zu suspendieren. Eine wichtige Frage war angesichts der wirtschaftlichen Bedeutung die Entscheidung über die rheinisch-westfälische Schwerindustrie, damals das größte Industriezentrum Europas und zugleich die Basis des deutschen Kriegspotentials. Kompliziert wurde die Frage einer Sozialisierung dieser Unternehmen zum einen wegen der Bedenken der französischen Regierung gegen eine dadurch entstehende Machtkonzentration einer künftigen deutschen Regierung; zum zweiten wegen der Bestrebungen der Sowjetunion, Einfluß zu gewinnen und zum dritten wegen der Notwendigkeit, die Produktion rasch zu steigern. Von der Ruhrkohle hing in diesen Jahren die Energieversorgung Deutschlands und Westeuropas entscheidend ab.

Nordrhein-Westfalen gehörte zur britischen Zone. Die Londoner Regierung hatte sich im Oktober 1946 öffentlich für eine Sozialisierung ausgesprochen. Sie sollte auf Landesebene erfolgen, um eine künftige deutsche Regierung nicht zu stark werden zu lassen. In einer Übergangsphase sollten Treuhänder eingesetzt werden. Aufgrund ihrer wirtschaftlichen Schwäche konnte die britische Regierung dieses Konzept aber nicht durchhalten, da sie zunehmend in Abhängigkeit von den USA geriet. In Deutschland wurde das durch die umfangreichen Nahrungsmittellieferungen der USA sichtbar, ohne die die britische Zone nicht mehr lebensfähig gewesen wäre. In der 1946 gebildeten amerikanisch-britischen Bi-Zone übten die USA den entscheidenden wirtschaftlichen Einfluß aus. Aufgrund der amerikanischen Intervention verweigerte die britische Militärregierung einem Beschluß des nordrhein-westfälischen Landtags die Zustimmung, die Kohlebergwerke in Landeseigentum zu überführen.

Der amerikanische Militärgouverneur Clay vertraute darauf, daß die Sozialisierung in Deutschland an Popularität verlieren werde, sobald freies Unternehmertum wieder Einfluß habe und der wirtschaftliche Aufschwung einsetze.[7] Seine Erwartung, die Zeit sei in dieser Frage auf seiner Seite, erwies sich als richtig. Schon 1948 war die Haltung der CDU weniger eindeutig als zwei Jahre zuvor bei der Verabschiedung ihres Ahlener Programms (vgl. S. 28). Sie enthielt sich bei der Abstimmung über die Sozialisierung der Kohlenbergwerke der Stimme, ließ aber damit für SPD, Zentrum und KPD die Möglichkeit offen, eine Mehrheit im Landtag zu finden. Seit 1949 setzte sich dann in der CDU/CSU immer stärker eine klare Präferenz der Marktwirtschaft durch. Der wirtschaftliche Aufschwung hat diesen Standpunkt dann auch bei der Mehrheit der Bevölkerung populär gemacht, wie noch zu schildern ist.[8]

Statt der Sozialisierung gelang aber – trotz amerikanischen Widerstands – eine Reform, die eine Verklammerung zwischen Unternehmern und Gewerkschaften, einen Konsensmechanismus schuf: die paritätische Mitbestimmung an der Ruhr. Ihre Einführung – anfangs beschränkt auf die Stahlindustrie – durch die britische Besatzungsmacht 1947/48 war zunächst ein Nebenergebnis des langandauernden Konflikts um die Neuordnung der Schwerindustrie an der Ruhr und des Schwebezustandes während der jahrelangen Verwaltung durch Treuhänder. Da die Gewerkschaften in dieser Situation der einzige gut organisierte Ansprechpartner in der Schwerindustrie waren, lag es nahe, sie zu beteiligen. Zugleich sollten damit die Beschäftigten angesichts des Aufschubs der Sozialisierung zufriedengestellt werden, um die Produktion angesichts der katastrophalen Ernährungslage, die zu Streiks und Hungermärschen führte und gleichzeitig die KPD begünstigte, nicht zu gefährden.[9]

Die paritätische Mitbestimmung, die Besetzung der Aufsichtsräte mit je fünf Aktionärs- und Beschäftigtenvertretern und einem Unparteiischen sowie die Bindung der Wahl des Arbeitsdirektors an das Vertrauen des Vertreters der Beschäftigten erwies sich als eine tragfähige Grundlage, auf der sich Unternehmer und Beschäftigte zur Wahrung ihrer gemeinsamen Interessen zusammenfinden konnten. Weitere gemeinsame Ziele waren die Aufhebung der Zwangslieferungen von Kohle zu geringen Preisen an das Ausland und die Aufhebung von Sonderkontrollen und Produktionseinschränkungen für die Stahlindustrie. In späteren Jahrzehnten entwickelte sich ein ebenso enges Zusammenwirken bei der Sicherung staatlicher Subventionen für Kohle und Stahl. In der Schwerindustrie, in der vor 1933 harte Kämpfe um Löhne und Arbeitsbedingungen stattgefunden hatten, setzten sich auf diese Weise sozialpartnerschaftliche Strukturen durch.

2.3. Gescheiterte Bildungs- und Sozialversicherungsreformen

Wenn sich in der Frage der Wirtschaftsordnung ein scharfer Gegensatz zwischen der liberalen amerikanischen Besatzungspolitik und den Linksparteien ergab, stimmten beide Seiten andrerseits in bezug auf gesellschaftspolitische Reformen weitgehend überein. Trotzdem sind Reformen auch in diesen Bereichen – in der Sozialversicherung, im Bildungswesen und in bezug auf das Beamtensystem – durchweg gescheitert.

Aus liberaler amerikanischer Sicht war die traditionelle deutsche Klassenschule ebenso reformbedürftig wie das kastenmäßig abgeschlossene Beamtenwesen. Die Einheitsschule anstelle der frühen Aufspaltung zwischen einer schmalen Elite und der großen Masse, Abschaffung des Schulgeldes, Lehrmittelfreiheit, Entkonfessionalisierung – das waren Forderungen, die von der liberal orientierten Erziehungsabteilung der amerikanischen Behörden mit großer Vehemenz vertreten wurden. Die Autoritätsanfälligkeit in der deutschen Gesellschaft wurde auf derartige strukturelle Charakteristika zurückgeführt, die Hoffnung auf eine demokratische Zukunft am offenen Zugang zur Bildung für alle – statt an Privilegien für wenige – festgemacht. Die Amerikaner trafen dabei auf eine alte Kontroverse in der deutschen Gesellschaft und fanden sich in dieser Frage an der Seite der Sozialdemokraten, Kommunisten und Volksschullehrerverbände. Die Katholische Kirche dagegen fühlte ihre Prinzipien im Kern getroffen. Ihr Hauptziel war die Rekonfessionalisierung der Volksschulen, die mehr als neun Zehntel der Kinder besuchten, andrerseits die Aufrechterhaltung des humanistischen Gymnasiums. In einer Phase der geistigen und materiellen Krise klammerte sich die Mittelschicht an die traditionelle Bildung. Hier schien eine Möglichkeit gegeben, sich gegenüber den Amerikanern überlegen zu fühlen. Und in einer Zeit wirtschaftlicher Krise schien es gefährlich, ein neues »Bildungsproletariat« zu schaffen. Insbesondere stellungslose Akademiker hatten, wie immer wieder betont wurde, vor 1933 die Kerntruppe der Nationalsozialisten ausgemacht. Trotz großer Anstrengung – bis hin zur Beschlagnahme der bayrischen Schulbücher 1948, um die Lehrmittelfreiheit zu erzwingen – hatte die Besatzungspolitik auf diesem Gebiet wenig Erfolg. Immerhin konnte in der amerikanischen Zone das Schulgeld abgeschafft und die Lehrmittelfreiheit durchgesetzt werden. Im CDU-regierten Nordrhein-Westfalen gelang das erst um 1960. In den norddeutschen Ländern erlitten die Sozialdemokraten in den folgenden Jahren, die vom Kalten Krieg geprägt waren, in bildungspolitischen Auseinandersetzungen schwere Niederlagen.[10]

Ähnliche Fronten bestanden in den Auseinandersetzungen um die Reform der Sozialversicherung. Die vier Besatzungsmächte hatten sich, unterstützt von namhaften deutschen Sachverständigen, auf die Einführung eines einheitlichen Systems geeinigt, das die »ständische« Gliederung des traditionellen Systems nach Arbeitern, Angestellten, Handwerkern usw. ersetzen sollte und an einer Mindestversorgung aller Bedürftigen orientiert war. Das Gesetz scheiterte am Auseinanderbrechen des Kontrollrats. Die Tatsache, daß die Sowjetunion es in ihrer Zone verwirklichte, machte es im Westen nicht populärer. In West-Berlin, wo die Neuordnung schon durchgeführt war, kam es zur Wiederherstellung des alten Systems, für das die begünstigten mittelständischen Schichten mit großer Energie eintraten.[11]

2.4. Festigung des deutschen Beamtensystems

Auf Unverständnis stießen die Besatzungsmächte mit der Forderung nach Reform des Beamtenwesens. Die traditionell zentrale Stellung der Beamten in Deutschland war durch die entpolitisierende Anfangsphase der Besatzungspolitik noch gestärkt worden. Aus militärischen Sicherheitserwägungen und wegen der Befürchtung, kommunistische Aktivitäten könnten einen zu großen Raum einnehmen, hatten die westlichen Besatzungsmächte 1945 zunächst ein allgemeines Verbot politischer Betätigung erlassen. Die »Antifaschistischen Ausschüsse« (Antifa), Zusammenschlüsse von Sozialdemokraten, Kommunisten und christlichen Gewerkschaftlern, die nach der Flucht der NS-Machthaber in vielen Städten die Kontrolle von Betrieben und Verwaltungen übernommen hatten[12], wurden aufgelöst, ihre führenden Persönlichkeiten aber vielfach in die neu eingesetzten deutschen Verwaltungen unter alliierter Kontrolle übernommen.

Mit dieser Entpolitisierung wurde der überkommene Vorrang der Verwaltung erneut gestärkt.

»Das traditionelle deutsche Verwaltungssystem war wunderbar geeignet für die Notlage der Alliierten: es hatte bis zum Zusammenbruch funktioniert und konnte schnell wiederaufgebaut werden; es hatte ein Erfahrungsmonopol..., das den ... Militärregierungsbeamten fehlte; es war gegenüber höchster staatlicher Autorität, die jetzt die Militärregierung ausübte, immer zugänglich, andererseits gegenüber gesellschaftlichen Bewegungen, denen jetzt die Militärregierung kritisch gegenüberstand, unzugänglich gewesen.«[13]

So faßte der amerikanische Historiker Leonhard Krieger, der selber als Besatzungsoffizier tätig war, das Geschehen der ersten Monate zusammen.

Die Besatzungsmächte regierten durch die Bürokratie und wurden von ihr abhängig. Als sie gegen Ende der Besatzungszeit versuchten, das Beamtensystem abzuschaffen und die öffentlichen Amtsträger zu Angestellten ohne besondere Privilegien zu machen, war ihre Durchsetzungskraft schon zu gering.[14] Auch die neugeschaffenen Parteien und Parlamente waren inzwischen von Beamten geprägt. Die »hergebrachten Grundsätze des Berufsbeamtentums«, die ins Grundgesetz übernommen wurden, reflektieren das Interesse dieser politischen Eliten.

Im Zeichen des Antikommunismus war die Abschaffung des Beamtentums in der DDR ein weiteres Argument für die Erhaltung des Status quo. Auch in der Berliner Verwaltung, in der das Beamtensystem 1945/46 aufgehoben war, wurde es im Zuge der Ost-West-Auseinandersetzung wieder eingeführt. Von ihrer Vorgeschichte bis heute ist die Bundesrepublik, in Fortsetzung deutscher Traditionen und stärker als andere Länder, ein Beamtenstaat geblieben, in dem Politik häufig bürokratische Züge annimmt.

3. Die Parteigründungen und der neue demokratische Konsens

3.1. Der nachfaschistische und der antikommunistische Konsens

»In der schwersten Katastrophe, die je über ein Land gekommen ist, ruft die Partei Christlich-Demokratische Union Deutschlands aus heißer Liebe zum deutschen Volk die christlichen, demokratischen und sozialen Kräfte zur Sammlung, zur Mitarbeit und zum Aufbau einer neuen Heimat.« Mit diesen Worten begann der Gründungsaufruf der Berliner CDU vom 26. Juni 1945.[1] In mehrfacher Hinsicht war er bezeichnend für die Parteiprogramme der unmittelbaren Nachkriegszeit. Deutlich wurde von allen Parteien die Notwendigkeit zum demokratischen Neuanfang nach der nationalsozialistischen Diktatur und zum Wiederaufbau angesichts der Zerstörung betont. Sie versuchten gleichzeitig, breite Schichten anzusprechen und ihre Konzeption auf diese abzustellen. In fast allen Programmen, besonders denen der CDU, der SPD und der KPD, wurde ein breiter Konsens beschworen. »Sammlung«, »Einheit«, »Union«, »Zusammenfassung« waren – in unterschiedlicher Terminologie – die dabei verwendeten Begriffe.[2] Zwei Parteien, die CDU/CSU und die SED, haben »Union« und »Einheit« sogar in ihren Parteinamen aufgenommen.

Der Wille zur Verbreiterung der Basis der jeweiligen Partei nach der Niederlage gegen die Nazis 1933 und angesichts des großen, offenen Wählerpotentials veranlaßte die Parteien dabei zu großen programmatischen Zugeständnissen, zum Abweichen von Traditionen. In der CDU, deren Gründer überwiegend Angehörige ehemaliger bürgerlicher Parteien waren, fand der Begriff des »christlichen Sozialismus« oder des »Sozialismus aus christlicher Verantwortung« zunächst große Anerkennung. Auf diese Weise hoffte man, dem »Zeitgeist« entgegenzukommen. Auf der anderen Seite verabschiedete – in anderer Beurteilung der Situation – die KPD zunächst ein Programm, das eher bürgerlich-demokratischen Charakter hatte. Diese Öffnung sollte die Parteibasis verbreitern und die Partei bündnisfähiger machen.

Die Sozialdemokratie hielt zwar an ihrem demokratisch-sozialistischen Programm fest, versuchte aber, neue Schichten zu gewinnen, indem die weltanschauliche Offenheit hervorgehoben wurde.

»Eine solche Partei muß viele Wohnungen für viele Arten von Menschen kennen. Unverzichtbar ist für sie nur der Wille ihrer Mitglieder, Sozialist, Demokrat und Träger der Friedensidee zu sein... Mag der Geist des Kommunistischen Manifests oder der Geist der Bergpredigt, mögen die Erkenntnisse rationalistischen oder sonst irgendwelchen philosophischen Denkens ihn bestimmt haben, oder mögen es Motive der Moral sein, für jeden, die Motive seiner Überzeugung und deren Verkündung ist Platz in unserer Partei.«[3]

So beschrieb der SPD-Vorsitzende Kurt Schumacher das breite Spektrum, das die SPD seiner Meinung nach in Zukunft umfassen sollte.

Der programmatischen Beschwörung des Konsenses entsprachen Bemühungen, die soziale Basis der Parteien zu erweitern. Dabei erwies sich die alte Trennungslinie zwischen den bürgerlichen und den sozialistischen Parteien als unüberschreitbar. Die Idee einer »deutschen Labour Party«, die Sozialdemokraten und katholische Gewerkschaftler vereinigen sollte, stieß auf beiden Seiten auf wenig Gegenliebe. Andere traditionelle Gräben im deutschen Parteiensystem – zwischen Linksliberalen und Nationalliberalen, Liberalen und Konservativen, Protestanten und Katholiken – hatten dagegen ihre trennende Kraft verloren. Die alten bürgerlichen Parteien waren – das katholische Zentrum ausgenommen – von den Nationalsozialisten bei den Wahlen in den Jahren zwischen 1930 und 1933 weithin dezimiert worden. Die Deutschnationalen hatten als Koalitionspartner der Nazis ihr Renommee verloren. Die Parteitraditionen selber waren zwölf Jahre lang unterbrochen gewesen, die Verfolgung auch vieler Konservativer im »Dritten Reich« hatte ein Bewußtsein der Gemeinsamkeit geschaffen. In viel stärkerem Maße galt das für das Verhältnis von Sozialdemokraten und Kommunisten, die einer radikalen Verfolgung ausgesetzt gewesen waren und große Blutopfer hatten bringen müssen. Zudem wurden in ihren Reihen vielfach die erbitterten Auseinandersetzungen zwischen SPD und KPD für die Niederlage gegen die Nazis verantwortlich gemacht.

Eingebettet waren die parteipolitischen Einheitskonzeptionen in einen breiteren Konsens, der in den ersten Nachkriegsjahren allgemein als »antifaschistisch« bezeichnet wurde. Er findet sich in den breiten Bündnissen wieder, von denen nach den ersten freien Wahlen 1946/47 die meisten Landesregierungen und Gemeindeverwaltungen getragen wurden. In neun Ländern arbeiteten »Große Koalitionen« aus SPD und CDU bzw. CSU, drei davon – Rheinland-Pfalz, Niedersachsen und Berlin – waren Allparteienregierungen. In sechs Ländern war die FDP, in fünf die KPD in der Regierung vertreten. Nur in einem Land gab es eine Einparteienregierung – die der SPD in Schleswig-Holstein zwischen 1947 und 1951.

Der »Kalte Krieg«, der mit der Berlin-Blockade seinen ersten Höhepunkt erreichte, veränderte dieses Klima. Die KPD (in Berlin die SED) schied aus den Regierungskoalitionen aus. Den antifaschistischen Gründungskonsens verdrängte der antikommunistische, der von den übrigen Parteien unterstützt wurde. Zwar stand dieser antikommunistische Konsens in einem gewissen Spannungsverhältnis zum antifaschistischen, zumal die Kommunisten den Antifaschismus ständig propagandistisch in den Vordergrund rückten und ihre repressive Praxis in der entstehenden DDR damit legitimierten. In diesem Zusammenhang verschwand der Begriff Antifaschismus aus dem politischen Vokabular des westlichen Deutschland. Die Integration von Millionen ehemals nationalsozialistischer Wähler und Mitglieder in die neuen Parteien legte es gleichzeitig nahe, gemeinsame Feindbilder hervorzuheben und dabei partiell an die alte politische Mentalität anzuknüpfen. Trotzdem wurde in dieser Periode, in der auch das Grundgesetz ent-

stand, die doppelte Abgrenzung von Kommunismus und Nationalsozialismus von den großen Parteien im gemeinsamen Bekenntnis
zur freiheitlich-demokratischen Ordnung formuliert, über das
grundsätzlich Einigkeit bestand. »Totalitarismus« wurde in dieser
Zeit zum allgemein anerkannten Negativbegriff, unter dem man Nationalsozialismus und Kommunismus zusammenfaßte und identifizierte. Im Gegensatz zur Weimarer Republik, deren Parteiensystem durch einen offenen Legitimitätskonflikt nach zwei Seiten
hin geprägt wurde (Kommunisten einerseits, NSDAP und Deutsch-
nationale andrerseits), ist daher die Geschichte der Bundesrepublik
ursprünglich durch einen doppelten Basiskonsens bestimmt. Die
beiden Extreme, gegen die sich dieser Konsens richtete, fanden in
der Wählerschaft der folgenden nachfaschistischen und antikommunistischen Epoche wenig Resonanz und wurden zusätzlich
durch den neuentstehenden demokratischen Staat illegalisiert.

3.2. Die CDU/CSU als bürgerliche Sammlungspartei

Die Christlich-Demokratische Union, die 1945 »spontan« vielerorts entstand[4], entsprach in besonderer Weise dem auf »Sammlung
der Volksgemeinschaft«[5] ausgerichteten Geist der Gemeinsamkeit.
(Begriffe wie »Volksgemeinschaft« wurden zunächst noch unbefangen benutzt, fanden dann aber wegen ihrer Assoziation mit dem
Nationalsozialismus immer weniger Verwendung.) Das Prinzip
der »doppelten Union«, dem die Partei folgte, umfaßte einerseits
die politische Zusammenarbeit von Katholiken und Protestanten,
zum anderen die »Union aller Stände und Klassen«.[6] Sie war als
Sammlungspartei konzipiert, mit der nach der Katastrophe ein
neuer Anfang gemacht werden sollte. Ihre Dynamik – sie wurde in
den Westzonen schnell zur stärksten Partei – verdankte sie dem reli-
giös-christlichen Aufbruch, der sich nach dem Untergang des Nationalsozialismus und dem Scheitern des deutschen Nationalstaa-
tes in breiten Kreisen bemerkbar machte, sichtbar etwa am hohen
Kirchenbesuch und am großen Prestige der Kirchen. Das Bewußtsein, einen »christlichen Sendungsauftrag« zu vollziehen, die
»Front aller Christen gegen alle übrigen gottlosen Kräfte der Welt«
zu formieren, half, ein neues Selbstbewußtsein zu schaffen, mit
dem alle bisherige Politik transzendiert werden sollte.[7] Mit der
Vermeidung des Wortes »Partei« und der fast uneingeschränkten

Einladung zur Mitarbeit an alle konnte sie gleichzeitig an die traditionelle deutsche »Abneigung gegen die politische Aufspaltung in Parteien«[8] anknüpfen.

Im katholischen Bereich ergab sich dank dieser Konzeption eine bruchlose Kontinuität zum Zentrum vor 1933. Das Zentrum war stets eine klassenübergreifende Integrationspartei gewesen und hatte einen beträchtlichen Teil der katholischen Arbeiterschaft an sich binden können. Die Zentrumspolitiker hatten sich während des »Dritten Reiches« zum größten Teil nicht kompromittiert, einige von ihnen hatten sich dem konservativen Widerstand angeschlossen. Die Zentrumspartei selber hatte 1933 ein ruhmloses Ende gefunden, so daß ein Neuanfang auf wenig Widerstand stieß. Kleinere Gruppen in Westfalen und Niedersachsen versuchten zwar eine Neugründung des Zentrums, die katholischen Bischöfe sprachen sich aber für die überkonfessionelle CDU aus, mit der Folge, daß der Hauptteil des politischen Katholizismus sich in ihr vereinigte.

Wie die Fuldaer Bischofskonferenz befürwortete auch die Evangelische Kirchenkonferenz von Treysa 1945 die Gründung einer überkonfessionellen christlichen Partei. Die gemeinsame Verfolgung während des »Dritten Reiches« hatten die konfessionellen Unterschiede überlagert und positiven Kontakten Platz gemacht. Die traditionelle Verbindung der Evangelischen Kirche zu antidemokratischen Parteien, die 1933 zu einer Euphorie zu Beginn der nationalsozialistischen Diktatur geführt hatte, war diskreditiert.[9]

Trotz ihres Wahlerfolgs vor dem Hintergrund der Verwüstung der politischen Traditionen des Bürgertums war die CDU zunächst weder programmatisch noch organisatorisch eine geschlossene Partei.[10] Auf Bundesebene fand sie erst 1950, als sie schon mit anderen Parteien die Bundesregierung bildete, zu einer gemeinsamen Organisation. Vorher standen der einheitlichen CDU in der britischen Zone Landesverbände in der amerikanischen und französischen Zone gegenüber, außerdem bis 1947 ein gut organisierter Verband in der sowjetischen Zone einschließlich Berlin, der unter Andreas Hermes und später unter Jakob Kaiser einen Führungsanspruch für ganz Deutschland erhob.

Entsprechend vielfältig waren die programmatischen Konzeptionen. In Berlin, der sowjetischen Zone, dem Ruhrgebiet und in Hessen gab es wichtige Strömungen, die einem »christlichen Sozialismus« oder einem »Sozialismus aus christlicher Verantwortung«

zuneigten, Sozialreformen und Sozialisierung propagierten. In Verbindung damit vertrat Kaiser als Vorsitzender der CDU der Sowjetischen Zone ein »Brückenkonzept«, mit dem die Einheit Deutschlands gewahrt und eine mittlere Linie zwischen der Sowjetunion und den Westmächten gesucht werden sollte. Auf der anderen Seite gab es in Süddeutschland partikularistische oder extrem föderalistische Strömungen und das Bestreben, sich angesichts des Zusammenbruchs des Reiches weitgehend abzukoppeln. In Verbindung damit neigte die CDU/CSU dort zum Teil extrem konservativen Gesellschaftskonzepten zu, bis hin zu monarchistischen und ständestaatlichen Tendenzen in Bayern. Diese Kräfte waren auch dafür verantwortlich, daß es nicht gelang, die bayerische CSU in die Gesamtpartei einzubeziehen. Ein starker katholisch-konservativer Flügel in Altbayern opponierte gegen jede gesamtdeutsche Tendenz. Als sich ein großer Teil dieses Flügels 1948 der partikularistischen Bayernpartei anschloß, die 1949 und 1950 einen großen Teil der Wähler der CSU an sich zog, geriet die CSU diesbezüglich unter einen noch stärkeren Profilierungszwang.[11]

Eine mittlere Linie zwischen diesen gesamtdeutschen und partikularistischen Strömungen vertraten CDU-Politiker hauptsächlich in der britischen Zone. Sie setzten in außenpolitischer Hinsicht auf eine Eingliederung der Westzonen in einen westeuropäischen Zusammenhang und wirtschaftspolitisch auf einen liberalen Kurs. Diesem Konzept entsprechend agierte Konrad Adenauer, der ehemalige Oberbürgermeister von Köln, der 1946 Vorsitzender der CDU der britischen Zone wurde. In Zusammenarbeit mit den norddeutschen protestantischen Konservativen gelang es ihm, sozialreformerische Kräfte zurückzudrängen. Immerhin verabschiedete die CDU der britischen Zone aber noch 1947 das Ahlener Programm, in dem sie für die Vergesellschaftung des Bergbaus eintrat. Es begann mit dem vielzitierten Präambelsatz: »Das kapitalistische Wirtschaftssystem ist den staatlichen und sozialen Lebensinteressen des deutschen Volkes nicht gerecht geworden.« In dieser Hinsicht hatte sich der linke CDU-Flügel, der sich 1945/46 in den »Sozialausschüssen der christlichen Arbeitnehmerschaft« organisierte, durchgesetzt. In seinen konkreten Ausführungen blieb das Ahlener Programm aber recht unverbindlich. Es bestimmte auch nicht die Wirtschaftspolitik, welche die CDU später betrieb. Darauf ist im Zusammenhang mit der Wirtschaftsverfassung noch zurückzukommen.

Die Rivalität zwischen den verschiedenen Positionen in der CDU klärte sich, als die sowjetische Besatzungsmacht im Dezember 1947 Kaiser im Zuge der wachsenden Ost-West-Spannungen als Vorsitzenden in der sowjetischen Zone absetzte.[12] Adenauer war damit als Vorsitzender der einzigen verbleibenden zonenweiten CDU-Organisation der einflußreichste Politiker. Mit der Teilung Deutschlands setzte sich sein Konzept der Westintegration durch; gleichzeitig wurde die CDU/CSU in der Auseinandersetzung mit der SPD zur Trägerin der »sozialen Marktwirtschaft« und löste sich von ihren sozialreformerischen Anfängen. Die Hoffnung, die Gerd Bucerius, ein liberales Hamburger CDU-Mitglied, 1946 geäußert hatte, die Union werde »die größte bürgerliche Partei ... werden, die als Massenpartei den Sozialisten gegenübertreten«[13] könne, erfüllte sich. Mit zunehmenden Wahlerfolgen wuchs die CDU in das bürgerliche Milieu hinein und integrierte es in das entstehende parlamentarisch-demokratische System.

3.3. Die FDP als zweite bürgerliche Partei

Im Vergleich zu den Christdemokraten, die zu Beginn auf das funktionierende kirchliche Kommunikationsnetz zurückgreifen konnten, konnte sich die FDP nur langsam organisieren. In wirtschaftspolitischen Fragen zeigte sie von Anfang an ein eindeutiger bürgerliches Profil als die CDU, als einzige größere Partei trat sie kompromißlos gegen Sozialisierungsvorstellungen auf. Von der CDU trennte sie ihre Ablehnung einer weitgehenden Verchristlichung des Staates. Der Streit darüber wurde vor allem am Beispiel der Bekenntnisschule ausgetragen, die für die CDU und vor allem die Katholische Kirche von entscheidender Bedeutung war.

Die Liberalen blieben auf relativ schmale Wählerschichten beschränkt. Während die CDU in allen katholisch geprägten Ländern bei den ersten Kommunalwahlen die absolute Mehrheit erreichte (Bayern, Südwürttemberg-Hohenzollern, Südbaden, Rheinland-Pfalz) und auch in Nordrhein-Westfalen und Württemberg-Baden stärkste Partei wurde, blieben die Liberalen auf Werte um 10% der Wählerstimmen beschränkt. In evangelischen Gebieten schnitten sie besser ab als in katholischen, nur dort konnten sie vereinzelt der CDU die Stellung als stärkste bürgerliche Partei streitig machen.[14]

Die FDP besaß im Vergleich zum politischen Katholizismus weniger Kontinuität. Die Zahl der Regionen, in denen liberale Traditionen lebendig geblieben waren und ein Stamm überzeugter Liberaler aus der Zeit von vor 1933 »bereitstand«, war klein. Die persönliche Freiheit – das klassische liberale Thema – war, im Vergleich zum NS-Regime, während der Besatzungszeit in hohem Maße gegeben, die Forderung danach und das Bekenntnis zur liberalen Demokratie andrerseits Gemeingut aller demokratischen Parteien, Element des Konsenses, von dem schon die Rede war. Den Liberalen fehlte eine »ganzheitliche« Integrationsideologie, wie sie der CDU zur Verfügung stand. In der »Zusammenbruchsgesellschaft« bestand augenscheinlich ein besonderes Bedürfnis danach.

Schnell wurde aber deutlich, daß die FDP außerhalb ihrer liberalen traditionellen Hochburgen – vor allem Württembergs und der Hansestädte – in Gefahr war, als nationalistische Ersatzpartei benutzt zu werden.[15] Die Masse ehemals »nationaler« Wähler, die es zu gewinnen galt, verleitete schon 1949 einige Landesverbände, bei der Wahlwerbung neben den republikanischen Farben schwarz-rot-gold auch schwarz-weiß-rot zu verwenden, die Fahne des Kaiserreichs, die neben dem Hakenkreuz auch im »Dritten Reich« benutzt worden war.

3.4. Auseinandersetzung zwischen SPD und KPD. Schumachers Profil der SPD

Trotz eines verheißungsvollen Anfangs »von unten« kam es im linken Spektrum nicht zu einer einheitlichen Partei, sondern sehr schnell zu erbitterten Auseinandersetzungen, gerade auch um die Parole der Einheit. Als die Herrschaft des »Dritten Reiches« zu Ende ging, bildeten sich in vielen deutschen Städten und in Großbetrieben die »Antifas«, zusammengesetzt aus Sozialdemokraten, Kommunisten und meist auch ehemaligen christlichen Gewerkschaftlern. Sie versuchten, das tägliche Leben wieder in Gang zu bringen sowie die Verwaltungen und Betriebe von Nationalsozialisten zu säubern. Gleichzeitig kam auch hier der Wunsch nach einer Einheit der antifaschistischen Kräfte zum Ausdruck. Die »Antifas« wurden von den Besatzungsmächten rasch verboten. Als Grund ist das Bedürfnis nach militärischer Sicherheit und nach

Lenkung des politischen Geschehens zu nennen; bei den Westmächten kam auch die Furcht vor kommunistischen Positionsgewinnen hinzu.[16] In der anschließenden Phase der Parteigründungen, die unter der Lizenz der Besatzungsmächte erfolgten, lebten die alten Parteien SPD und KPD wieder auf.

Beide standen unter dem Eindruck der Niederlage gegen die Nationalsozialisten 1933 und der Notwendigkeit, mit neuen Parteikonzeptionen nicht nur die alten Anhänger zu gewinnen, sondern mehrheitsfähig zu werden. Die KPD hoffte, dabei eine wesentliche Rolle zu spielen, auch im Zusammenhang mit den Leistungen der UdSSR im Krieg und der Stellung der sowjetischen Besatzungsmacht in der ehemaligen Reichshauptstadt Berlin. Sie versuchte, sich wählerwirksam zu öffnen, und legte mit dem »Aufruf der KPD an das schaffende Volk« im Juni 1945 ein Programm vor, das die Vollendung der bürgerlichen Revolution von 1848 forderte und von daher auch im Einklang mit den übrigen Besatzungsmächten durchgeführt werden konnte. Das entsprach im übrigen auch dem schematischen Denken, nach dem der Sozialismus auf die Vollendung des bürgerlichen Kapitalismus folge. Auf eine Formel gebracht wurde es mit der These vom »besonderen deutschen Weg zum Sozialismus«, der auch eine vorsichtige Distanzierung von der Sowjet-Praxis einschloß. Denn es sei falsch, wurde betont, Deutschland das Sowjetsystem aufzuzwingen. Trotz dieses Öffnungsversuchs stellte sich aber rasch heraus, daß die KPD im Wettbewerb mit der SPD unterlag. Der Mitgliederzustrom war kleiner, sogar unter den für die KPD günstigen Voraussetzungen in der Sowjetischen Besatzungszone. Die Wahlen in Österreich und in Ungarn im Herbst 1945, bei denen die Kommunisten schwach abschnitten, mußten auch für Deutschland skeptisch stimmen. Die ersten Wahlen in Deutschland, die Gemeindewahlen in der amerikanischen Zone im Januar 1946, wiesen der KPD eher den Status einer Splitterpartei zu.

Da die Öffnung mit Hilfe des neuen Programms erfolglos gewesen war, änderte die KPD in enger Zusammenarbeit mit den sowjetischen Besatzungsbehörden ihre Politik und strebte seither eine Fusion mit der SPD an. Als diese sich einer raschen Vereinigung verweigerte, wurde Druck angewandt, um die SPD in der Sowjetischen Besatzungszone in die Sozialistische Einheitspartei (SED) zu zwingen. Während widerstrebende sozialdemokratische Funktionäre bedroht oder verhaftet wurden, nutzte die Besatzungsmacht

das in der SPD-Mitgliedschaft nach wie vor vorhandene Einheits-
bewußtsein mit Hilfe ihres Propagandamonopols aus. Auch in der
SBZ bzw. der DDR gab es in der Folge eine gesellschaftliche Integrationsideologie, aber sie wurde erzwungen und im Grunde nur
von einem Kern von Funktionären getragen. Die weitere Praxis der
DDR machte die KPD, die sich damit identifizierte, im westlichen
Deutschland immer weniger attraktiv. Ihre Glaubwürdigkeit litt
auch darunter, daß sie jede Wendung der sowjetischen Politik
und Taktik nachvollzog. In der Bundesrepublik verlor die KPD
von Jahr zu Jahr mehr Wähler, so daß die SPD die einzige große politische Kraft auf der linken Seite des politischen Spektrums
wurde.[17]

Der SPD-Vorsitzende Schumacher hatte derartige Entwicklungen
schon 1945 antizipiert. Er lehnte jeden Kompromiß mit den Kommunisten ab, die er nicht als deutsche Partei, sondern als »Gehil-
fen« der östlichen Besatzungsmacht betrachtete.[18] Gleichermaßen
vertrat er gegenüber den westlichen Besatzungsmächten mit großem Selbstbewußtsein deutsche Interessen und deutsche Gleichberechtigung – ein unter Besatzungsverhältnissen sehr ungewöhn-
liches Verhalten. Den moralischen Anspruch dafür leitete er aus
dem Eintreten der SPD für Demokratie und Frieden seit Jahrzehnten ab. Schumacher selber symbolisierte diesen Anspruch. Er war
zehn Jahre lang in nationalsozialistischen Konzentrationslagern
gefangen gehalten worden, dabei aber stets standhaft geblieben und
hatte schwere gesundheitliche Schäden davongetragen.

Schumachers Konzept einer »Partei der Schaffenden«, einer Öffnung der SPD für die selbständigen und unselbständigen mittelständischen Schichten, war für die SPD nicht völlig neu. Schon
immer hatte die SPD versucht, außer ihrer Kernwählerschaft in der
Industriearbeiterschaft andere Gruppen anzusprechen, »Partei des
arbeitenden Volkes in Stadt und Land« zu werden. Schumacher sah
jetzt aber in der »latenten sozialen Revolution«, der Verelendung
auch weiter bürgerlicher Bevölkerungsschichten, eine neue
Chance. Das »falsche Bewußtsein« des Mittelstandes sollte durch
ein sozialistisches Wirtschafts- und Gesellschaftsprogramm verändert werden, das diesem Mittelstand eine bestimmte Rolle zuwies.
»Der Sozialismus ist das Programm für Arbeiter, Angestellte, Bauern, Handwerker, Gewerbetreibende und geistige Berufe. Sie alle
stehen in einem unüberbrückbaren Gegensatz zu der Ausbeuter-
schicht.«[19]

Schumacher vertrat als demokratisch-sozialistischer Politiker gleichzeitig gegenüber den Besatzungsmächten die deutschen Interessen, die er kompromißlos und aggressiv geltend machte, nach Osten wie nach Westen. Klasseninteresse und nationales Interesse sah er in der besonderen Situation des besiegten und zerstörten Deutschland als weithin identisch an. Bei Auseinandersetzungen pflegte er darauf hinzuweisen, daß deutsche Sozialdemokraten schon im KZ gesessen hatten, als die Siegermächte des Zweiten Weltkriegs sich noch um ein gutes Verhältnis zum NS-Regime bemühten.[20]

Mit dieser aktiven und aggressiven politischen Linie erzielte Schumacher in den ersten Nachkriegsjahren großen Eindruck gerade bei der jüngeren Generation. Die Mitgliederentwicklung der SPD nahm einen steilen Aufschwung, die Partei errang besonders in protestantischen Gebieten große Wahlerfolge. Vielfach wurde sie von Flüchtlingen und Vertriebenen gewählt, solange die Besatzungsmächte noch keine speziellen Flüchtlingsparteien zuließen.

Absolute Mehrheiten, die zur Verwirklichung ihres Programms notwendig gewesen wären, erreichte die SPD aber für die gesamte Bundesrepublik nicht. Nur in einigen Ländern – Bremen, Hamburg, Schleswig-Holstein, Berlin – hielt sie Mehrheiten in den Landtagen. Bei den Bundestagswahlen von 1949 blieb sie knapp hinter der CDU/CSU zurück, der die kleineren bürgerlichen Parteien als Koalitionspartner zur Verfügung standen. Mehrere Gründe können dafür angeführt werden. Zunächst war die »Proletarisierung« großer Teile des Bürgertums, die Nivellierung durch das Elend, nur ein trügerischer Eindruck. »Unter der Trümmerdecke hatten sich nicht nur die alten Sozialstrukturen vielfach erhalten, sondern gleichfalls sozialbedingte Mentalitäten bewahrt.«[21] Gerade in einer Situation der Nivellierung durch das allgemeine Elend war das Bedürfnis stark, sich wenigstens symbolisch noch unterscheiden zu können. Die Weiterverwendung des traditionellen sozialistischen Vokabulars (Proletariat, Klassenkampf usw.) gerade durch Schumacher schreckte die Mittelschichten ab und entsprach nicht ihrer Bewußtseinslage. Das nationale Pathos, das Schumacher benutzte, scheint – anders als in der Zeit nach dem Ersten Weltkrieg – ebenfalls nicht die Bedürfnisse der Bevölkerung nach dem Zweiten Weltkrieg angesprochen zu haben. Es stand im Gegensatz zur Zusammenarbeit der SPD mit den westlichen Besatzungsmächten und kam im Kalten Krieg dem Wunsch nach Anlehnung bei den

Westmächten nicht entgegen. Schließlich gelang es Schumacher auch nicht, seine Partei umzubilden. Die alten Funktionärskader, die die Nazizeit überlebt und die Partei 1945 wiederbegründet hatten, waren für neue Schichten personell wenig attraktiv. Nur in Ausnahmefällen, wie bei Carlo Schmid, gelang es, Persönlichkeiten mit Ausstrahlung und bürgerlichem Habitus in der Parteiführung herauszustellen. Die SPD hatte seit 1945 mit Kurt Schumacher zwar einen überragenden »Kopf« mit großer Autorität und Ausstrahlung, ihrem sozialen Erscheinungsbild nach aber blieb sie weithin noch eine Arbeiter- und Funktionärspartei.[22]

3.5. Der radikale Einschnitt von 1945 als Chance der demokratischen Parteien

Die westlichen Besatzungsmächte ermöglichten nach anfänglichem Zögern den Neuaufbau der deutschen Parteien mit bemerkenswerter Liberalität. Konsequent verhinderten sie die Neugründung rechtsradikaler Parteien. Auch die demokratischen Parteien unterlagen in bezug auf ihre Mitgliedschaft in den ersten Jahren einer intensiven Überwachung. So lösten z.B. die amerikanischen Militärbehörden mehrere Stadt- und Kreisverbände der CSU wieder auf, nachdem sie in den Gründerkreisen Nationalsozialisten festgestellt hatten.[23]

Diese Maßnahmen waren für die demokratischen Parteien sicher hilfreich. Es ist aber sehr zweifelhaft, ob sie wirkungsvoll gewesen wären, wenn ihnen nicht eine weitverbreitete pro-westliche Grundstimmung entsprochen hätte, die sich aus dem radikalen Scheitern der NS-Politik und dem abstoßenden Erscheinungsbild des sowjetischen Kommunismus nährte. Der doppelte antinazistische und antikommunistische Konsens, der die Bundesrepublik prägte, entstammt dieser historischen Konstellation. Er stand vor der parteipolitischen Konfrontation, die sich anschließend in den fünfziger Jahren innerhalb des demokratischen Spektrums ergab.

4. Konsensuale Verbands- und Gewerkschaftsstrukturen. Die Sonderstellung der Kirchen

4.1. Die Einheitsgewerkschaft und ihre strukturellen Wirkungen

Wesentlich von nachfaschistischem Einheitsdenken bestimmt wurde die Struktur des Verbandswesens der entstehenden Bundesrepublik. An die Stelle der weltanschaulich geprägten Verbände, die sich im 19. Jahrhundert herausgebildet hatten und im »Dritten Reich« beseitigt worden waren, traten weitgehend Einheitsorganisationen. Auch hier trafen sich alliierte Vorstellungen, die sich am angloamerikanischen Verbändewesen orientierten, mit zeitgenössischen deutschen Tendenzen.

Schon in der Widerstandsbewegung hatte es zwischen Sozialdemokraten und christlichen Gewerkschaftlern Gespräche über eine Zusammenarbeit gegeben. Die Schaffung einer *Einheitsgewerkschaft* an Stelle der ehemaligen sozialdemokratischen, christlichen und liberalen Richtungsgewerkschaften war zu keinem Zeitpunkt strittig.[1] Sie stellte in der Folge ein starkes Band zwischen den Sozialdemokraten und dem linken Flügel der CDU dar. Personell tritt das bis heute dadurch in Erscheinung, daß die Posten der Vorsitzenden von Sozialdemokraten eingenommen werden, während die Stellvertreter meist der CDU zuzurechnen sind. Programmatisch bestanden in den ersten Jahren zwischen diesen Kräften wenig Differenzen. Beide traten sowohl für die Sozialisierung der Großindustrie als auch für die weitgehende Mitbestimmung der Beschäftigten in den Betrieben ein.

In parteipolitischer Beziehung wurde die Einheitsgewerkschaft verwirklicht, in bezug auf die Angestellten und Beamten dagegen gelang das nicht. Entgegen den Bestrebungen der Gewerkschaften, die sich 1949 im DGB zusammenschlossen, wurden wieder eine besondere Angestelltenorganisation (DAG) und der Beamtenbund (DBB) gegründet. Immerhin organisierte der DGB in seinen Reihen aber mehr Angestellte als die DAG und ebenso viele Beamte wie der DBB. Entgegen den Vorstellungen vieler Gewerkschaftsgründer bestanden die Besatzungsmächte ferner darauf, keine einheitliche, starke Gewerkschaftsorganisation, sondern Branchengewerkschaften für die einzelnen wirtschaftlichen Bereiche zu schaffen.[2] Bis heute hat sich diese Struktur erhalten.

Sie hat den Gewerkschaften eine relativ starke Stellung gegeben, indem die vorher übliche Konkurrenz sehr begrenzt worden ist. Das war auch eine wesentliche Grundlage für die überlegte Lohnpolitik, welche die Gewerkschaften in den nächsten Jahrzehnten verfolgt haben. Ihre parteipolitische Unabhängigkeit hat die Gewerkschaften nicht an politischer Stellungnahme gehindert, die meist, aber keineswegs ausschließlich, zugunsten der Sozialdemokratie ausfiel. In bezug auf die Wahlen profitierte, wie Untersuchungen zeigen, langfristig die Sozialdemokratie von der Auflösung der Gegensätze in der Einheitsgewerkschaft. Die Christlich-Sozialen, die sich innerhalb des DGB zur »Christlich-Sozialen Kollegenschaft«, innerhalb der CDU/CSU zu den »Sozialausschüssen« und innerhalb der Katholischen Kirche zur »Katholischen Arbeiter-Bewegung« (heute »Arbeitnehmer-Bewegung«, KAB) zusammenschlossen, verloren ihre Einheitlichkeit, als sich eine unterschiedliche Orientierung auf die Gewerkschaften, die CDU/CSU und die Kirche ergab.[3] Die bürgerliche Politik der CDU in den folgenden Jahren und ihr enges Verhältnis zur Unternehmerschaft unterstützte diese Entwicklung.

Nach dem Potsdamer Abkommen hatten sich die Besatzungsmächte dazu verpflichtet, den Aufbau von Gewerkschaften zu unterstützen. Aus Sorge vor kommunistischer Dominanz gingen die westlichen Alliierten dabei aber sehr langsam vor. Hinsichtlich der Mitgliederentwicklung blieben die westdeutschen Gewerkschaften zunächst weit hinter denen in der sowjetischen Zone zurück.

Die gewerkschaftlichen Programme waren auf die Vergesellschaftung der Großindustrie und auf eine möglichst weitgehende Mitbestimmung ausgerichtet. Während die Forderung nach Sozialisierung am Widerstand der amerikanischen Besatzungsmacht scheiterte, hatte die Forderung nach Mitbestimmung zunächst Erfolg in der Montanindustrie. Die Gewerkschaften delegieren seitdem Vertreter in die Aufsichtsräte und benennen die Arbeitsdirektoren. Sie haben wegen dieser partiellen Einbindung in die Unternehmensstrukturen auch die Rolle eines »Ordnungsfaktors« übernommen. Trotz einiger erbitterter Tarifkämpfe haben sie im internationalen Vergleich eine hohe Regelungskraft entfaltet, die auf die Gestaltung der Löhne und Arbeitsbedingungen starken Einfluß nehmen kann und intern so gefestigt ist, daß tragfähige Kompromisse mit den Unternehmern ausgehandelt werden können. Trotz einzelner Rückfälle führte das über die Jahrzehnte hin auch auf der Unternehmerseite zu einer Bereitschaft zur Kooperation.[4] Für die Gewerkschaftsführung ist damit aber die Gefahr verbunden, wegen ihrer Mitverantwortung für wirtschaftliche Entscheidungen in Distanz zu der Mitgliedschaft zu geraten.

4.2. Unternehmerverbände und Kammern

Unternehmerorganisationen waren in den ersten Besatzungsjahren untersagt. Die Zusammenarbeit ging aber über die Industrie- und Handelskammern weiter, die von den Alliierten wegen der Bewirtschaftungsmaßnahmen toleriert wurden.[5] Nach Abbau der alliierten Kontrollen wurden die traditionellen Strukturen wiederhergestellt. Das galt auch für die Kammern und ihre öffentlich-rechtliche Stellung, die den liberalen amerikanischen Prinzipien widersprach. Die Gewerkschaften konnten dort nur eine Drittel-Beteiligung an den Wahlgremien erreichen, was ihnen aber kaum Einfluß eröffnete. Wie vor 1933 blieben die Unternehmerorganisationen stark an den bürgerlichen Parteien orientiert.

4.3. Der Bauernverband als Monopolorganisation

Eine Einheitsorganisation wurde auch der neugegründete Bauernverband, der an die Stelle der weltanschaulich konkurrierenden Agrarorganisationen aus der Zeit von vor 1933 trat. Angesichts der lebensbedrohlichen Unterernährung der Bevölkerung und der Nichterfassung eines großen Teils der Agrarprodukte, die in den Schwarzmarkt gingen, war die Stellung der Bauern in der Nachkriegszeit außerordentlich stark. Auch die Besatzungsregierungen waren auf ihre Kooperation und rasche Organisation angewiesen. Sie setzten ihre liberalen Prinzipien deshalb kaum durch und duldeten in diesem Bereich sogar Zwangsorganisationen öffentlich-rechtlicher Art, die gleichzeitig als geschlossene Gruppe politisch agieren konnten.[6] Die Schlagkraft des Bauernverbandes wuchs dadurch an. In der internen Willensbildung konnten sich faktisch die Großagrarier durchsetzen, die innerhalb des Einheitsverbandes nicht auf Konkurrenz stießen.

4.4. Verzicht auf Neubegründung der traditionellen Arbeiterbewegung

Die SPD verzichtete auf die Neugründung der Arbeitersportvereine und anderer sozialistischer Richtungsorganisationen im Freizeit- und Kulturbereich. Dabei zielte sie vor allem auf die intensive Einflußnahme über den traditionellen Bereich der Arbeiterbewegung hinaus, d. h. auf die Gewinnung neuer Wählerschichten. Damit erstand die Arbeiterbewegung in ihrer traditionellen Form nicht wieder, es fielen Barrieren zwischen den weltanschaulichen Blöcken weg. Andrerseits gelang es wohl auch deswegen nicht, das Erbe der Arbeiterbewegung in breitem Maße nach der nazistischen Diktatur wiederzubeleben und weiterzuentwickeln.

4.5. Die Sonderstellung der Kirchen

Eine Sonderstellung nahmen während der Nachkriegszeit die Kirchen ein. Sie waren 1945 ebenso wie 1933 organisatorisch intakt geblieben und unterlagen im Unterschied zu allen anderen gesellschaftlichen Organisationen nur sehr beschränkt alliierten Kontrollen.[7] Der Einfluß der Kirchen erstreckte sich, da durch den Zerfall der staatlichen Institutionen vielfach ein Vakuum entstanden war, auf viele gesellschaftliche Bereiche. Wichtig war vor allem die karitative Hilfe, die sie mit ausländischer Unterstützung leisten konnten. Die Kirchen fanden auch als erste wieder internationale Kontakte in einer Zeit, als Deutschland noch weitgehend isoliert war. Demonstrativ berief z. B. Pius XII. noch im Jahr des Kriegsendes, zu Weihnachten 1945, drei deutsche Kardinäle.

Große Teile der Evangelischen Kirche hatten der »nationalen Revolution« von 1933 nahegestanden und sich mit ihr identifiziert. Der Zugriff des nationalsozialistischen Regimes auf die Kirche hatte in den folgenden Jahren zum sogenannten »Kirchenkampf« geführt, der einen Umdenkungsprozeß einleitete. Das »Stuttgarter Schuldbekenntnis« der Evangelischen Kirche in Deutschland von 1945, in dem beklagt wurde, daß die Kirche in der Nazizeit »nicht mutiger bekannt, nicht treuer gebetet, nicht fröhlicher geglaubt« habe, blieb zwar zunächst rein religiös. Aber auch in politischer Hinsicht ergab sich aus der Infragestellung der obsoleten national-konservativen Traditionen der Evangelischen Kirche ein Umorientierungs- und Differenzierungsprozeß.[8] Eine besondere Rolle spielten dabei die in der Nachkriegszeit begründeten Evangelischen Akademien, die zu Foren für offene Diskussionen wurden. Nach dem Votum für die CDU 1945 wurde in späteren Jahren auch Kontakt zur SPD aufgenommen, die sich bemühte, auch evangelische Christen in ihren Reihen öffentlich herauszustellen.

Im Gegensatz dazu problematisierte die Katholische Kirche ihr Verhalten in der NS-Zeit nicht. Sie nannte zwar Verbrechen »auch aus unseren Reihen«, bezog sich aber nur auf Verfehlungen einzelner Katholiken.[9] Das Ende der NS-Herrschaft sah sie vielmehr als eine Chance, ihren gesellschaftlichen Dominanzanspruch für alle Lebensbereiche geltend zu machen. Das galt in besonderer Weise für den Bildungsbereich. Durch die enge Verbindung der Katholischen Kirche mit der CDU/CSU, die in den katholisch geprägten Ländern die kirchlichen Forderungen weitgehend übernahm, entstanden Konflikte, die an den »Kulturkampf« erinnern, trotz aller gesellschaftlichen Wandlungsprozesse seither und im Kontrast zu den brennenden sozialen Tagesproblemen.[10]

Die Erfahrungen im »Dritten Reich« hatten die beiden Kirchen dennoch einander nähergebracht. Auch in dieser Beziehung hatten die politischen Erschütterungen dazu beigetragen, eine seit langem bestehende Konfrontation und Intoleranz zu relativieren. Mochte sich die neue Gemeinsamkeit der Kirchen auch zunächst auf eine »christliche Front« gegen den Marxismus beziehen, mochten die Kirchen »in die Front des Kalten Krieges« einrücken, gerade in ihrer Unterstützung für eine »christliche« Partei bot diese »Versuchung zur Identifikation von Kirche und Demokratie« doch eine Chance, in den neuen demokratischen Konsens hineinzuwachsen, innerhalb dessen später auch ein politischer Differenzierungsprozeß einsetzte.[11]

5. Liberale Presse- und Rundfunkstrukturen

Im Medienbereich entschlossen sich die Besatzungsmächte zu einem völligen Neubeginn, der staatsunabhängige Presse- und Rundfunkstrukturen schaffen sollte. Die Goebbelssche »Gleichschaltung« sollte ebenso radikal beendet werden wie die Tradition der unpolitischen Heimatpresse und des rechtsradikalen Hugenberg-Konzerns aus der Zeit vor 1933. Vier Jahre lang durfte nur unter Lizenz veröffentlicht werden. Zeitungslizenzen wurden jeweils an mehrere Personen vergeben, die erwiesenermaßen überzeugte Demokraten sein mußten. Sie sollten von Parteien und Staatsorganen unabhängig sein. Zu dieser Zeit erhielten sie in ihrer jeweiligen Region eine Monopolstellung (außer in großen Städten wie München oder Frankfurt, in denen nach einer gewissen Zeit eine zweite Zeitung zugelassen wurde) und hatten daher die Chance, ihre Stellung zu festigen und im Wettbewerb mit den »Altverlegern«, die erst 1949 wieder mit ihnen konkurrieren konnten, eine gute Ausgangsbasis zu gewinnen.[1]

Nationalsozialistische Druckhäuser wurden beschlagnahmt und den Lizenzträgern übergeben. In anderen Fällen sicherte die Besatzungsmacht den Start durch Zwangspachtverträge mit den alten Verlegern ab. Die meisten neuen Zeitungen konnten sich auch nach 1949 durchsetzen, in diesem Bereich fand ein weitgehender Elitenaustausch statt. Auf privatwirtschaftlicher Grundlage entstand eine unabhängige Presse im Besitz demokratischer Persönlichkeiten.

Während bei der Etablierung von Zeitungen die Amerikaner führend waren, ging die Initiative bei der Neuordnung des Rundfunks von den Briten aus.[2] Ihr Ziel war ein unabhängiger öffentlicher Rundfunk nach dem Muster der BBC. Die Übertragung dieses Modells auf Deutschland war aber nicht einfach, da auch demokratischen deutschen Politikern das Verständnis für die Unabhängigkeit von der Regierung fehlte. Hugh Carlton Greene, bis 1939 britischer Korrespondent in Berlin, suchte lange nach einem Modell, das in Deutschland funktionieren könne. Schließlich wurde eine Art Proporz-System installiert, in dem die Parteien vertreten waren, daneben aber auch Kirchen, Gewerkschaften und Repräsentanten des kulturellen Lebens. Dieses Gremium wählte den Intendanten, konnte ihm aber auch Weisungen erteilen. An die Stelle der »unabhängigen Köpfe« nach britischem Muster traten die »Vertreter«, die dem Parteieinfluß und -proporz später den Weg bahnten. Für die britische Zone wurde der Nordwestdeutsche Rundfunk (NWDR) gegründet, dessen erster Intendant Greene wurde. Die Amerikaner schufen ähnliche Konstruktionen auf Landesebene: den Bayerischen, Hessischen und Süddeutschen Rundfunk, außerdem Radio Bremen; die Franzosen den Südwestfunk in Baden-Baden, am Sitz ihres Hauptquartiers.

Diese Struktur ist in den Grundzügen bis heute erhalten geblieben. Schwierig blieb aber die Verankerung der Rundfunk- und

Pressefreiheit. Viele deutsche Politiker zeigten völliges Unverständnis gegenüber der Funktion einer freien Presse, noch mehr eines staatsfernen Rundfunks. Auf Kritik wurde entrüstet reagiert, der Rundfunk als unter Landes- oder Postzuständigkeit stehend reklamiert. Der amerikanische Militärgouverneur Clay machte dagegen deutlich, es sei »die grundlegende Politik der US-Militärregierung, daß die Kontrolle über die Mittel der öffentlichen Meinung, wie Presse und Rundfunk, verteilt und von der Beherrschung durch die Regierung freigehalten werden müssen«.[3]

Die Besatzungsmächte verlangten vor der Aufhebung des Lizenz-Systems bzw. ihres eigenen Zugriffs auf den Rundfunk die Verabschiedung von Presse- und Rundfunkgesetzen durch die Landtage, um auf diese Weise die Presse- und Rundfunkfreiheit zu sichern. Nach mühsamen Auseinandersetzungen konnten sie schließlich ihre Vorstellungen weitgehend verwirklichen. Diese Pressegesetze sprachen erstmals von einer öffentlichen Aufgabe für die Presse und enthielten nicht mehr die obrigkeitlichen Einschränkungsparagraphen, die Zeitungsverbote früher so leicht gemacht hatten. Die Zuständigkeit der Post wurde auf die technische Seite des Funks beschränkt. Die Voraussetzungen freier öffentlicher Meinungsbildung waren geschaffen.

Der westliche Einfluß blieb nicht auf die institutionelle Neuordnung der Medien beschränkt. Nach der langen Abtrennung von der Entwicklung der westlichen Literatur, Kunst, Musik und Unterhaltungskultur sog die deutsche Öffentlichkeit begierig ausländische Produkte auf. Jahrelang standen westliche Autoren wie Hemingway und Sartre im Mittelpunkt des Interesses. Emigranten wie Thomas Mann nahmen wieder ihren traditionellen Platz ein. Jazz und andere amerikanische Musik, schon im »Dritten Reich« ein verbotener »Geheimtip«, eroberten den deutschen Markt. Die großen, von den Besatzungsmächten installierten Musterzeitungen wie die *Neue Zeitung* der Amerikaner und die *Welt* der Briten (vor dem Verkauf an den Springer-Verlag) machten mit der angloamerikanischen Kultur vertraut. Den Lizenzzeitungen wurde auferlegt, Nachrichten und Kommentare streng zu trennen: Nachrichten sollten objektiv, Kommentare »frei« sein. Neugründungen wie *Die Zeit* und der *Spiegel* prägten einen neuen Journalismus. Beim *Spiegel* wurde von Anfang an der gründlichen Recherche großes Gewicht eingeräumt, sein journalistischer Stil – an amerikanischen Nachrichtenmagazinen orientiert – stieß bei der desillusionierten

»skeptischen Generation« auf Zuspruch. Er machte deutlich, daß Autorität kritisierbar ist, erregte aber deshalb von Anfang an auch viel Ärger.

In den Jahren bis zur Währungsreform 1948 war Deutschland ein »Zeitschriftenparadies«. »Etwa 150 bis 250 kulturpolitische Zeitschriften, strengste Maßstäbe vorausgesetzt, gab es damals für ein paar Jahre.«[4] In ihnen wurde auch die so dringend notwendige Debatte um das deutsche Selbstverständnis geführt und neue Literatur vorgestellt. Die von Walter Dirks und Eugen Kogon herausgegebenen *Frankfurter Hefte*, der von Alfred Andersch und Hans Werner Richter edierte, 1947 verbotene *Ruf*, die liberalkonservativen Zeitschriften *Wandlung* und *Gegenwart*, das *Europa-Archiv* sind Beispiele für diese Diskussion, die aber in diesen Jahren noch recht abstrakt blieb. Humanismus wurde ohne konkrete politische Bezüge beschworen.[5] Noch war die Tradition des »Unpolitischen« nicht ausgestorben, die Thomas Mann 1917 als deutsche Haltung charakterisiert und vom Westen abgegrenzt hatte. Der unbewältigte Schock des Nationalsozialismus hatte den weitverbreiteten Ekel vor »der« Politik begreiflicherweise bestärkt, drückte sich jetzt aber nicht mehr in Nationalismus aus. Die Bereitschaft zur Demokratie war breiter geworden. Die Eingriffe der Besatzungsmächte in die Trägerstruktur der öffentlichen Meinung sorgten dafür, daß der traditionelle Rechtsradikalismus wenig Platz einnehmen konnte. Schrittweise paßten sich auch Publizisten, die vor 1933 zu den Wegbereitern antidemokratischen Denkens gehört hatten, dem neuen westlich-demokratischen Konsens an.

6. Der »Kalte Krieg« und die Neuordnung Deutschlands

6.1. Der Kontrollrat, die Zonen und die Länder

Als Deutschland 1945 vorläufig, wie es schien, zunächst in Besatzungszonen geteilt wurde, verstummte die Diskussion über Aufteilung und Zerstückelung, die in der Kriegszeit zwischen den »großen Drei« geführt worden war.[1] Das Potsdamer Abkommen postulierte die gemeinsame Verwaltung Deutschlands durch den Kontrollrat, der von Vertretern der USA, UdSSR, Großbritanniens und Frankreichs gebildet wurde. Frankreich, als vierte Besatzungsmacht hinzugekommen, wurde eine eigene kleine Besatzungszone entlang der deutsch-französischen Grenze zugestanden, für die Großbritannien und die USA Teile ihrer Zonen zur Verfügung stellten. Frankreich war nicht an den Kriegskonferenzen in Teheran, Jalta und Potsdam beteiligt worden. Es hatte seine Interessen nicht in die dort gefundenen Kompromisse einbringen können; gleichwohl erhielt es im Kontrollrat ein Vetorecht. Diese Widersprüche verhinderten, daß der Kontrollrat seine Arbeit aufnehmen und sich, wie geplant, einen »Unterbau« deutscher Behörden schaffen konnte.[2] Die französische Regierung blockierte mit ihrem Veto die Einrichtung von Zentralbehörden. Sie hielt sie für mögliche Keime deutscher Zentralstaatlichkeit und neuer Aggression und fürchtete zugleich den in ihnen enthaltenen sowjetischen Einfluß, der sich bis zum Rhein erstrecken werde. Wer Preußen und Sachsen beherrsche, werde, so de Gaulle, ganz Deutschland dominieren. Statt dessen schwebte dem französischen Regierungschef 1945/46 ein westliches Deutschland vor, das wie im 19. Jahrhundert in seine Einzelstaaten zerfallen sollte – Bayern, Hannover, Baden, Hessen-Kassel, Hessen-Darmstadt zählte er auf – und sich dann ohne Preußen möglicherweise föderal zusammenschließen könnte. Außerdem wollte Frankreich keinen gesamtdeutschen Behörden zustimmen, solange die Frage der deutschen Westgrenze nicht geklärt sei. Es hatte die Abtrennung der Oder-Neiße-Gebiete gebilligt, strebte aber im Westen selber noch die Ablösung des Rheinlands und die Kontrolle zumindest von Teilen des Ruhrgebiets an.[3]

Eine Einigung konnte nicht erzielt werden, auch nicht über die vorgesehene Schaffung gesamtdeutscher Gewerkschaften, die als antifaschistisches Gegengewicht gedacht waren. Der Aufbau deutscher Parteien im ganzen Reichsgebiet wurde ebenfalls von Frankreich abgelehnt und auch in den übrigen Westzonen nur sehr langsam vorangetrieben.

Alle Mächte versuchten inzwischen, ihre Zonen zu konsolidieren. Frankreich tat alles, um die Eigenständigkeit der Länder in seiner Zone zu stärken. Zunächst war dort eine über Landesgrenzen hinausgehende politische Kontaktaufnahme verboten. Allerdings litt diese französische Politik unter einem »Konstruktionsfehler«. Die neugebildeten Länder der französischen Zone hatten keine historische Identität, sondern waren Kunstprodukte, ganz im Gegensatz zum Denken General de Gaulles in den Kategorien des 19. Jahrhunderts. Südwürttemberg und Südbaden mit den neuen »Haupt-

Deutschland 1949

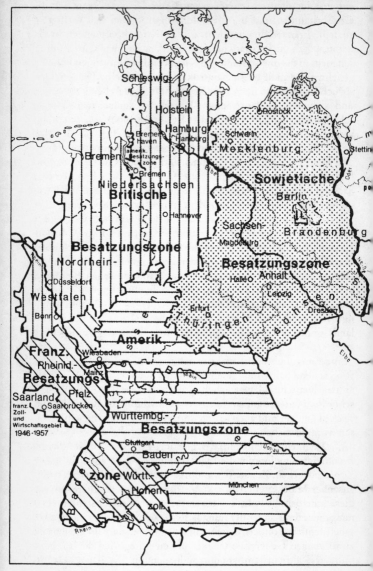

------- Grenze der Besatzungszonen

städten« Tübingen und Freiburg waren vom Nordteil dieser Länder so abgetrennt, daß die Autobahn Karlsruhe–München, die die Amerikaner als Kommunikationslinie nutzen wollten, ausschließlich durch die amerikanische Zone lief. Durch eine derart problematische Abgrenzung wurde das aus der Rheinbund-Zeit herrührende Eigenständigkeitsbewußtsein dieser Länder eher gemindert. Das neugeschaffene Land Rheinland-Pfalz war aus vier Gebietsteilen zusammengefügt worden: zwei südlichen Regierungsbezirken der Rheinprovinz, der ehemals bayerischen Rheinpfalz, den linksrheinischen Gebietsteilen des Landes Hessen(-Darmstadt) und einem Zipfel der Provinz Hessen-Nassau, der dann den Regierungsbezirk Montabaur bildete. Separatistische Bestrebungen blieben auf dieser Grundlage ohne Erfolg.

Nur an der Saar, die 1919 bis 1935 mit Frankreich verbunden gewesen war, fand Frankreich Resonanz bei politischen Kräften. 1946 wurde das Saarland durch eine Zollunion mit Frankreich verbunden; 1947 wurde durch Wahlen, an denen außer den Kommunisten nur separatistische Parteien teilnehmen konnten, eine Saarverfassung gebilligt, welche die Abtrennung von Deutschland, die Wirtschaftsunion sowie die außenpolitische Vertretung durch Frankreich vorsah.[4] Universitätsneugründungen in Saarbrücken und Mainz (die einzigen in Deutschland für lange Zeit) sollten den neuen Ländern Selbstbewußtsein verleihen.

Länder mit gefestigter Eigenständigkeit waren auch ein Ziel der amerikanischen Militärregierung. Sie übertrug aber früh, im Gegensatz zur französischen Militärregierung, ein hohes Maß an Selbständigkeit auf diese Länder und schuf im Stuttgarter Länderrat ein Gremium, in dem sich die Länder der amerikanischen Zone koordinieren konnten. Die Länder ihrer Zone erhielten einen flächenmäßig größeren Zuschnitt, der einen ausgewogenen deutschen Föderalismus vorbereiten sollte. Neben Bayern, das durch die Zonengrenze die Pfalz verlor, wurden Württemberg-Baden (aus den Nordteilen dieser beiden Länder) und Hessen (aus dem früheren Land Hessen und der preußischen Provinz Hessen-Nassau) gebildet, in beiden Fällen sowohl mit einer gewissen Zusammengehörigkeitstradition aus der vornapoleonischen Zeit als auch raumplanerisch sinnvoll. Bremen, die amerikanische Enklave für Nachschubzwecke, wurde mit Bremerhaven zu einem eigenen Land innerhalb der amerikanischen Zone.

Während die Amerikaner bei der Zulassung von Parteien zögerten und großen Wert auf das Prinzip »von unten nach oben« legten, gingen sie bei der Ausschreibung von Wahlen rasch voran. Das war eine persönliche Entscheidung General Clays, gegen Bedenken seiner amerikanischen Ratgeber und der ernannten deutschen Amtsträger. Schon im Januar 1946 wurde in den Gemeinden mit weniger als 20000 Einwohnern gewählt. Ein großes Übergewicht konservativer Gruppen vor allem in Bayern und ein recht geringer Prozentsatz der KPD waren das wesentlichste Ergebnis. Für die amerikanischen Behauptungschancen gegenüber der Sowjetunion war dieses Resultat positiv und aufgrund der von den Besatzungsbehörden durchgeführten Meinungsumfragen auch nicht überraschend. Für die Durchsetzung gesellschaftspolitischer Reformen sollte es sich später jedoch als Hindernis erweisen. Im April und Mai 1946 fanden in der amerikanischen Zone Stadt- und Kreistagswahlen statt, bei denen sich ähnliche Ergebnisse einstellten, die wegen der stärkeren Stellung der SPD in den Städten aber etwas ausgewogener waren. In Bayern erhielt die CSU zwei Drittel der Stimmen, in Hessen führte die SPD. Wie begrenzt aber die Pluralität bei Wahlen auf der Grundlage geringer politischer Aktivität bleiben konnte, zeigte das extreme Ergebnis im unterfränkischen Landkreis Königshofen: Hier kandidierte nur eine katholisch-konservative Liste, die auch 100% der Stimmen erreichte.[5]

Der nächste Schritt in der amerikanischen Zone bestand – dem konstitutionellen Denken der Amerikaner entsprechend – in der Wahl Verfassungsgebender Versammlungen für die einzelnen Länder im Juni. Nach der Ausarbeitung der Verfassungen wurden schließlich im Dezember 1946 die Landtage gewählt. Diese Zone hatte daher als erste ein parlamentarisch-konstitutionelles System bis hinauf zur Länderebene erhalten. Die Militärregierung behielt zwar die Möglichkeit einzugreifen, machte aber davon wenig Gebrauch. Alle anderen Zonen wählten erst 1947 ihre Landtage.[6]

Während in der französischen Zone die Besatzungsmacht versuchte, jede über die Länderebene hinausgehende deutsche Zusammenarbeit zu verhindern, ihre Zone strikt von den anderen Zonen getrennt zu halten und wegen des angeblichen Eigencharakters ihrer Zone keine Flüchtlinge aufzunehmen, förderten die amerikanischen Militärbehörden die Kooperation der Länder. Sie hielten auch an der Einheit Deutschlands fest. Die bayerische Verfassung wurde nur mit der Einschränkung genehmigt, daß Bayern auch in Zukunft Teil Deutschlands bleiben werde.

In der britischen Zone bestanden solche Probleme nicht, von Schleswig abgesehen, wo es nach 1945 eine starke prodänische Bewegung gab, ironisch »Speckdänen« genannt. Im Hinblick auf künftige gesamtdeutsche Zuständigkeiten errichteten die Briten zonale Zentralbehörden. Die Briten fanden vier preußische Provinzen und fünf kleinere Länder vor. Um alle französischen und sowjetischen Pläne für eine Abtrennung oder eine besondere Kontrolle des Ruhrgebietes zu verhindern, entschloß sich die britische Regierung, ein großes Land Nordrhein-Westfalen zu schaffen, welches das Ruhrgebiet als Kern strukturell einband.[7] Hamburg blieb selbständig, Schleswig-Holstein erhielt, trotz Bedenken seiner Militärregierung, ebenfalls Länderstatus. Hannover wurde zusammen mit den kleineren Nachbarterritorien Braunschweig, Oldenburg und Schaumburg-Lippe zum Land Niedersachsen zusammengefaßt.

In der britischen Zone besaßen die Länder auch politisch nicht denselben Stellenwert wie in der amerikanischen Zone. Während dort die Ministerpräsidenten die Gesprächspartner der Militärregierung waren, schuf man in der britischen Zone für die Übergangszeit ein beratendes Gremium ohne feste Kompetenzen, in dem die Parteien entsprechend ihrer Stärke bei den Landtagswahlen vertreten waren: den Zonenbeirat.[8]

In bezug auf den Zentralismus und die schwächere Rolle der Länder ähnelt die Britische der Sowjetischen Besatzungszone. Hier wie dort entstanden zonenweite Parteien, in der britischen Zone freilich später als in der sowjetischen, während diese Entwicklung in Süddeutschland unterblieb. (Schumacher fungierte jedoch als Vorsitzender der SPD in allen drei Westzonen.) Sowohl innerhalb der CDU als auch in der SPD bildeten deshalb die Parteiführungen der britischen Zone die Plattform, von der aus der Führungsanspruch der früher entstandenen Parteiführungen in Berlin und der Sowjetzone in Frage gestellt wurde.

6.2. Der »Kalte Krieg« in Deutschland

Zwei politische Arenen bestanden in der Nachkriegszeit in Deutschland:
– die der Alliierten, die ihre Gewalt in je einer Zone ausübten, im Kontrollrat ihr gemeinsames Gremium hatten und von Anfang an um Einfluß in Deutschland rivalisierten, auch wenn es in der ersten

Zeit schien, als ob tragfähige Kompromisse bei gegenseitigem guten Willen gefunden werden könnten;
– die der deutschen Politik, die keine gemeinsamen Institutionen hatte, deren Willensbildung zersplittert und zerrissen blieb und die in ihren Entscheidungen und Aktionsmöglichkeiten von den Alliierten abhängig war.

Die beiden Ebenen verfügten, besonders am Anfang, in den gegenseitigen Beziehungen über wenig tragfähige Kommunikationsstrukturen. Zwist zwischen den Besatzungsmächten war für die Bevölkerung tabu. Erst nachdem später die Spannungen zugenommen hatten, gab Clay der Westzonen-Presse in der »operation talk back« die Erlaubnis zu antisowjetischer Kritik, schaltete gleichzeitig aber auch die kommunistischen Lizenzträger aus. Kritik an den Alliierten durfte ohnehin nicht geäußert werden, an einer wahrhaft öffentlichen Meinung konnte man sich kaum orientieren. Die Amerikaner konnten sich jedoch durch die breitangelegte repräsentative Meinungsforschung ein zuverlässiges Bild von der Einstellung der Deutschen machen. Ihre Informationen blieben aber Herrschaftswissen.

Von Anfang an war die deutsche öffentliche Meinung überwiegend pro-westlich eingestellt – zur Verwunderung der westlichen Alliierten, die anfangs noch ein Fraternisierungsverbot gegenüber den Deutschen einhielten.[9] Die brutale Art der deutschen Kriegsführung im Osten und die Tradition des Antikommunismus mögen dabei ebenso eine Rolle gespielt haben, wie die Vernichtung kommunistischer Kader unter dem Nationalsozialismus den Neuanfang der KPD behinderte. Von Anfang an trugen aber die Sowjets selber entscheidend zu ihrer Unpopularität bei. Zwar gab es bei ihnen kein Fraternisierungsverbot. Mit einem in ihrer Zone plakatierten positiven Stalin-Ausspruch über das deutsche Volk eröffneten sie den Wettbewerb um die Gunst der Deutschen bereits früh. Mit der Vertreibung der deutschen Bevölkerung aus den Ostgebieten in das Vier-Zonen-Deutschland sorgten sie jedoch für eine Anti-Propaganda, die kaum zu überbieten war. Fast jeder vierte Deutsche war Flüchtling oder Vertriebener. Die Ausschreitungen der sowjetischen Truppen insbesondere in Ostpreußen und im Berliner Raum waren eine weitere bedeutende Ursache der sowjetischen Unpopularität, mochten sie auch im Vergleich zum Verhalten der deutschen Truppen während des Krieges in der UdSSR weniger schwerwiegend sein.[10]

Wichtiger als all das waren aber die wirtschaftlichen Daten. Die USA hatten während des Krieges einen enormen wirtschaftlichen Aufschwung genommen. Die Sowjetunion dagegen war zusammen mit Polen im Zweiten Weltkrieg am stärksten zerstört worden, hinzu kam ein unvergleichlich niedrigeres Ausgangsniveau. Diese Unterschiede waren dem durchschnittlichen Deutschen durchaus sichtbar und bekannt. Wirtschaftliche Zukunftshoffnungen konnten sich nur mit den USA verbinden. Von den Sowjets dagegen waren Reparationsforderungen zu erwarten. Über ihre eigentliche ökonomische Überlegenheit hinaus gab dieses Urteil den Amerikanern »Trümpfe« in die Hand, die sie ausspielen konnten.

Durch die frühe Zulassung von Parteien, Gewerkschaften und den Wiederbeginn des kulturellen Lebens hatten sich die Sowjets in Deutschland 1945 zunächst einen gewissen Startvorteil verschafft. Zugleich versuchten sie, die Organisationen in ihrer Zone durch das »Blocksystem«, innerhalb dessen alle Parteien gemeinsam agieren sollten, zu kontrollieren. Schon um die Jahreswende 1945/46 wurde jedoch deutlich, daß die KPD, obwohl von den Sowjets mit vielerlei Mitteln protegiert, im Hinblick auf die Mitgliederzahlen keine führende Partei werden würde. Vielmehr war abzusehen, daß in der sowjetischen Zone die SPD dominieren werde. Die Sowjets und die deutsche KPD-Führung zogen daraus die Konsequenz, mit allen Mitteln eine Vereinigung von SPD und KPD herbeizuführen, in der das Mitglieder- und Wählerpotential der SPD von der KPD faktisch vereinnahmt werden sollte. Der Einfluß der SPD war damit auf die Westzonen beschränkt. Die SPD entwickelte nach diesen Erfahrungen einen Antikommunismus, der stärker war als der der nichtbetroffenen bürgerlichen Parteien. In den Gesamtberliner Stadtverordneten-Wahlen 1946, in denen sie sich in freien Wahlen mit der SED messen konnte, trug die SPD einen überwältigenden Sieg davon: sie vereinte 48,7% der Wählerstimmen gegenüber 19,8% für die SED.[11]

Damit erhielt das deutsche Parteiensystem einen Riß. Zu diesem Zeitpunkt konnte aber noch keine Rede davon sein, daß endgültige Entscheidungen gefallen waren. Die Berliner Wahlen zeigten, daß in freien oder auch halbwegs freien Wahlen (wie in Ostberlin) SED und KPD wenig Chancen hatten. Aufgrund der Wahlergebnisse in den Westzonen, wo die KPD wenige Erfolge verzeichnen konnte, war nur ein sehr niedriges gesamtdeutsches Resultat zu erwarten. Und in der Sowjetzone bestanden außer der SED noch zwei unzweifelhaft bürgerlich-demokratische Parteien – die Ost-CDU und die Liberal-Demokratische Partei Deutschlands (LDPD) –, die in Wahlen den Ausfall der SPD z. T. ausgleichen konnten. In der Tat erhielten sie auch unter sowjetzonalen Bedingungen etwa die Hälfte der Stimmen. Auf Gesamtdeutschland bezogen waren die westlich-demokratischen Parteien weit überlegen. In freien Wahlen wäre die SPD wahrscheinlich zur stärksten Partei geworden.

In Kenntnis dieser Entwicklung und auch des Streits um die Reparationen zog Clay 1946 in einer internen Bestandsaufnahme das Resümee, die Sowjets hätten sich in den wesentlichen Punkten an die Potsdamer Beschlüsse gehalten.[12] Er kritisierte dagegen Frankreich scharf wegen seiner Obstruktionspolitik, hielt aber nach wie vor eine Einigung zwischen dem Westen und den Sowjets unter Wahrung der amerikanischen Interessen für möglich. Clay hatte selber 1946 die Reparationen aus seiner Zone gestoppt, eine Maßnahme, von der Frankreich wie die UdSSR betroffen waren. Er hatte auch die wirtschaftliche Vereinigung der britischen und amerikanischen Zone betrieben. In dieser Bi-Zone sollten die Ressourcen beider Zonen durch »Pooling« besser zur Entfaltung gebracht werden.[13] In bezug auf die Reparationen warfen die USA den Sowjets vor, aus der laufenden Produktion zu entnehmen, anstatt nur Betriebe zu demontieren. Clay selber konstatierte aber intern, der Westen tue ähnliches, etwa durch eine wesentliche preisliche Unterbewertung des Kohleexports aus dem Ruhrgebiet in die westlichen Nachbarländer.[14] Er verhandelte in dieser Frage mit den Sowjets und meinte, sich einem Kompromiß mit Marschall Sokolowski genähert zu haben.[15] Auch in anderen strittigen Punkten waren erfolgreiche Vereinbarungen erzielt worden, etwa über die Höhe der deutschen Stahlproduktion.[16]

Die weltweiten Interessengegensätze zwischen den USA und der UdSSR waren zu diesem Zeitpunkt in anderen Regionen offen sichtbar geworden, z. B. in der von den USA erzwungenen Räumung des nördlichen Iran von sowjetischen Truppen.[17] In Deutschland hatte sich Polemik eingestellt. Die Sowjets und die von ihnen kontrollierten deutschen Zeitungen kritisierten die vom Westen vorgesehene Abtrennung der Saar und betrachteten die Schaffung der Bi-Zone als Verletzung des Potsdamer Abkommens. Die USA setzten einen deutlichen Gegenakzent, indem Außenminister Byrnes in einer Rede in Stuttgart die Oder-Neiße-Linie problematisierte, gegen die die USA bis dahin keine Kritik vorgebracht hatten.[18] Die amerikanische Öffentlichkeit begann, sich mit den grausamen Umständen der Vertreibung aus Ostdeutschland zu beschäftigen, die bis zu diesem Zeitpunkt kein Thema gewesen war. Es bedurfte eines entschlossenen Willens zum Kompromiß unter Wahrung der liberal-demokratischen Grundsätze, die sich im Potsdamer Abkommen fanden, um ein Übergreifen der Gegensätze auf die Deutschlandpolitik zu verhindern.

Dieser entschiedene Wille zur Zusammenarbeit zwischen den Großmächten, den General Clay verkörperte, wurde jedoch 1947 vom amerikanischen Außenminister Marshall als »Lokalitis« kritisiert.[19] Mit Rücksicht vor allem auf die Lage in Frankreich und wegen eines grundsätzlichen Mißtrauens gegenüber der sowjetischen Politik, die seit 1946 in der amerikanischen Öffentlichkeit ebenso wie in der Diplomatie als prinzipiell expansionistisch beurteilt wurde, nahmen die USA eine Umorientierung vor. Während die Moskauer Außenministerkonferenz stattfand, auf welcher der Bruch endgültig sichtbar wurde, proklamierte Präsident Truman am 12. März 1947 in Washington die »Truman-Doktrin«, mit der die Türkei und Griechenland gegen äußere und innere Bedrohungen unter amerikanischen Schutz gestellt wurden. Die Welt wurde von Truman in Schwarz-Weiß-Manier in friedliebende Demokraten und aggressive Kommunisten eingeteilt. Dieses Freund-Feind-Schema ähnelte dem sowjetischen Denken, nur mit entgegengesetzter Bewertung. Der Antikommunismus, der sich seither im Westen schnell behauptete, schrieb den Kommunisten – gegen alle sichtbare Erfahrung – zugleich eine Durchsetzungsfähigkeit zu, mit der der Westen nicht konkurrieren könne. Verhandlungen mit Kommunisten bekamen den Geruch des Unmöglichen, des Gefährlichen, zugleich des Unmoralischen.[20] Präsident Harry S. Truman hatte sich schon 1945 entsprechend profiliert, als er sagte, er sei es leid, die Sowjets zu hätscheln (»babying the Soviets«).

Weder auf den periodischen Außenministerkonferenzen noch im Kontrollrat wurden seit 1947 ernsthafte Versuche der Einigung zwischen den Mächten gemacht. Amerikaner und Briten entschieden sich statt dessen dafür, Westdeutschland zu stabilisieren, die Bi-Zone auszubauen. Die Einheit Deutschlands, der Einfluß auf die Sowjetzone wurden damit für lange Jahre bewußt aufgegeben, wie interne Dokumente zeigen. Wichtig blieb jedoch, die Verantwortung für die Teilung der anderen Seite zuzuschieben.[21]

Schrittweise hatten die Gegensätze auch zum Propagandakrieg um deutsche Sympathien geführt. Daß Deutschland geteilt werden könne, war zunächst für die Öffentlichkeit noch nicht vorstellbar. Von westdeutscher Seite geschah jedoch wenig, um die Einheit und damit den Zusammenhang mit der Sowjetzone und ihrer Bevölkerung zu retten. Die Berliner CDU-Führung unter Jakob Kaiser, die in diesen Jahren ein Brückenkonzept zwischen Ost und West verfolgte, fand im Westen kein Echo. Adenauer hatte die Sowjetzone schon 1945 für verloren erklärt.[22] Er stand jeder Initiative aus Berlin kritisch gegenüber und versuchte, die CDU in der britischen Zone gegenüber der Berliner CDU abzuschirmen.[23] Deren Absicht, eine gesamtdeutsche CDU aufzubauen und auf diese Weise auch besser sowjetischen Druck ausbalancieren zu können, blockierte er.

Wie viele westdeutsche Politiker nach 1945 lehnte Adenauer ohnehin Berlin als Hauptstadt einer neuen deutschen Republik ab.[24] Das bedeutete, zumal die Stadt bis 1948/49 als Sitz des Kontrollrats und der amerikanischen, britischen und sowjetischen Militärregierung durchaus noch gewisse Hauptstadtfunktionen hatte, zumindest eine starke Reserve gegenüber der Einheit Deutschlands.

Die Landesregierungen der deutschen Länder waren seit 1947 die höchsten durch Wahlen legitimierten deutschen Institutionen, wenn auch mit gewissen Einschränkungen. Hoffnungen der Deutschen auf die Bewahrung der Einheit knüpften sich deshalb an die Einladung des bayerischen Ministerpräsidenten Ehard zu einer Ministerpräsidenten-Konferenz nach München am 6. Juni 1947. Ein vorheriger Versuch Bremens war gescheitert, da die Ministerpräsidenten der sowjetischen und der französischen Zone keine Teilnahmeerlaubnis bekommen hatten.[25] Die Akten machen aber deutlich, daß Ehards Einladung in der Erwartung ausgesprochen wurde, die Sowjets würden durch ein Verbot der Teilnahme der Ministerpräsidenten ihrer Zone die Verantwortung für ein Nichtzustandekommen übernehmen. Gegen das Votum Ulbrichts, Moskaus Statthalter in der SED, beschlossen diese aber die Teilnahme – ein Hinweis darauf, daß auch die SED damals noch keine monolithische Partei war.[26]

Die Sowjetzonen-Vertreter wurden bei ihrem Eintreffen in München mit einer Tagesordnung konfrontiert, auf die sie keinen Einfluß mehr nehmen sollten. Zwischen dem Verbot der französischen Besatzungsmacht für ihre Ministerpräsidenten, über politische Fragen zu sprechen, und der Marschroute der sowjetzonalen Ministerpräsidenten, die Einheit Deutschlands zu diskutieren, entschieden sich die Teilnehmer aus der Bi-Zone für die Option der französischen Zone. Auch ein Kompromißangebot der sowjetzonalen Ministerpräsidenten, sich auf eine Erklärung zu ihrem Antrag zu beschränken, verbunden mit der ausdrücklichen Versicherung, daraus keine politische Demonstration werden zu lassen, wurde abgelehnt. Die sowjetzonalen Teilnehmer reisten ab. Der Versuch der Herstellung einer deutschen Plattform war gescheitert. Ministerpräsident Ehard kommentierte, daß »dieser Vorfall die Spaltung bedeute«.[27]

Es ist fraglich, ob diese Begebenheit der entscheidende Einschnitt war.[28] Wichtig ist aber, daß der Ablauf der Ministerpräsidentenkonferenz, deren Protokoll erst 1975 veröffentlicht worden ist[29], typisch für die unflexible antikommunistische Haltung ist, die damals in den Westzonen bei verantwortlichen Politikern verbreitet war. Das ist vor allem bei den SPD-Politikern aufgrund der Umstände der SED-Gründung verständlich, bedeutete aber langfristig die Hinnahme der Teilung Deutschlands. Nichtkommunistischen Kräften in der Sowjetzone wurde die Grundlage ihrer Aktivität entzogen. Wenn die Deutschen keine gemeinsame Initiative entwickelten, mußte die Ost-West-Auseinandersetzung auch auf Deutschland übergreifen: Die Bi-Zone würde dann keine vorübergehende Einrichtung bleiben, sondern zum Kern eines westdeutschen Staates werden; die Sowjets würden in der Ostzone eigene Wege gehen. Wenn sie sich auch nicht offen für eine Spaltung aussprachen, nahmen die westdeutschen Politiker doch diese Perspektive hin.

Rationalisiert wurde diese Einstellung durch die »Magnet-Theorie«, die der SPD-Vorsitzende Schumacher 1947 entwarf. Sie wurde später zur geistigen Grundlage der Deutschlandpolitik der Bundesregierung. Die Westzonen sollten danach politisch und vor allem ökonomisch so attraktiv gemacht werden und ein so starkes Übergewicht erhalten, »daß auf die Dauer die bloße Innehabung des Machtapparates dagegen kein sicheres Mittel ist«.[30] Die Einheit sollte auf dem Umweg über die starke westdeutsche Bi-Zone begründet werden. Das war sicherlich irreal, denn es setzte letztlich eine Art Kapitulation der Sowjets in dem von ihnen besetzten Teil

Deutschlands voraus, und zwar aus Motiven, die gerade dem Bild widersprachen, das man sich vom »Totalitarismus« machte. Dieser Begriff, mit dem Nationalismus und Kommunismus gleichgesetzt wurde, kam nun in Mode.

6.3. Marshallplan, Bi-Zone, Weststaat

Am 5. Juni 1947 kündigte der amerikanische Außenminister George Marshall in einer Rede an der Harvard Universität ein Programm umfassender wirtschaftlicher Hilfe für Europa an. Diese Hilfeleistung war lediglich an die Voraussetzung gebunden, daß sich die europäischen Regierungen über eine wirksame wirtschaftliche Zusammenarbeit einigten, um eine optimale Verwendung der Hilfe zu ermöglichen. Das Angebot war formal auch an die UdSSR gerichtet. Angesichts der Vorgeschichte gescheiterter jahrelanger amerikanisch-sowjetischer Kreditverhandlungen nach dem Abbruch der Kriegshilfe 1945 rechnete man aber nicht mit der Annahme durch die UdSSR. In diesem Falle wäre auch die Zustimmung des amerikanischen Kongresses fraglich geworden, in dem es seit 1946 eine republikanische Mehrheit gab, die sich gegenüber der Regierung antikommunistisch zu profilieren trachtete.

In Europa wurde der Marshallplan mit Hoffnung aufgenommen. Das galt für Großbritannien und Frankreich, die schließlich den größten Teil der Hilfe erhielten, wie auch für die kleineren Länder bis hin zur Tschechoslowakei, die schnell zustimmte (und später unter sowjetischem Druck wieder absagte) sowie in besonderer Weise für die Deutschen in den westlichen Zonen, die in das Hilfsprogramm einbezogen werden sollten. Es ist heute umstritten, ob die Marshallplan-Gelder für den wirtschaftlichen Aufschwung Deutschlands entscheidend gewesen sind.[31] Nicht zu leugnen ist aber der psychologische Effekt. Schon vor der Ankunft der Gelder war neues Vertrauen geboren – ein in der Wirtschaftspolitik oft entscheidendes Faktum. Zum erstenmal wurden die Westzonen auch in einen europäischen Zusammenhang einbezogen, vertreten durch die Militärgouverneure, die unbefangener auftreten konnten, als es einer deutschen Regierung möglich gewesen wäre. Meinungsumfragen zeigen, daß die amerikafreundliche Orientierung in der Bevölkerung zunahm. Wichtig war auch, daß die von den USA verlangte und mit Schwierigkeiten belastete wirtschaftliche Zusammenarbeit in Europa von vornherein mit deutscher Beteiligung zustandekam. Auch für die Westzonen galten die Vertragsbestimmungen der in diesem Zusammenhang entstehenden westeuropäischen Wirtschaftsorganisation OEEC, ebenso wie die des Handelsabkommens GATT, das die Meistbegünstigung bei den Zöllen zwischen den Mitgliedsländern statuiert.

Diese erste europäisch-westliche Perspektive der Zusammenarbeit war für die Konsolidierung Westdeutschlands auch insofern von großer Bedeutung, als Frankreich damit in die amerikanische Gesamtstrategie eingebunden wurde. Selbst gegenüber einem Westzonen-Gebilde empfanden die Franzosen zunächst noch im Hinblick auf ihre wirtschaftliche Schwäche und ihre historischen Erfahrungen eine Beklemmung, über die sich die Regierungen nicht hinwegsetzen konnten. Frankreich nutzte seine Zone außerdem zu Reparationszwecken. Durch die Integration in die größere Zusammenarbeit, das dominierende amerikanische Engagement und die Erwartung großzügiger Kapitaltransfers wurden diese Gesichtspunkte relativiert. Auch die französische Zone konnte der OEEC beitreten. In dieser Entwicklung liegen wesentliche Grundlagen für die spätere Einigung Westeuropas.

So positiv der Marshallplan in dieser Hinsicht war, so belastend wurde er für die Ost-West-Beziehungen. Zwar hielt sich die Sowjetregierung zunächst die Optionen offen. Ein Kompromiß, eine wirtschaftliche Zusammenarbeit aller europäischen Länder mit Hilfe Amerikas wäre aber offensichtlich nur auf der Grundlage sowjetischer Konzessionen möglich gewesen. Die dadurch ausgelöste Dynamik wäre nicht kalkulierbar gewesen. Und der »Kalte Krieg« war längst entbrannt, die Sowjetunion konnte von den USA nicht mehr die Schonung ihrer Großmachtinteressen im Sinne von Roosevelts Konzeption der Großmächte als der »four policemen« der Welt erwarten.

Die Sowjetregierung verschärfte deshalb die Repression in ihrem Machtbereich. In der ČSR wurden die nichtkommunistischen Kräfte ausgeschaltet, was für den Westen wiederum eine spektakuläre Bestätigung seines Mißtrauens bedeutete. In der Sowjetzone wurde Ende 1947 der CDU-Vorsitzende Kaiser abgesetzt. Er war der letzte einflußreiche Vertreter einer Verständigungspolitik zwischen Ost und West unter den deutschen Politikern gewesen, konnte aber als »Kaiser ohne Land« keine eigenständige Rolle mehr spielen.[32] 1948 kam es innerhalb der SED zur Kampagne gegen den

»Sozialdemokratismus« und zur Absage an die Konzeption vom »besonderen deutschen Weg zum Sozialismus«, der nach 1945 auch von der KPD als Alternative zum Sowjetsystem propagiert worden war.[33] Der Marshallplan war, wie das »Foreign Office« vorhergesehen hatte, »ein neuer und entscheidender Schritt zur Aufspaltung Europas in zwei antagonistische Wirtschaftsblöcke«[34] geworden. Die Spaltung Deutschlands gehört in diesen Kontext.

Nachdem in dieser gespannten Situation auch die Londoner Außenministerkonferenz Ende 1947 gescheitert war, begannen Briten und Amerikaner, auf die Etablierung eines westdeutschen Staates hinzuarbeiten. Eine effektive quasistaatliche Organisation der Bi-Zone war der nächstliegende Schritt. Die Ausarbeitung einer Verfassung und die Einsetzung staatlicher Organe waren die nächsten Ziele, die mit Rücksicht auf die skeptischen Franzosen und die nationalen Gefühle der Deutschen noch zurückgestellt wurden.

Die Bi-Zone, mit etwa 40 Millionen Einwohnern der Kern Rumpfdeutschlands, wurde mit Organen ausgestattet, die einem parlamentarisch-demokratischen Regierungssystem ähnelten: ein Wirtschaftsrat mit 104 von den Landtagen delegierten Mitgliedern, eine Länderkammer, ein Verwaltungsrat als Quasi-Regierung für die Wirtschaft, ein Obergericht und eine Staatsbank, die Bank deutscher Länder.[35] In diesen Institutionen wurden in Zukunft Wirtschaftsfragen entschieden, in ihnen bildete sich die wirtschaftliche Orientierung der Bundesrepublik heraus. Die Sowjets antworteten mit der Schaffung entsprechender Gremien für ihre Zone. Auch später zog die östliche Seite jeweils nach: Währungsreform, Staatsgründung, Remilitarisierung und Integration in die Bündnissysteme sind die einzelnen Schritte.

Unter Beteiligung der Benelux-Staaten, mit denen England und Frankreich am 17. März 1948 einen Verteidigungspakt schlossen (Brüsseler Pakt), konferierten die Westmächte im Februar 1948 über die Gründung eines Westzonen-Staates. Gespräche zur Gründung der NATO wurden gleichzeitig geführt. Nachdem die Absicht zur Gründung dieses Weststaates publik geworden war, schnitten die Sowjets das Problem im Berliner Kontrollrat an. Die Weigerung der Westmächte, näher Auskunft zu geben, beantworteten sie mit dem Auszug aus dem Kontrollrat. Damit war die gemeinsame Institution zum Regieren Deutschlands gesprengt. Schwierigkeiten für den westlichen Zugang nach Berlin, die verwundbare Stelle des Westens, begannen mit einer Verschärfung der sowjetischen Verkehrskontrollen. Die westlichen Beratungen gingen aber weiter, wobei Frankreich nach langem Sträuben zustimmte. Es wurde mit dem Ende 1948 verkündeten Ruhrstatut entschädigt, das eine Kontrolle der Kohle- und Stahlproduktion an der Ruhr zum Ziel hatte und besonders den angrenzenden Ländern Zugang zu diesen Ressourcen sichern sollte. Am 1. Juli 1948 übergaben die westlichen Militärgouverneure den westdeutschen Ministerpräsidenten die *Frankfurter Dokumente*, die Aufforderung zur Gründung der Bundesrepublik.[36] Kurz vorher hatte sich der Ost-West-Konflikt entscheidend zugespitzt.

Um die Westzonen wirtschaftlich zu konsolidieren, hatten die Militärregierungen am 20. Juni 1948 eine Währungsreform durchgeführt, welche die inflationierte und wertlos gewordene Reichsmark durch die neue Deutsche Mark ersetzte. Berlin wurde in diese Maßnahme zunächst nicht einbezogen. Ohnehin waren in der westlichen Diplomatie im Vorfeld der Teilung Überlegungen angestellt worden, ob Berlin überhaupt im Einflußbereich des Westens zu halten sei. Drei Tage nach der Währungsreform nahmen die Sowjets in ihrer Besatzungszone eine eigene Währungsreform vor, die sich auch auf Berlin erstrecken sollte, das nach sowjetischer Auffassung wirtschaftlich ein Teil der Sowjetischen Besatzungszone war. Da sie die Schwäche ihrer Position in bezug auf Berlin kannten, boten die Westmächte zunächst die Geltung der Ostmark an, wenn Emission und Umlauf unter ihrer Kontrolle stehe. Als die Sowjets aber die Ostmark dekretierten, kündigten die westlichen Alliierten die Einführung der D-Mark in den westlichen Sektoren an. Die Sowjets begannen mit einer völligen Blockade der Westsektoren Berlins, die sie mit der Gefährdung ihrer Wirtschaft begründeten.[37]

Die westliche Position schien zunächst sehr schwach zu sein. Nur der Luftweg war noch offen. Die Anregung Clays, mit Panzern nach Berlin durchzustoßen, wurde nicht angenommen. Zu groß schien die Kriegsgefahr. Ob eine Stadt dieser Größe aus der Luft versorgt werden könne, war zunächst sehr zweifelhaft. Unter großer Anstrengung der amerikanischen und britischen Luftflotte ist dies schließlich gelungen. Der Westen konnte in Berlin seinen Einfluß festigen. Die Sowjetunion gab nach einem Jahr die Blockade auf, ohne etwas erreicht zu haben.

Für die sowjetische Seite war damit ein ungeheurer moralischer Schaden entstanden. Die Geiselnahme von mehr als zwei Millionen

Berlinern, die gewaltlose Antwort des Westens und die Sichtbarkeit des Konflikts über fast ein Jahr, bis zum 12. Mai 1949, hatten auf das sowjetische Prestige negative Auswirkungen. Zugleich legitimierten sie das westliche Bündnis und schweißten den Westen zusammen, besser als es jede antikommunistische Propaganda gekonnt hätte. Auch die Gründung der Bundesrepublik wurde in dieser Situation der Bedrohung wesentlich erleichtert. Die »Magnet-Theorie« leuchtete, auch dank der funktionierenden Wirtschaftsordnung seit der Währungsreform, zunehmend ein. Ein Kompromiß mit der Sowjetunion, eine gesamtdeutsche Lösung, schien nun irreal.

Es ist bezeichnend, daß in diesen Monaten zwar in Großbritannien und den USA Kompromißlösungen erwogen wurden, um die deutsche Einheit wiederherzustellen und die Gefahr eines Krieges abzuwenden[38], daß in Deutschland aber derartige Bemühungen nicht mehr unternommen wurden. Vielmehr gingen die westdeutschen Ministerpräsidenten auf die alliierten Vorschläge zur Gründung eines Weststaates ein. Sie setzten zwar einige Modifikationen durch, welche die neue Staatsgründung und die damit verbundene Entscheidung zur Teilung Deutschlands weniger definitiv erscheinen lassen sollten. An die Stelle der von den Amerikanern gewünschten Wahl einer Verfassungsgebenden Versammlung trat ein von den Landtagen gewählter Parlamentarischer Rat. Die neu ausgearbeitete Verfassung sollte Grundgesetz heißen, an die Stelle einer Volksabstimmung sollte die Zustimmung von zwei Dritteln der Landtage treten. Der provisorische Charakter des neuen Staates wurde so hervorgehoben.

Das blieben aber alles Erklärungen, die an der Tatsache der Teilung nichts änderten. Mit der Gründung der Bundesrepublik war besiegelt, was sich in der Uneinigkeit der Alliierten und der ohne Rücksicht auf die Bewohner der Sowjetischen Besatzungszone stattfindenden Option der Westdeutschen für westliche Sicherheit und Freiheit angekündigt hatte: die Teilung Deutschlands in zwei Staaten, einen in den östlichen und einen in den westlichen Machtblock eingebundenen. Daß die Bundesrepublik mit Zustimmung ihrer Bevölkerung, die DDR gegen den Mehrheitswillen gegründet wurden, änderte an diesem Ergebnis nichts, denn auch die DDR erwies sich als überlebens- und leistungsfähiges Herrschaftsgebilde.

Obwohl man sich zunächst vielerorts die Teilung Deutschlands nicht recht vorstellen konnte, zeigen die inzwischen veröffentlichten Akten der Westmächte, daß sie durchaus auch positiv interpretiert wurde.[39] Ein geteiltes Deutschland werde nie mehr zu einer Gefahr für die Westmächte werden. Es werde sich nicht mit der Sowjetunion verbünden oder eine »Schaukelpolitik« betreiben. Durch eine Einbindung in die westliche Welt, die in der Nachkriegssituation als schrittweise Gewährung von Gleichberechtigung sogar jeweils einen Erfolg für die Deutschen darstellen würde, war gleichzeitig eine endgültige Integration und Stabilisierung Westdeutschlands zu erreichen. Diese Analyse war in sich logisch und angesichts der noch lebendigen Erinnerungen an den Zweiten Weltkrieg auch verständlich. Problematisch mußte in der Zukunft aber werden, daß in Deutschland die Schaffung der Bundesrepublik gleichzeitig im Sinne einer erweiterten »Magnet-Theorie« als Weg zur Wiedervereinigung, später sogar zur Wiedergewinnung der Ostgebiete des Deutschen Reiches verstanden wurde.

7. Parlamentarischer Rat und Grundgesetz

Verfassungen spiegeln vielfach die Situation ihrer Entstehung wider. Trotz aller kreativen Neuinterpretation legen sie einen Rahmen für die weitere Entwicklung fest. Der Parlamentarische Rat tagte in einem historisch einmaligen Bedingungsfeld. Sein Auftrag, niedergelegt in den *Frankfurter Dokumenten*, ging von den Alliierten aus, die sich freilich auf wenige Festlegungen beschränkten: demokratische Verfassung »des föderalistischen Typs«, Ausgewogenheit zwischen Zentralinstanz und Länderrechten, individuelle Freiheitsgarantien.[1] All das war auch bei den westdeutschen Politikern mit Ausnahme der Kommunisten prinzipiell nicht umstritten.

Der Auftrag der Militärgouverneure ging an die elf Ministerpräsidenten der Länder der drei Besatzungszonen. Die Länder waren daher die zweite Instanz, mit der der Parlamentarische Rat rechnen mußte. Sie hatten gegenüber den Militärgouverneuren durchgesetzt, daß nicht das Volk über das Grundgesetz abstimmte; statt dessen sollte es von einer Zweidrittelmehrheit der Landtage ratifiziert werden. Die Interessen der Länder konnten nicht vernachlässigt werden, ganz abgesehen davon, daß die Mitglieder des Parlamentarischen Rates von den Landtagen delegiert waren und somit aus der Sphäre der Landespolitik stammten, trotz der zentralen

Parteistrukturen, die sich schon wieder herauszubilden begannen. Da SPD und CDU/CSU jeweils eine ganze Reihe von Landtagen dominierten, setzte die Ratifikation eine Einigung zwischen den beiden großen Parteien voraus. Die Zusammensetzung des Parlamentarischen Rates selber mit je 27 Mitgliedern der SPD und der CDU/CSU, fünf der FDP und je zwei der KPD, der DP und des Zentrums legte ebenfalls einen Verfassungskompromiß zwischen den beiden großen politischen Lagern nahe. Zwar bestand eine knappe bürgerliche Mehrheit gegenüber den Sozialdemokraten, doch hatte sich die CDU/CSU in dieser Zeit noch keineswegs für einen einheitlichen Kurs entschieden, insbesondere in wirtschaftspolitischen Fragen nicht.

Auch die politische Tradition, die sich seit 1945 in den Ländern gebildet hatte, war vom Kompromiß zwischen den beiden großen Parteien bestimmt. In den meisten Landesregierungen amtierten sie gemeinsam. Daß Koalitionen zerbrachen, wie es 1947 in Bayern geschah, als die SPD in die Opposition ging, war selten. Sowohl die noch keineswegs verblaßte Erinnerung an die Unterdrückung im »Dritten Reich« als auch die Konfrontation mit der Sowjetunion – die Blockade Berlins dauerte während der gesamten Beratungszeit an – förderten ein Gefühl demokratischer Gemeinsamkeit.

Konvergenzen zeigten sich schließlich in der Herkunft und dem Habitus der »Verfassungsväter« (unter ihnen waren nur vier Frauen). Drei Fünftel von ihnen waren Beamte, die meisten davon Juristen.

Auf Einladung der bayerischen Staatsregierung hatte sich im »Idyll auf Herrenchiemsee«[2] ein Vorkonvent aus Vertretern aller Länder zusammengefunden, die institutionelle Folgerungen vorformulierten, die sie aus dem Scheitern der Weimarer Republik zogen. Beraten wurden 1948/49 nicht mehr gesellschaftliche Reformen, wie die Sozialisierung der Schlüsselindustrien, sondern institutionelle Verfassungsänderungen.[3] Während man in Österreich 1945 unbefangen die Verfassung von 1920 wieder in Kraft gesetzt hatte, war sich der Parlamentarische Rat darin einig, daß aus dem Scheitern der Weimarer Republik verfassungspolitische Konsequenzen zu ziehen seien.

Dementsprechend wurden zentrale institutionelle Änderungen vorgenommen: Der Präsident, der in der Weimarer Verfassung »Ersatzmonarch« und »Hüter der Verfassung« gewesen war, der mit einem Notverordnungsrecht die Republik schützen sollte, sie 1933 aber vernichtet hatte, wurde in seinen Befugnissen weitgehend auf die Repräsentation beschränkt, seine Wahl durch das Volk abgeschafft. Auch Volksabstimmungen, die nach dem Weimarer System möglich waren und noch 1946 in den bayerischen und hessischen Verfassungen ihren Platz gefunden hatten, wurden fallengelassen. Nur noch bei Länderneugliederungen sind sie nach dem Grundgesetz notwendig. Während Reformpläne in der unmittelbaren Nachkriegszeit vielfach eine Erweiterung der Volksrechte vorgesehen hatten, wurde das repräsentative System etabliert. Plebiszite galten, wie Theodor Heuß es ausdrückte, als »Prämie für Demagogen«.

Die Machtposition des Kanzlers wurde nach zwei Seiten abgesichert. Nach dem Bonner Grundgesetz ist er vom Präsidenten unabhängig. Auch das Parlament kann ihn nur stürzen, wenn es mit einem konstruktiven Mißtrauensvotum einen Nachfolger wählt. Auf diese Weise soll verhindert werden, daß – wie in der Weimarer Republik – instabile Regierungen entstehen. Andrerseits wurde die Auflösung des Bundestages erschwert – auch dies aus dem Bestreben, Stabilität zu sichern. Ein Beweggrund für diese Machtkonzentration auf den Kanzler war sicherlich, daß in beiden Parteien kompetente Kandidaten für das Kanzleramt bereitstanden: für die SPD Kurt Schumacher, unbestrittener Parteiführer seit 1945, der in der Nachkriegszeit zwischen all den administrativ geprägten Politikern eine erratische Größe darstellte, von der Identifikation und Konfrontation ausging; für die CDU Konrad Adenauer, der zum Präsidenten des Parlamentarischen Rates gewählt und in dieser Funktion der deutschen Öffentlichkeit bekannt wurde, wegen seines hohen Alters aber vielfach nicht als ernsthafter Kandidat galt.

Nach den Erfahrungen mit totalitären Systemen wurden die Grundrechte neu konzipiert. Sie wurden nicht nur vorangestellt, während sie in der Weimarer Verfassung erst im zweiten Teil auftauchen. Sie sind – und das hat sich juristisch und politisch bis heute vielfach ausgewirkt – unmittelbar geltendes Recht, nicht nur, wie in der Weimarer Republik, »Programmsätze«. Die Grundprinzipien der Verfassung (Demokratie, Rechtsstaat, Föderalismus usw.) sind unabänderlich. Schließlich – das ist eine weitere institutionelle Absicherung – wurde ein Bundesverfassungsgericht etabliert, das die Verfassung interpretieren und schützen soll. Es wirkt als Gegengewicht und Kontrollinstanz, indem es etwa Gesetze an der Verfassung messen oder als einzige Instanz Parteiverbote aussprechen kann. In all diesen institutionellen Fragen konnte ohne Schwierigkeiten ein weitreichender Konsens hergestellt werden, der alle Fraktionen mit Ausnahme der KPD umfaßte, welche die westdeutsche Staatsgründung ablehnte und immer wieder die nationale Einheit forderte.

In Fragen der Wirtschaftsordnung bestand aber auch zwischen dem bürgerlichen und dem sozialdemokratischen Lager kein Einvernehmen. Zum Teil wurden diese Fragen zugunsten der bürgerlichen Mehrheit entschieden, etwa in bezug auf die Reichweite der Garantie des Eigentums.[4] Man einigte sich schließlich darauf, Fragen der Wirtschaftsordnung weitgehend offenzulassen. Beide Seiten vertrauten auf das Ergebnis der kommenden Wahlen und wollten möglichst freie Hand behalten. Das Grundgesetz enthält aus diesem Grund kaum Bestimmungen, welche die Wirtschaftsordnung regeln. Selbst das Streikrecht wird bis heute aus Richterrecht abgeleitet. Und die Sozialisierung der Schlüsselindustrien und egalisierende Reformen, die bei den Länderverfassungen 1946/47 im Vordergrund gestanden hatten (ebenso wie etwa in Frankreich 1945), entsprachen nicht mehr dem Geist der durch den Ost-West-Konflikt geprägten Zeit von 1948/49.

Während die Sozialdemokraten sich mit dieser Beschränkung auf die »klassischen« Grundrechte zufrieden gaben und mit dem provisorischen Charakter des Grundgesetzes trösteten, beharrten andere gesellschaftliche Gruppen um so hartnäckiger auf der Verfolgung ihrer Eigeninteressen. Das galt etwa für die Beamten. Sie hatten sich in ihrer Verbandsorganisation noch nicht vollständig von dem Einschnitt der Besatzungszeit erholt und fühlten sich durch die von den Besatzungsmächten und der Linken zunächst erhobenen Forderungen nach Abschaffung ihrer Sonderstellung bedroht. Da sie aber nicht nur von außen Druck ausübten, sondern vor allem innerhalb des Parlamentarischen Rates Einfluß hatten, vermochten sie ihre Stellung in ungewöhnlicher Weise zu festigen. Art. 33 schützt die »hergebrachten Grundsätze des Berufsbeamtentums«, die Beamten behielten das Monopol der Hoheitsverwaltung, und in Art. 131 deutete sich an, daß auch die nationalsozialistisch belasteten Beamten wieder eingegliedert werden konnten. Die Beamten seien »heilige Kühe«[5] des Grundgesetzes geworden, kommentierte Arnold Brecht, ein führender republikanischer Jurist der Weimarer Republik, jene den Zustand in der Zeit vor 1945 weitgehend restaurierenden Bestimmungen. Die Besatzungsmächte erwogen, diesen Punkt des Grundgesetzes nicht zu genehmigen, ließen es dann aber doch nicht auf eine »Kraftprobe« ankommen.

Der Kampf um die Stellung der Beamten war öffentlich wenig sichtbar. Hier verband sich »inside lobbying« in effektiver Weise mit den traditionellen Konzeptionen der bürgerlichen Parteien. Dagegen wurde die Auseinandersetzung um die Verankerung des kirchlichen Einflusses im Grundgesetz zu einem öffentlichen Ereignis. Stellungnahmen der »Kirchenfürsten«, wie man sie damals nannte, Massenpetitionen der Katholiken, Proteste kirchlicher Verbände und Stellungnahmen christlicher Politiker ergänzten einander. Im Vergleich zu anderen Fragen ergab sich dabei eine besondere parteipolitische Konstellation: SPD und FDP sprachen sich gegen einen zu weitgehenden Einbau kirchlicher Machtpositionen in die Verfassung aus. Konfessionsschule und Reichskonkordat wurden deshalb nicht garantiert, immerhin wurden in den Grundrechtskatalog aber Regelungen über den Religionsunterricht und über die Autonomie der Kirchen aufgenommen. Katholisches Naturrechtsdenken floß zwar in das Grundgesetz ein, jedoch nicht so eindeutig, wie das in verschiedenen Landesverfassungen der Fall ist. Da kirchliche Positionen nicht noch stärker in staatliches Recht umgesetzt worden waren, lehnten die Abgeordneten des katholischen Zentrums, der konservativen Deutschen Partei und sechs von acht Vertretern der CSU in der Schlußabstimmung das Grundgesetz schließlich ab. Unzureichende Berücksichtigung des Föderalismus führten sie als weiteren Grund an.

Im Gegensatz zu den erwähnten Fragenkomplexen, in denen eher restaurative Tendenzen zum Zug kamen[6], nahm in der Frage der Gleichberechtigung der Frau die Reaktion der Bevölkerung eine entgegengesetzte Richtung an. Ein Antrag der SPD-Abgeordneten Selbert, eine umfassende Gleichberechtigung der Frau zu verankern, wurde zunächst abgelehnt. Nach wie vor sollten die Rechte der Frauen auf die politische Gleichberechtigung beschränkt bleiben, die aber nicht auf Wirtschaft, Familie und Gesellschaft ausgedehnt werden sollte. Daraufhin entbrannte ein Proteststurm der Frauenverbände, der die bürgerlichen Fraktionen zum Umdenken zwang. Die Leistungen der Frauen in der Kriegs- und Nachkriegszeit waren in der Erinnerung noch allgemein gegenwärtig und ergaben eine Legitimationsgrundlage. Die allgemein restaurative Stimmung führte jedoch dazu, daß dieser Artikel von Regierung und Parlamentsmehrheit in der Adenauerzeit immer wieder mißachtet wurde. Nur mit Hilfe der Rechtsprechung des Bundesverfassungsgerichts konnte er über Jahrzehnte hin schrittweise umgesetzt werden.[7] Insgesamt wurde diese Frage im Parlamentarischen Rat als ein zweitrangiges Problem betrachtet, das man eher kavaliersmäßig behandelte. Die Verdrängung der Frauen aus dem öffentlichen Leben im »Dritten Reich« in irgendeiner Form auszugleichen – darüber wurde nicht diskutiert.

Eine Hauptkontroverse betraf Fragen des Föderalismus. Das allgemeine Einvernehmen brach auseinander, als es um die reale Machtverteilung ging. Struktur und Macht der Zweiten Kammer und die Herrschaft über die Finanzverwaltung waren die Konfliktpunkte. Nach amerikanischem Vorbild wurde ein gewählter »Senat« diskutiert. Die CSU trat zunächst für eine »unpolitische« Kammer ein – eine ständestaatliche Vorstellung. Die Landesregierungen sprachen sich für einen Bundesrat aus, über den sie Einfluß auf die Bundespolitik nehmen wollten. Strittig waren auch die Befugnisse des Bundesrates: Sollte er die vollen Rechte einer zweiten Kammer haben oder nur in bestimmten Fragen entscheidungsberechtigt sein? Hier kam es schließlich zu einem Kompromiß zwischen SPD und CSU, mit dem die übrigen Parteien übergangen wurden. Sie einigten sich auf einen Bundesrat aus Vertretern der Länderregierungen, mit eingeschränkten Befugnissen. Langfristig hat dieses Prinzip die Länder sicher darin gestärkt, ihre Rechte zu verteidigen. Es hat die Landespolitik, von der die Besetzung des Bundesrates abhängt, andrerseits so eng mit der Bundespolitik verflochten, daß sie vielfach von dieser funktionalisiert wird.

War damit die Kompromißfähigkeit zwischen derart unterschiedlichen Partnern bewiesen, kam es in der Frage der Finanzverwaltung zu einer spektakulären Konfrontation. Hier hatte die Mehrheit des Parlamentarischen Rates für eine zentrale Finanzverwaltung und für einen Lastenausgleich zwischen armen und reichen Ländern plädiert, da die Steuereinnahmen stark differierten: zwischen 1078 DM pro Kopf und Jahr in Hamburg und 223 DM in Schleswig-Holstein. In dieser Frage legten die alliierten Militärgouverneure ihr Veto ein. Der amerikanische und der französische Vertreter sahen die Eigenständigkeit der Länder gefährdet. Während die anderen Parteien sich den Einwänden beugen wollten, um das Gesamtergebnis nicht mehr in Frage zu stellen, bestand die SPD auf der zentralistischen Regelung. Sie wollte den deutschen Willen sichtbar durchsetzen und zugleich die finanziellen Voraussetzungen für ihre Sozialisierungspolitik schaffen. Nach mehrwöchigen öffentlichen Auseinandersetzungen gaben die Alliierten im wesentlichen nach. In einem »großen Kompromiß« einigten sich SPD und FDP mit der norddeutschen CDU über eine Misch-Finanzverwaltung von Bund und Ländern und über einen Finanzausgleich zwischen den Ländern, der von Bundeszuschüssen ergänzt wird. Für die deutsche Öffentlichkeit war das der erste offene Konflikt mit den Alliierten, der zugunsten einer deutschen Partei entschieden wurde.

Insgesamt bestand das Grundgesetz, das schließlich von allen Landtagen außer dem bayerischen angenommen wurde, aus einer Reihe von Kompromissen zwischen den großen »staatstragenden« Parteien. Da die rechtsradikalen Gruppen keine Wiedergeburt erlebten und die KPD verstärkt Wähler verlor, wurde es zur Basis eines tragfähigen Konsenses zwischen den großen politischen und gesellschaftlichen Gruppen. Es enthält Kontrollmechanismen, die Machtmißbräuche verhindern können, die aber auch – gegen die Intentionen zumindest seiner sozialdemokratischen Väter – gesellschaftliche Reformen erschweren.

Zugleich ist im Grundgesetz einiges von dem erhalten geblieben, was für jene Zeit typisch war. Obwohl sich die deutsche politische Kultur seitdem wieder zum Zentralismus zurückentwickelt hat, blieb eine Bund-Länder-Balance bestehen. Eine durchgreifende Länderneugliederung, wie sie die Alliierten befürchtet hatten, fand nicht statt. Nur im Südwesten wurde 1952 ein neues Land Baden-Württemberg geschaffen; damit wurden künstliche Kleinstaatsgrenzen beseitigt. Partikularismus und Eskapismus nach der deutschen Niederlage hatten nicht zur Abtrennung einzelner Landesteile nach 1945 geführt. Der traditionelle preußische Zentralismus aber war verschwunden. In der Bundesrepublik kamen süddeutsche und westdeutsche Traditionen stärker zum Ausdruck.

8. »Soziale Marktwirtschaft« und »Wirtschaftswunder«

Während der Parlamentarische Rat den Konsens der Demokraten verkörperte, der für die Phase bis 1949 so typisch gewesen war, entwickelte sich auf der parlamentarischen Bühne des Zweizonen-Wirtschaftsrates ein Konflikt, der in der anschließenden Epoche der Republik ausgetragen werden sollte: die wirtschaftspolitische Konfrontation zwischen einem mehrheitlichen Bürgerblock und der oppositionellen Sozialdemokratie. Hier wurde die Parteienkonstellation geprägt, die für die Gründungsphase der Bundesrepublik mit ihren vielen Gelegenheiten zum Neubau und zur Etablierung von Traditionen maßgebend sein sollte.

Deutschland hatte, auch nach der Abtrennung der Ostgebiete und der sowjetischen Zone, durchaus ökonomische Kapazitäten behalten, die einen Aufschwung begünstigen konnten. Die drei Westzonen besaßen eine ausgeglichene Industriestruktur, sie verfügten über die Steinkohlebasis und die Schwerindustrie an der Ruhr. Deutschlands Industriekapazität hatte während des Krieges sogar noch zugenommen und erst 1944 ihren Höchststand erreicht. Probleme entstanden hauptsächlich im Zusammenhang mit dem zerstörten Transportnetz, dem Zwangsexport von Kohle in die westlichen Nachbarländer und dem Fehlen eines funktionierenden Wirtschaftssystems. Die Geldentwertung, die während des »Dritten Reichs« durch das Einströmen von Gütern aus den besetzten Ländern und durch kriegswirtschaftliche Zwangsmaßnahmen unterdrückt worden war, hatte sich durch die Ausgabe von Besatzungsgeld nach 1945 noch verstärkt. Geld war kein brauchbares Zahlungsmittel mehr, es repräsentierte keinen entsprechenden Gegenwert. Unter diesen Umständen war es ökonomisch irrational, wertvolle Güter zu verkaufen. Vielmehr wurden sie in Erwartung einer Währungsreform, nach der sie für einen guten Start bürgten, gehortet. Diese Währungsreform wurde seit 1946 erwartet. Schon in diesem Jahr setzte der bayerische Landtag einen Untersuchungsausschuß ein, der die von Wirtschaftsminister Ludwig Erhard angeordnete staatliche Hortung überprüfen sollte, die zum Verderb und zur Verschiebung wertvoller Waren geführt hatte.[1] Es gab nach dem Zusammenbruch des NS-Zwangsapparates aber auch keine andere Regulative für die Wirtschaft. Die im Vergleich dazu milde Besatzungsherrschaft verfügte nicht über zureichend funktionierende administrative Möglichkeiten.

Daß die Wirtschaft nach Kriegsende – unterbrochen von Transportkrisen während des harten Winters 1946/47 – wieder mehr produzierte, ließ sich feststellen.[2] Die Waren gelangten aber nicht in die Läden, sie konnten nicht gekauft werden. Der normale Verbraucher, der keine Beziehungen zu Herstellern oder zu Bauern hatte, blieb unversorgt, er mußte einen unverhältnismäßig großen Aufwand treiben, um Lebensmittel und andere Güter zu »organisieren«. Schlagartig änderte sich das nach der Währungsreform 1948, die sich stärker als die staatliche Neuordnung von 1948/49 in das Gedächtnis der Bevölkerung eingegraben hat. Alle Produkte waren plötzlich erhältlich. Es wurde zwar nur unwesentlich mehr produziert, aber die Güter kamen auf den Markt. Die staatlichen Erfassungsdaten stiegen; bis zu diesem Zeitpunkt war ein wesentlicher Teil der Produktion nicht registriert worden. Auf dem Papier gaben selbst die Kühe mehr Milch.[3]

Die Währungsreform selbst war eine Maßnahme, die völlig unter amerikanischer Kontrolle stand. Die Vorbereitungen waren seit 1946 getroffen, aber erst nach der Neuorientierung der amerikanischen Politik konnte sie ausschließlich für die Westzonen durchgeführt werden, deren wirtschaftliche Abtrennung von der Sowjetischen Besatzungszone damit vollzogen war. Noch eine Stunde vor Beginn der Währungsreform wußte der zuständige Wirtschaftsdirektor Erhard nicht von dem geplanten Termin. Er erwog zunächst den Rücktritt, gab aber dann selber »die Währungsreform bekannt, als erfolge sie auf seine Veranlassung«[4] und legte damit den Grundstein zu dem Ansehen, das ihm später als »Vater des Wirtschaftswunders« zufiel.

Die Sozialdemokraten hatten sich selber in die Lage gebracht, diese Erfolge nicht für sich verbuchen zu können. Wirtschaftspolitik stand für sie im Zentrum ihres politischen Denkens, war die Grundlage ihrer Anstrengungen zur Fundierung der neuen Demokratie. Der SPD-Vorsitzende Schumacher hatte seine Parteifreunde deshalb gedrängt, sich überall um die Wirtschaftsministerien zu bemühen. Tatsächlich saßen 1947 in den Wirtschaftsministerien aller acht Bi-Zonen-Länder Sozialdemokraten (CDU und CSU hatten die meisten Kultusministerien inne). Durch Abwahl des ersten Bi-Zonen-Wirtschaftsdirektors erhielt die SPD 1947 auch dort das Wirtschaftsressort.

Diese Entwicklung war ein Grund für die amerikanischen Besatzungsbehörden, bei der anstehenden Umbildung der Bi-Zonen-Organe darauf zu achten, daß an die Stelle einer SPD-Dominanz eine bürgerliche Mehrheit trat. Statt eines Ausschusses der Landesregierungen, in dem die fünf SPD-regierten Länder die drei CDU/CSU-geführten majorisieren konnten, wurde ein von den Landtagen delegiertes Quasi-Parlament eingesetzt, in dem die CDU/CSU zusammen mit der FDP über eine Mehrheit verfügte.[5] Das war eine weitere Blockierungsmaßnahme Clays gegenüber sozialistischen und planwirtschaftlichen Tendenzen, nachdem schon eine ganze Reihe von Landesgesetzen zu Sozialisierungs- und Mitbestimmungsfragen suspendiert worden waren, außerdem auch die entsprechenden hessischen Verfassungsartikel.[6]

Als nun die SPD im neuen Bi-Zonen-Wirtschaftsrat wiederum das Wirtschaftsressort beanspruchte, lehnte die CDU/CSU-Fraktion ab. Ein Kompromißvorschlag Adenauers sah vor, der SPD als Gegenleistung für das Wirtschaftsressort in der Bi-Zone drei Länder-Wirtschaftsministerien abzufordern. Die SPD schlug diesen Vorschlag aus und entschied sich für die Opposition. Das neue von der CDU/CSU allein gebildete Direktorium wurde von der FDP unterstützt und erwies sich als eine Vorform der späteren Bonner Koalition. Innerhalb der CDU half die Kontroverse dem wirtschaftsliberalen Kurs. Denn wichtige Strömungen in der CDU waren in den ersten Jahren nach dem Krieg von Ideen des »christlichen Sozialismus« beherrscht worden.[7] Noch 1948 sah das Ahlener Programm der CDU in der britischen Zone die Vergesellschaftung der Kohlebergwerke vor. Erst 1949, nach der Währungsreform, wurde mit den Düsseldorfer Leitsätzen für die Wirtschaftspolitik eine Wende zur »sozialen Marktwirtschaft« eingeleitet.

Nach dem ersten Auftrieb durch die Währungsreform hatte Erhard aber mit ökonomischen Schwierigkeiten zu kämpfen. Seiner Überzeugung von der freien Marktwirtschaft folgend, suspendierte er mit den vom Wirtschaftsrat der Bi-Zone gebilligten »Leitsätze-Gesetz« einen großen Teil der Preisfestsetzungen im Konsumgüterbereich, während die Grundstoffindustrien, die Nahrungsmittel, die Mieten und die Löhne preisgebunden blieben. Da allein im zweiten Halbjahr 1948 die Lebenshaltungskosten um 14% anstiegen, öffnete sich eine Schere zwischen Löhnen und Preisen. Diese Entwicklung mußte sozialpolitisch provozierend wirken. Sie bedeutete eine zusätzliche Umverteilung zugunsten der Sachmittelbesitzer, d.h. vor allem der Unternehmer und der Bauern, gegenüber denen, deren Geldersparnisse mit der Währungsreform vernichtet worden waren. Die Gewerkschaften riefen in dieser Situation zu einem demonstrativen Generalstreik am 12. November 1948 auf, der sich gegen Erhards Wirtschaftspolitik wandte. Mit 9,25 Millionen Streikenden beteiligte sich die große Mehrzahl der Beschäftigten daran.[8]

Die Wirtschaft stagnierte, die Arbeitslosigkeit stieg im ersten Quartal 1950 bis auf 12,2%. Alliierte und deutsche Politiker verlangten Ankurbelungsmaßnahmen und eine Änderung der Wirtschaftspolitik.[9] Im Bundestag konnte die SPD-Opposition im Januar 1950 die Verabschiedung eines Beschlusses zugunsten eines Beschäftigungsprogramms durchsetzen.

Erst der Ausbruch des Korea-Krieges im Juni 1950 befreite die westdeutsche Wirtschaft von diesen Schwierigkeiten. In der ganzen Welt wuchs die Nachfrage nach Investitionsgütern sprunghaft an. Dank ihrer freien Kapazitäten konnte die deutsche Wirtschaft auf dieser Basis ihren Aufschwung einleiten. Zum erstenmal wurde, wie auch später häufig, die Auslandsnachfrage zum »Motor« der ökonomischen Expansion.[10] Die Engpässe, die in diesem Zusammenhang entstanden, wurden, da die Bewirtschaftungsbehörden von Erhard funktionsunfähig gemacht worden waren, nach deutscher Tradition wieder durch die »Selbstverwaltung der Wirtschaft« geregelt. Es entwickelten sich neue Formen korporativistischer Arrangements, die den Ideen der rein marktwirtschaftlichen Steuerung eklatant widersprachen.[11] Im Gegensatz zu der theoretischen Konzeption, die der »sozialen« oder »freien« Marktwirtschaft zugrunde lag, konnte Erhard auch keinen wirksamen Kartellschutz durchsetzen. Die Konzentration der bundesdeutschen Wirtschaft wuchs von Jahr zu Jahr. Einen gewissen Ausgleich konnte in einigen Branchen der im Entstehen begriffene europäische Markt schaffen, auf dem die Angebotsvielfalt insgesamt größer war.

Seit Mitte 1952, als die Wachstumsengpässe überwunden waren und ein sich selbsttragendes Wachstum existierte, das dank der billigen und fähigen Arbeitskräfte, der großen Kapazitätsreserve und der wachsenden Weltwirtschaft in den fünfziger Jahren anhielt, war der politische Erfolg Erhards gesichert. Die »soziale Marktwirtschaft«, ob sie nun real existierte oder nicht, war zur Leitideologie der Bundesrepublik Deutschland geworden und sicherte die Wahlerfolge der CDU/CSU in den fünfziger Jahren. Nachdem die Schwesterparteien in den Landtagen von 1950 bis 1952 sehr schlechte Ergebnisse erzielt hatten – in Bremen erreichte die CDU 1951 nur 9,1%, in Bayern die CSU 1950 nur 27,4% –, kam die wirtschaftliche Wende für einen Wahlerfolg noch gerade rechtzeitig. 1953 begann das »Wahlwunder«[12], der spektakuläre Aufstieg der CDU/CSU auf 45,2% der Stimmen bei der zweiten Bundestagswahl, der 1957 sogar auf 50,2% gesteigert wurde, das einzige Mal, daß eine Partei in Bundestagswahlen die absolute Mehrheit erhielt (vgl. Tab. 1, S. 227).

Politische Erklärungen sind oft, wie es Adenauer sarkastisch ausdrückte, »einfache Wahrheiten«, im Gegensatz zur »reinen« oder »lauteren« Wahrheit. Die »soziale Marktwirtschaft«, seit 1949 (»Düsseldorfer Leitsätze«) Programm der CDU, wurde von Erhard immer wieder als die Alternative zur »Planwirtschaft« bezeichnet. »Planwirtschaft« aber wurde mit Kommunismus und Kriegswirtschaft, Nachkriegselend und innenpolitischen Gegnern wie der SPD identifiziert. Dieser einfache Gegensatz wird dem Grundgedanken der von Erhards späterem Staatssekretär Müller-Armack entwickelten Idee einer »sozial gesteuerten Marktwirtschaft« nicht gerecht, die auch Planungselemente enthält, in der bundesrepublikanischen Praxis aber eher Planung durch die Großbanken kennt, welche die wirtschaftlichen »Fäden ziehen«.[13]

Da sich der Erfolg eingestellt hatte, konnte die Ideologie sich eng mit ihm verbinden. Das war, zusammen mit der durch Industriekampagnen geförderten Popularität Erhards, eine Grundlage der innenpolitischen Stabilität und der CDU/CSU-Dominanz der Jahre bis 1966, als ein geringes »Negativwachstum« unter dem neuen Kanzler Erhard einen Schock auslösen sollte – verständlich nur als tiefgreifende ideologische Erschütterung.

Das »Wirtschaftswunder« wurde zum Kern des neuen deutschen Selbstbewußtseins der fünfziger und sechziger Jahre. Nach der Niederlage im Krieg, der Erfahrung des Nachkriegselends und der Vernichtung der traditionellen nationalen Identifikationsmuster war das ein Weg, eine neue Identifikation zu gewinnen. Bezeichnend ist, daß in Italien (»miracolo economico«) und in Japan ähnliche Prozesse abliefen. Die Führungsschichten entsagten dem traditionellen militärisch-politischen Ehrgeiz. In einer Welt der amerikanisch dominierten freien Wirtschaft, in der mit der Demontage der alten Kolonialreiche auch die Privilegien der traditionellen Kolonialmächte schwanden, öffneten sich für die Juniorpartner wirtschaftliche Chancen. Für die Bevölkerung war der neue Wohlstand, in dem sich mit dem Schwinden der Arbeitslosigkeit gegen Ende der fünfziger Jahre auch die Flüchtlinge und anderen Kriegsgeschädigten wieder in die Gesellschaft einfügen konnten, eine zentrale Erfahrung.

Konsumwellen prägten seither das Leben und verdeutlichten den großen Nachholbedarf, der sich angestaut hatte: Freßwelle, Kleidungswelle, Einrichtungswelle, Urlaubswelle. Mit dem wachsenden Wohlstand konnten sich immer breitere Schichten Dinge leisten, die bisher wenigen vorbehalten gewesen waren. Mochte sich auch – wie Erhard selber eingestand – die Vermögensverteilung sehr ungleich entwickeln, mochten Ressourcen fehlgeleitet werden, so war doch der weltweite Wirtschaftsaufschwung der Nachkriegszeit, der in Deutschland im Kontrast zu Kriegs- und Nachkriegszeit besonders spürbar war, eine Tatsache, die das Leben aller veränderte.

Als gegen Ende der fünfziger Jahre die Vollbeschäftigung einsetzte, wirkte sich der Arbeitskräfteengpaß verstärkt auch zugunsten der unteren Einkommensschichten aus: Ihre Löhne stiegen stärker. Aus wirtschaftlichen Gründen ergab sich, was von Staats wegen vernachlässigt worden war: ein gewisser Nachholeffekt auch für die unteren Lohngruppen. Konsum wurde zum Leitmotiv der Gesellschaft. Politik legitimierte sich durch wirtschaftlichen Erfolg. Die Gesellschaft war durch eine Betonung des Privaten gekennzeichnet. Die traditionellen Familienstrukturen konnten sich wieder entfalten. Man genoß nach dem Ende der »heroischen« Zeiten die neue Normalität.

Alle Vorstellungen von gesellschaftlichen Reformen, insbesondere jene, die die Wirtschaftsordnung berührten, verloren im Zeichen des »Wirtschaftswunders« in der Bevölkerung an Rückhalt. Waren bei den Volksabstimmungen in Hessen und Sachsen 1946 noch mehr als zwei Drittel für die Sozialisierung der Schlüsselindustrien eingetreten, wurde dieser Prozentsatz von Jahr zu Jahr kleiner. Diese Haltung wirkte sich – wie noch zu erörtern ist – auch auf andere Bereiche aus.

9. Atlantisches Bündnis und westeuropäische Integration

9.1. Von der Ruhrkontrolle zur Montanunion

Als die erste Bundesregierung 1949 ihr Amt antrat, war die Bundesrepublik ein Protektorat der drei Westmächte. Zwar waren die Zonen abgeschafft, aber die drei Hochkommissare besaßen nach dem Besatzungsstatut[1] das Recht, jederzeit einzugreifen.

Zwei Souveränitätsdefizite waren für die Deutschen besonders drückend: die Demontage und die Kontrolle der Ruhr. Zwar waren die Demontageprogramme schon reduziert worden; nach wie vor sollten aber vor allem in der Schwerindustrie weitere Betriebe demontiert werden, während gleichzeitig die Marshallplanhilfe anlief – eine für das deutsche Selbstbewußtsein und den verbreiteten Wunsch nach Zusammenarbeit mit dem Westen irritierende Tatsache. Zum anderen hatten die drei Westmächte zusammen mit den Beneluxstaaten eine »Internationale Ruhrbehörde« geschaffen, der die Verteilung der Ruhrkohle oblag. Kohle war bis zum Ölboom der späten fünfziger Jahre die knappe Energiequelle par excellence. Wenn große Anteile der deutschen Produktion exportiert werden mußten, konnte das die deutsche Industrieentwicklung behindern. Die Behörde übte diskriminierende Fremdbestimmung in der Bundesrepublik aus – in dieser Kritik waren sich alle Parteien einig.[2]

Adenauer gelang es in Verhandlungen, die zum »Petersberger Abkommen« (24. November 1949) mit den Hohen Kommissaren führten, die Beendigung der Demontagen zu erreichen – ein Erfolg, der sein Prestige erhöhte und das Verhältnis zu den Gewerkschaften positiv beeinflußte. Die Bundesrepublik erklärte sich im Gegenzug bereit, in die Ruhrbehörde einzutreten und sie damit anzuerkennen. Das rief empörte Kritik hervor. Schumacher, inzwischen Oppositionsführer im Bundestag, bezeichnete Adenauer in der Debatte als »Bundeskanzler der Alliierten«, um den Mangel an Selbstachtung zu kennzeichnen. Zwischen der bürgerlichen Regierungskoalition und der SPD Schumachers kristallisierten sich Unterschiede im Verhalten gegenüber den Westmächten heraus. Hier wie dort orientierte man sich geistig nach Westen und blieb strikt antikommunistisch. Adenauer, der die außenpolitischen Entscheidungen meist allein oder mit persönlichen, nichtparlamentarischen Beratern fällte, war gegenüber dem Westen bereit, Vorleistungen zu erbringen, mit denen er die Bundesrepublik schrittweise in das westliche Bündnis eingliedern wollte. Schumacher dagegen beharrte in jedem Punkt auf der Gleichberechtigung von Anfang an – eine Haltung, die wohl eher der deutschen Psychologie der zwanziger als der fünfziger Jahre entsprach.

Adenauer hatte Erfolg. Schon ein halbes Jahr später präsentierte nach diplomatischen Vorgesprächen der französische Außenminister Robert Schuman einen Plan, der schließlich zur Aufhebung der Ruhrbehörde führte. An ihre Stelle trat 1951 die »Europäische Gemeinschaft für Kohle und Stahl« (EGKS, Montanunion), die ein supranationales Sonderrecht für die Schwerindustrie schuf, das die

Grundlage der Friedens- und besonders der Kriegsindustrie Deutschlands gewesen war. Auch in der neuen Konstruktion waren Elemente besonderer Kontrolle über das deutsche Potential enthalten. Die Bundesrepublik besaß unter den sechs Ländern einen Produktionsanteil von etwa 40%; in den Organen der EGKS aber waren Frankreich und Italien ebenso stark vertreten, Belgien, die Niederlande und Luxemburg entsprechend ihrer Bevölkerungszahl schwächer. Der Fortschritt war unverkennbar. Zum erstenmal war die Bundesrepublik nicht mehr besiegtes Land unter Besatzungsrecht, sondern sie trat als Gleiche unter Gleichen auf. Und in einer trotz dirigistischer Eingriffsmöglichkeiten im wesentlichen marktwirtschaftlich orientierten Wirtschaftsordnung, wie sie die EGKS darstellte, waren dergleichen Stimmanteile schließlich auch nicht so wesentlich, denn die deutsche Industrie erhielt die Chance, sich im gesamten Bereich der erwähnten sechs Länder durchzusetzen.

Großbritannien hatte sich – damals noch im Gefühl seiner Weltmachtstellung – nicht an einer Mitarbeit interessiert gezeigt, ebenso blieben die skandinavischen Länder abseits. Schumachers polemische Charakterisierung der neuen Gemeinschaft als »konservativ und klerikal, kapitalistisch und kartellistisch« mochte nicht falsch sein. Er bot aber keine Alternative an. Sein Verweis auf die Kapazitäten und deren Mißverhältnis zu dem Stimmrecht war vollends problematisch: Sollte die Bundesrepublik wegen ihrer industriellen Potenz fast die Hälfte der Stimmen erhalten und Italien fast keine?[3] Die SPD lehnte die EGKS ab und trug diese Ablehnung vehement in die Öffentlichkeit. Sie stärkte damit nach außen die Stellung der Regierung, die immer auf die innerdeutsche Opposition verweisen konnte. Die völlige Abschaffung der Ruhrbehörde mag, so betrachtet, auch das Verdienst der SPD sein. In einer öffentlichen Meinung, die sich nach Gleichberechtigung, nach Sicherheit sehnte, mußte diese Kampagne aber schließlich unwirksam bleiben.

9.2. Saarfrage und Europarat

Beim EGKS-Beitritt spielten nationale Bedenken, die Gefahr der Vertiefung der Teilung durch die westeuropäische Integration, nur eine Nebenrolle. Anders war es beim Beitritt zum »Europarat«. Hier regte sich bis in Regierungskreise Widerstand: Die Bundesminister Kaiser (CDU) und Seebohm (DP) nahmen demonstrativ nicht an der Abstimmung im Bundestag teil. Dabei war die Europa-Begeisterung ungebrochen, der Bundestag verabschiedete 1950 mit Ausnahme der KPD-Fraktion einstimmig eine Entschließung für einen europäischen Bundesstaat.

Stein des Anstoßes war der gleichzeitige Beitritt des Saarlandes, der auf Drängen Frankreichs zustandekam. Das Saarland war 1947 auf Beschluß der französischen Regierung von Deutschland abgetrennt worden. 1950 versuchte Frankreich in den »Saarkonventionen« diese Abtrennung rechtlich abzusichern. Dem Saarland wurde dabei mit Zustimmung seiner separatistischen Regierung (die deutschgesinnten Parteien waren verboten) ein Status zugewiesen, für den selbst Adenauer das Wort »Kolonie« benutzte. Ein gleichzeitiger Beitritt der Bundesrepublik und des Saarlandes konnte als Billigung dieser Abtrennung verstanden werden. Da alle bundesrepublikanischen Parteien mit Ausnahme der Kommunisten sich in diesen Monaten auch scharf gegen den Vertrag zwischen der DDR und Polen über die Anerkennung der Oder-Neiße-Grenze aussprachen, war durch die Anerkennung des französischen Saar-Protektorats auch die moralische Position in dieser Frage bedroht, die Millionen von Heimatvertriebenen beschäftigte.

Adenauer gelang es nur unter großen Mühen, den Beitritt durchzusetzen. Er war bereit, nationale und völkerrechtliche Bedenken zurückzustellen, um die Eingliederung in den Westen nicht zu gefährden. In seinem Appell im Bundestag vor der Ratifizierung vereinfachte er denn auch dementsprechend: »Wer sich für die Ablehnung der Einladung zum Europarat ausspreche, der wende sich gegen den Westen.«[4] An der Frage des Saarlandes sollte die außenpolitische Konzeption nicht scheitern, die er für schicksalhaft hielt. Die Konstellation macht die schwache internationale Stellung der Bundesrepublik in jener Zeit deutlich. Bis zur Gleichberechtigung war es noch ein weiter Weg.

9.3. Wiederbewaffnung und militärische Westintegration

Wie in der Wirtschaftspolitik war es der Ausbruch des Korea-Krieges, der die Voraussetzungen für die Durchsetzung der Konzeption der Regierung Adenauer in innen- und außenpolitischer Hinsicht schuf.[5]

Korea war wie Deutschland ein geteiltes Land. Die sowjetischen und amerikanischen Besatzungstruppen hatten sich 1946 aber zurückgezogen. Was sich in der westlichen Berichterstattung als eine einseitige Aggression des kommunistischen Nordens gegen den Süden darstellte[6], wurde in Westeuropa als Menetekel empfunden. In der Bundesrepublik glaubte man weithin an mögliche Parallelen und beobachtete den Aufbau der »Volkspolizei« in der DDR. Aufgrund unterschiedlicher Einstellungen der jeweiligen Bevölkerung, verschiedenartiger Regierungssysteme und differierender Kräfteproportionen war der Vergleich sicherlich irreführend. Er war jedoch leicht nachzuvollziehen, konnte mit aggressiven Ulbricht-Äußerungen belegt werden und spielte in den nächsten drei Jahren eine große Rolle. Das koreanische Drama (1950–1953) mit dem zweimaligen Vorstoß der kommunistischen Armeen bis tief in den Süden und dem Vormarsch der US-Truppen in den Norden beschäftigte die Phantasie der Europäer, zumal es während der gesamten Kriegsdauer die Schlagzeilen der Zeitungen beherrschte.

Adenauer sah in einer militärischen Integration einen Schlüssel für eine dauerhafte Verankerung der Bundesrepublik im Westen. Auf dieser Basis hoffte er, die Gleichberechtigung der Bundesrepublik gegenüber den anderen westlichen Staaten durchzusetzen. Er hatte deshalb schon seit 1949 »Versuchsballons« in Interviews mit westlichen Zeitungen gestartet – ein Weg der Kontaktaufnahme in einer Zeit, als die Bundesrepublik noch nicht einmal über Diplomaten im Ausland verfügte. Das Echo war begreiflicherweise negativ gewesen, die Erinnerungen an den Krieg waren noch zu frisch. Auch in der deutschen Bevölkerung herrschte die gleiche negative Einstellung gegenüber einem zukünftigen Militär; Politiker aller Parteien betonten immer wieder emphatisch ihren Antimilitarismus. Deutschen, die noch einmal ein Gewehr anfaßten, solle »die Hand abfallen« – so wortgewaltig hat der spätere Verteidigungsminister Strauß diese Stimmung formuliert.

Der Ausbruch des Korea-Krieges veränderte die politische Bühne.[7] Adenauer, der sich noch im Petersberger Abkommen hatte verpflichten müssen, für die Entmilitarisierung Deutschlands Sorge zu tragen, entschloß sich 1950, den westlichen Alliierten ein »Sicherheitsmemorandum« zu übergeben, gleichzeitig mit einem zweiten Memorandum, in dem die Aufhebung des Besatzungsstatus verlangt wurde. Er schlug ein deutsches Kontingent als Bestandteil einer westeuropäischen Armee und den Aufbau einer

Bundespolizei vor, die der DDR-Volkspolizei gewachsen sein sollte.

Ein Kompromiß zwischen den deutschen und den französischen Vorstellungen war in der Frage der Wiederbewaffnung und der deutschen Souveränität wesentlich schwieriger zu erreichen als bei der Montanunion. Frankreich fürchtete zwar die Sowjetunion, aber auch ein wiederbewaffnetes Deutschland. Durch seine Kolonialkriege – bis 1954 in Vietnam, dann bis 1962 in Algerien – war es in Europa militärisch kaum präsent. Frankreichs Wunsch war – so ein Bonmot aus dieser Zeit – eine deutsche Armee, die stärker als die sowjetische, aber schwächer als die französische sein sollte. Die französische Regierung strebte daher Lösungen an, die deutsche Truppen unter fremde Führung stellen würden – funktional eine Art erweiterte Fremdenlegion. Im Gegensatz dazu beharrte die Bundesregierung auf Gleichberechtigung. Als Kompromiß wurde schließlich eine Lösung gefunden, die an Konzern-Verschachtelungen erinnert. Die bundesdeutschen Truppen sollten in eine integrierte europäische Armee voll eingegliedert werden, der auch französische, italienische und Benelux-Truppen angehörten. Diese Staaten sollten aber über einen Teil ihrer Truppen selber verfügen können. Sie sollten außerdem Mitglied der NATO bleiben, während die Bundesrepublik nur über die »Europäische Verteidigungsgemeinschaft« (EVG) mit dieser verbunden sein würde – als zweitklassiger Partner. Die Bundesrepublik sollte gleichzeitig die Souveränität erhalten, aber unter Vorbehalt der Rechte in bezug auf Berlin und die Viermächte-Verantwortung für Gesamtdeutschland.

Dieser EVG-Vertragsentwurf löste in Deutschland und Frankreich heftige innenpolitische Kontroversen aus, er scheiterte schließlich 1954 in der französischen Nationalversammlung[8] im Zusammenhang mit dem Friedensschluß in Indochina, bei dem die Sowjetunion Nordvietnam zu einem Kompromiß bewogen hatte, der Frankreichs Gesicht wahrte. Dieses Scheitern stärkte aber letztlich die deutsche Position. Neuverhandlungen führten rasch zu einer Lösung der Gleichberechtigungsfrage: Die Bundesrepublik trat 1955 in die NATO ein. Sie wurde gleichzeitig Vertragspartner der »Westeuropäischen Union« (WEU), in der sie sich zum Verzicht auf den Bau und Besitz bestimmter schwerer Waffen bereit erklärte – eine Beschränkung, die erst 1984 auf Antrag Frankreichs ganz aufgehoben wurde. Bonn verzichtete ferner auf Herstellung und Besitz atomarer, biologischer und chemischer Waffen. Dieser ABC-Waffen-Verzicht gilt bis heute.

Verbunden mit diesen Pariser Verträgen war ein deutsch-französisches *Saarabkommen*, das diese territoriale deutsch-französische Streitfrage regeln sollte. Adenauer war dabei Frankreich erneut weit entgegengekommen, um die Ratifizierung der Verträge zu sichern. Das Saarland sollte ein »europäisches Statut« erhalten, das bis zu einem Friedensvertrag – den er gegenüber dem französischen Ministerpräsidenten Mendès-France als theoretische Möglichkeit bezeichnete –, unkündbar bleiben würde. Um die Endgültigkeit der Abtrennung zu unterstreichen, bestand der französische Ministerpräsident gegenüber Adenauer auf einer Volksabstimmung über das Statut. In der deutschen öffentlichen Meinung stieß diese Lösung auf Empörung. Das Abkommen schien die definitive Abtrennung der Saar von Deutschland zu bedeuten. Der europäische Gedanke wurde durch den Eindruck kompromittiert, daß hinter der europäischen Verbrämung französischer Einfluß dominant bleiben werde. Trotzdem gelang es der Bundesregierung, mit der Mehrheit der CDU/CSU- und DP-Stimmen gegen SPD, FDP und BHE den Saarvertrag im Februar 1955 im Bundestag durchzusetzen.[9]

In der Volksabstimmung, die nach drei Monaten erbitterten Wahlkampfes – erstmals mit freier Betätigungsmöglichkeit der prodeutschen Parteien – 1955 stattfand, sprachen sich jedoch 67% der Saarländer gegen das Statut aus. Das französisch gesteuerte autoritäre Hoffmann-Regime an der Saar sah sich plötzlich einer lebhaften Opposition der deutschen Parteien gegenüber, der es nicht gewachsen war. Mit dem wirtschaftlichen Aufschwung in der Bundesrepublik waren auch die ökonomischen Vorteile geschmolzen, welche die Abtrennung von Deutschland in den Nachkriegsjahren populär gemacht hatten. Nach diesem deutlichen Votum erklärte sich Frankreich bereit, die Saar an die Bundesrepublik Deutschland zurückzugeben, die dafür einige wirtschaftliche Zugeständnisse machte, z.B. die Kanalisierung der Mosel zur Verschiffung der lothringischen Erze. Im Westen waren damit alle territorialen Streitfragen gelöst. Der Bundeskanzler hatte sich während der Abstimmungskampagne noch deutlich für die von ihm unterzeichnete Lösung ausgesprochen. Den schließlichen Erfolg aber nahm er selbstverständlich für sich in Anspruch.

9.4. »Europäische Wirtschaftsgemeinschaft« und Europa-Bewußtsein

Während die militärische Westintegration der Bundesrepublik leidenschaftlich umkämpft war, wurde die »Europäische Wirtschaftsgemeinschaft« (EWG) 1957 auch mit Zustimmung der SPD-Opposition geschaffen. Sie erregte daher weniger Aufsehen als die spektakulären Fragen der militärischen Pakte. Langfristig war sie jedoch mindestens ebenso wichtig. Da Großbritannien sich wiederum nicht interessiert zeigte, kam es auch hier erneut zu einem Zusammenschluß der »Sechs«, die schon die EGKS bildeten. Britische Freihandelstraditionen flossen daher nicht in das Selbstverständnis der neuen Gemeinschaft ein. Besonders im Agrarsektor wurde statt dessen ein System von Schutzmaßnahmen errichtet, das sich an den protektionistischen Traditionen in Frankreich und Deutschland orientierte. Generell aber wurde das Prinzip der freien Marktwirtschaft, der freien Bewegung von Gütern und Kapital wie auch die freie Arbeitsaufnahme über nationale Grenzen hinaus fixiert. Dadurch entstand schrittweise der bedeutendste einheitliche Wirtschaftsmarkt der Welt. Dabei wurden nicht nur wirtschaftliche Interessen verfolgt. Die Einbindung der Bundesrepublik in den westeuropäischen Zusammenhang lag durchaus im Sinne der Gründer der EWG. So sprach etwa der belgische Außenminister Spaak von den Gefahren, die ein erneuter Nationalismus Deutschlands oder neutralistische Tendenzen bringen könnten. Die Wirtschaftsgemeinschaft sollte der »Kitt« sein, der den westeuropäischen Zusammenhalt stabilisieren würde.

Parallel zur EWG wurde in den Römischen Verträgen die »Europäische Atomgemeinschaft« (EURATOM) gegründet, in der die sechs Länder in der Atomindustrie, die damals allgemein als die Quelle zukünftigen Wohlstands angesehen wurde, zusammenarbeiten sollten. Man beschränkte sich auf die friedliche Nutzung. Frankreich plante gleichzeitig bereits die Entwicklung eigener Atomwaffen, um seinen Großmachtstatus wieder zur Geltung zu bringen. Gegenüber der Bundesrepublik übte EURATOM dagegen in dieser Hinsicht eher eine gewisse Kontrolle aus.

Die fünfziger Jahre waren die Zeit der westeuropäischen Einigungsbemühungen. Sie kamen vor dem Hintergrund der Hochphase des »Kalten Krieges« zustande und nahmen ab, sobald er abklang. Nur in dieser Zeit, in der man sich bedroht glaubte und in der das Gefühl eigener Schwäche allgemein verbreitet war, waren die nationalen Eliten bereit, politische Entscheidungen an europäische Gremien abzugeben. In der Bundesrepublik erhob sich dagegen wenig Widerstand, da sie in diesen Verhandlungsprozessen regelmäßig mehr Bewegungsfreiheit erwarb als abgab. Zudem waren die westeuropäischen Nachbarn auch stark von dem Wunsch getrieben, die Bundesrepublik in einen institutionalisierten Zusammenhang einzubeziehen. Gegen Ende der fünfziger Jahre wurde aber dieser »Europa-Gedanke« bereits schwächer. Das supranationale Element in den Römischen Verträgen trat hinter dem beherrschenden Ministerrat zurück, der von den Regierungen der einzelnen Länder beschickt wird. Die Träume der Europa-Bewegung von einem europäischen Bundesstaat hatten sich nicht erfüllt. Westeuropa blieb eine Addition von Klein- und Mittelmächten und unterlag deshalb amerikanischem Einfluß und amerikanischer Penetration, die es im allgemeinen auch selber wünschte. Die einzelnen europäischen Länder wurden aber in diesen Gründerjahren so weitgehend integriert, daß sie anschließend auch geistig zusammenwachsen konnten.

Für die Deutschen im westlichen Teil des Landes bedeutete das eine Stabilisierung, eine institutionelle Absicherung der langfristigen Demokratisierung auch nach außen. Bevölkerungs- und Eliteumfragen zeigen, daß das Zusammengehörigkeitsgefühl zwischen den westeuropäischen Ländern wuchs, daß nationalistische Stereotypen, die gerade in Deutschland und Frankreich so ausgeprägt gewesen waren, an Gewicht verloren und daß man sich schließlich in den siebziger Jahren gegenseitig zum beliebtesten Land erklärte. Das war eine Entwicklung, die 1945 niemand für das Verhältnis zwischen den »Erbfeinden« vorausgesehen hatte. Sie vollzog sich aber – wie die meisten Integrations- und Solidarisierungsbewegungen – vor dem Hintergrund einer neuen Frontstellung, von deren Gefahren im folgenden Kapitel die Rede sein soll (S. 81).

9.5. Das Wiedergutmachungsabkommen mit Israel

In den Zusammenhang der Adenauerschen Westpolitik muß auch das Wiedergutmachungsabkommen mit Israel einbezogen werden. Sowohl der Staat Israel als auch der »Jüdische Weltkongreß« hatten gegenüber den Besatzungsmächten Entschädigungsansprüche geltend gemacht. Grundgedanke dabei war, außer für die individuell nachweisbaren Schäden überlebender Opfer auch für die Millionen vernichteter Juden eine Art Entschädigung von dem Nachfolgestaat des »Dritten Reiches« zu erhalten. Israel führte zudem an, daß es die Eingliederungskosten für eine halbe Million Einwanderer getragen hatte, die als Folge der nazistischen Vernichtungs- und Verfolgungsmaßnahmen aus Europa emigriert waren. Die Bundesregierung war zunächst nicht direkt angesprochen, da Israel sich scheute, mit ihr überhaupt zu verhandeln. Adenauer gewann jedoch schnell die Überzeugung, daß es hier sowohl um ein zentrales moralisches Problem als auch um ein Stück Realpolitik[10] gehe. In der amerikanischen öffentlichen Meinung schätzte er den Einfluß der jüdischen Bevölkerungsgruppe zu Recht hoch ein. Er engagierte sich deshalb – wiederum ohne Zustimmung des Kabinetts – in dieser Frage sehr intensiv. Während die Reparationen allgemein eingestellt wurden und mit dem Londoner Schuldenabkommen 1952 eine Konsolidierung der deutschen Schulden erreicht werden konnte, übernahm die Bundesrepublik gleichzeitig eine »Ehrenschuld«. In der deutschen Öffentlichkeit stieß das zunächst auf weitverbreitetes Unverständnis. Bezeichnenderweise wurde das Wiedergutmachungsabkommen im Bundestag weniger von der Regierungskoaliton als von der SPD getragen. Nur sie stimmte geschlossen dafür, während sich ein großer Teil der FDP- und CSU-Abgeordneten enthielt. Erst in den folgenden Jahrzehnten sollte sich das Gefühl einer moralischen Schuld gegenüber den Juden allgemein durchsetzen. In den ersten Jahren nach Kriegsende spielten dagegen die nationalsozialistischen Ausrottungsmaßnahmen z.B. auch in kirchlichen Stellungnahmen zum Nationalsozialismus nur eine sehr geringe Rolle.

Das deutsch-israelische Wiedergutmachungsabkommen sollte den »moralischen Kredit« der Bundesrepublik in der Welt wiederherstellen und hatte in dieser Hinsicht eine wesentliche symbolische Bedeutung. Auf die Dauer wirkte es aber auch stark auf das Bewußtsein der Deutschen selber ein, das Gefühl einer moralischen Verantwortung gegenüber dem jüdischen Volk setzte sich durch. Es stand in scharfem Gegensatz zu den Beziehungen wie auch zum Bewußtsein gegenüber den anderen Völkern und Bevölkerungsgruppen, die durch das nationalsozialistische Deutschland besonders stark verfolgt worden waren. Ein Zusammenhang bei den Wiedergutmachungsverhandlungen ist dafür bezeichnend: Der jüdische

Verhandlungsführer Nahum Goldmann reduzierte bei den Wiedergutmachungsverhandlungen die Forderungen des Jüdischen Welt-
kongresses. Er handelte dafür die Verpflichtung der bundesdeutschen Seite ein, eine allgemeine Entschädigungsgesetzgebung für
die Opfer des Nationalsozialismus zu schaffen, die auch Nicht-
Juden einschloß.[11]

10. Die Vollendung der Teilung und die Illusion
der Wiedervereinigung

10.1. Wiedervereinigung durch Politik der Stärke?

So offen, flexibel, kreativ, verständnisvoll und von einfühlendem
Interesse bestimmt sich Adenauers Politik nach Westen gestaltete,
so verschlossen, inflexibel, abweisend, feindlich, desinteressiert
und verständnislos war sie nach Osten. Die Wiedervereinigung, im
Grundgesetz als Staatsziel formuliert, wurde zwar immer wieder
beschworen, in der praktischen Politik aber nicht in Angriff genommen. Die ritualisierten Formeln, mit denen sie als »höchstes«
oder »oberstes« Ziel jeweils erwähnt wurde, ähnelten der Beschwörung des »hohen C« in der Parteiideologie der CDU.[1]

Die Bundesrepublik konnte 1949 von einem Konsens der großen
Parteien hinsichtlich des Verhältnisses zum »Osten« ausgehen: der
»Magnet-Theorie«, nach der die Stärkung des neugeschaffenen
Weststaates und seiner Attraktivität die Sowjetzone aushöhlen und
schließlich zur Wiedervereinigung führen werde. Ein fundamentaler Dissens unter den Parteien entwickelte sich jedoch, als die SPD
und auch weite Teile der FDP und der Presse Chancen sahen, die
Teilung durch Verhandlungen mit der Sowjetunion aufzuheben und
die nationale Einheit wiederzugewinnen. Kritisch reagierten diese
Kräfte auf Vertragsklauseln in den Westverträgen, welche die Wiedervereinigung unmöglich machen würden. Die EVG-Verträge
enthielten ursprünglich eine »Bindungsklausel«, nach der ein wiedervereinigtes Deutschland ebenso an sie gebunden sein sollte wie
die Bundesrepublik. Auch nachdem diese Klausel auf Protest aus
den Reihen der Regierungskoalition hin entfernt worden war, sag-
ten andere Bestimmungen ähnliches aus. Wenn man nicht annahm,
die Sowjetunion werde schrittweise politischen Selbstmord bege-
hen, war die Wiedervereinigung auf der Grundlage eines solchen

Konzepts ausgeschlossen. Gerade wenn man ein negatives Bild von der Sowjetunion hatte, konnte man nicht annehmen, daß sie aus Gründen des besseren Lebensstandards im Westen Deutschlands oder anderer Anziehungsmöglichkeiten Teile ihres Herrschaftsgebietes zugunsten des Westens, mit dem sie im Konflikt lebte, aufgeben werde. Auch Kaiser, der im Kabinett Adenauer »Minister für gesamtdeutsche Fragen« war, wies schon 1952 auf diesen Widerspruch hin.

In den Mittelpunkt der bundesrepublikanischen Diskussion gerieten diese Probleme, als die Sowjetunion zweimal das Angebot machte, einer Wiedervereinigung unter Bedingungen zuzustimmen, die ein neutralisiertes Deutschland demokratischen Zuschnitts ermöglichten. Beide Male wurden die Angebote zweifellos gemacht, um den westlichen Verhandlungsprozeß zu stören: 1952 während der EVG-Verhandlungen, 1955 während der Verhandlungen über die Pariser Verträge. In der westlichen Öffentlichkeit war umstritten, ob die Sowjetunion beabsichtigte, ernsthafte Angebote zu unterbreiten. Die veröffentlichten Akten zeigen inzwischen, daß einige verantwortliche Politiker im Westen das durchaus annahmen. Auch die Verunsicherung der DDR-Führung in dieser Zeit, ein innenpolitischer Kurswechsel und die spätere Kritik Chruschtschows und Ulbrichts, der damalige Geheimdienstchef Berija habe die DDR opfern wollen, sprechen für die Ernsthaftigkeit der östlichen Vorschläge. Das sowjetische Verhandlungsangebot von 1955 war zugleich mit der Ankündigung verbunden, nach einem NATO-Beitritt der Bundesrepublik werde es keine Verständnismöglichkeiten über eine Wiedervereinigung Deutschlands mehr geben.

Statt dessen entwickelte die östliche Seite nach dem Beitritt der Bundesrepublik zur NATO und dem der DDR zum Warschauer Pakt die Doktrin der Existenz zweier deutscher Staaten und war nicht mehr bereit, die DDR zur Disposition zu stellen. Drei Gründe können diese Veränderungen des außenpolitischen Kalküls erklären:

Erstens mußte die Ankündigung einer deutschen Remilitarisierung im Verbund mit den USA, dem mächtigsten Land der Welt, Befürchtungen in der Sowjetunion wecken. Auch im Westen wurde 1954, wie die britischen Kabinettsakten zeigen, durchaus ernsthaft die Befürchtung erwogen, die »territorial nicht saturierte Bundesrepublik könne die gesamte NATO in einen Krieg hineinzerren«.[2]

Solche Ängste erwiesen sich aber nach dem Aufbau der Bundeswehr nicht mehr als gravierend, da die Truppenstärke der NATO-Verbände nicht so stark anstieg, wie es die Planung vorgesehen hatte. Der Antikommunismus der fünfziger Jahre konzentrierte sich mehr auf Rhetorik als auf einen Ausbau der militärischen Stärke.

Zweitens war die sowjetische Position gegenüber den USA stärker geworden. Die Kriegszerstörungen waren zum großen Teil beseitigt, in der Waffenentwicklung hatte die Sowjetunion aufgeholt und sich Ende der fünfziger Jahre der Parität genähert, während sie 1945 den amerikanischen Atomwaffen nichts entgegenzusetzen gehabt hatte. Das stärkte das sowjetische Selbstbewußtsein und machte es für die Sowjetunion unnötig, bei einem Kompromiß mit dem Westen territoriale Rückzüge zu erwägen.

Drittens stieg mit der Konsolidierung der DDR ihr politischer und wirtschaftlicher Stellenwert. Was 1952 noch ein Herd der Instabilität sein mochte, wurde nach 1961 zum höchstentwickelten Staat innerhalb des Ostblocks, der seither an Effektivität und wirtschaftlicher Potenz andere Verbündete übertrifft. Die Bereitschaft der Sowjetunion, diesen Einflußbereich aufzugeben, mußte demgemäß sinken. Die sowjetischen Führer mußten zudem, je mehr die westliche Integration zunahm, daran zweifeln, ein effektiv neutrales Gesamtdeutschland schaffen zu können. Das Wort von der »verpaßten Gelegenheit« trifft insofern den Kern des Problems für die Sowjets – insofern man eine Neutralisierung innerhalb eines kollektiven europäischen Sicherheitssystems überhaupt für eine »Gelegenheit« hält.

Für die Regierung Adenauer war eine Neutralisierung keineswegs diskutabel. Vielmehr wurde sie immer wieder aus plausiblen Gründen mit der Unterwerfung unter die sowjetische Dominanz gleichgesetzt. In diesem Zusammenhang, und auch bei anderen Kompromißbemühungen, argumentierte die Regierung stets, die USA würden in einem solchen Fall Europa verlassen, das dann der Übermacht der Sowjetunion ausgeliefert sei. Die Bundesregierung und die westlichen Regierungen taten alles, einen freilich extrem ungewissen Ost-West-Kompromiß zu vereiteln und gleichzeitig vor der deutschen Öffentlichkeit, in der das Thema leidenschaftliche Auseinandersetzungen auslöste, nicht als verantwortlich für die Teilung zu gelten. Wie weit Adenauer dabei zu gehen bereit war, wurde an seiner ersten Reaktion auf die Stalin-Note vom 10. März 1952 deutlich. In einer Rede vor dem Evangelischen Arbeitskreis seiner Partei in Siegen erklärte er, die Wiedervereinigung Deutschlands könne nur im Zusammenhang mit einer totalen Neuordnung Osteuropas erreicht werden. Trotz des Protests auch engster Anhänger hat er diese Bemerkungen anschließend noch vor der CDU/CSU-Bundestagsfraktion wiederholt.[3] Da die Sowjetunion sich in der Deutschland-Frage zu Kompromissen bereiterklärte, wurden die Forderungen hochgeschraubt. Adenauer verlangte faktisch den Rückzug der Sowjetunion auf ihre Grenzen, ohne irgendeine vergleichbare Beschränkung des Westens anzubieten.

Dieser Maximalismus der westlichen Position wurde auch in bezug auf die deutsche Ostgrenze betrieben. Obwohl mit jedem Jahr ihrer Existenz deutlicher wurde, daß sie nicht mehr zu verändern war, hielt man bei den Vertriebenen immer wieder die Illusion der Rückkehr aufrecht, teilweise, so etwa in den berühmten »Sonntagsreden« des Verkehrsministers Seebohm, sogar mit Forderungen, die über die Grenzen von 1937 hinausgingen. In der westdeutschen Öffentlichkeit wurden dadurch Illusionen erweckt oder wachgehalten, die zum Zeitpunkt der Etablierung der Oder-Neiße-Grenze selber nicht bestanden hatten.[4]

Bei den verschiedenen Verhandlungen mit der Sowjetunion, u. a. bei der Berliner Viermächtekonferenz 1954, verlangten die Westmächte von der Sowjetunion Konzessionen, die auf ihren Rückzug aus Deutschland zielten. Außer freien Wahlen, welche die Sowjetunion zugestanden hatte, wurde auch eine völlig freie Entscheidung des künftigen Deutschland über seine Zuordnung zu Bündnissen gefordert, was angesichts der Sympathien der Bevölkerung für den Westen die Verlagerung der Trennungslinie zwischen Ost und West an die Oder und Neiße bedeutet hätte. In der Tat gingen die Disengagement-Pläne, die der Westen bei späteren Verhandlungen vorlegte, von einer »Null-Linie« an der polnischen Westgrenze aus, von der aus – östlich und westlich – die Truppen reduziert werden sollten. Offensichtlich waren diese Vorschläge eher Spielmaterial, das nicht für ernsthaften Verhandlungswillen sprach.

Während sich Adenauer in diplomatischen Verhandlungen auf die Bemerkung verstand, die Wiedervereinigung sei eine »theoretische« Angelegenheit, erweckte er vor deutschem Publikum, etwa in der erwähnten Siegener Rede, die Hoffnung auf die wachsende Stärke des Westens, die das Problem lösen werde. Seine taktischen

Argumente waren erstaunlich variabel, im Kern zielten jedoch alle auf die Westintegration.

Oft ist über logische Brüche in Adenauers Argumentation gerätselt worden, die selbst von seinen wissenschaftlichen Denkmalspflegern eingeräumt werden. Klaus Epstein hat den Hinweis beigesteuert, wenn man zwischen Adenauers Aufrichtigkeit und seiner Intelligenz zu wählen habe, solle man sich immer für die Intelligenz entscheiden.[5] Trotz der Qualität des Bonmots läuft diese Diskussion auf eine überzogene Rationalisierung des Politikers hinaus. Gerade Adenauer hat vielfach eine situationsadäquate Argumentation verwendet. Einzelne Zitate haben daher, wenn sie nicht entsprechend interpretiert werden, nur einen begrenzten Erklärungswert. Die Hinweise auf die kommende westliche Stärke, auf die Verhandlungsmöglichkeiten in einigen Jahren hatten, so betrachtet, zunächst die Funktion, die eigene Politik zu stabilisieren und die ersten kritischen Jahre durchzustehen. Das gelang vorzüglich. Zwar trat schon 1950 Innenminister Heinemann aus Protest gegen das Sicherheitsmemorandum und die Tatsache, daß er als zuständiger Innenminister nicht konsultiert worden war, zurück. Aber sein Versuch, mit der antimilitaristischen »Gesamtdeutschen Volkspartei« (GVP) bei den Bundestagswahlen 1953 gegen die Politik Adenauers anzutreten, scheiterte. Die GVP erhielt nur 1,2% der Stimmen. Politiker, die eine derart radikale Distanzierung von der CDU scheuten, wie der Gesamtdeutsche Minister Kaiser, der gegenüber Adenauer in der Ost-West-Politik eine kontroverse Meinung vertrat, konnten ebensowenig seine Politik ändern und sie höchstens akzentuieren, wie z. B. in der Saarfrage.

10.2. Wiedervereinigung und Rüstung als zentrale innenpolitische Themen

Auch die massive und frontale Opposition der SPD, die das innenpolitische Klima der fünfziger Jahre prägte, konnte Adenauer nicht ernsthaft gefährden. Die Polarisierung nützte ihm sogar in vielfacher Weise. In den Verhandlungen mit den Westmächten gelang es ihm, wie die alliierten Dokumente zeigen, sich erfolgreich als die maßvolle Alternative zu dem »Wüterich« Schumacher darzustellen und damit Konzessionen auszuhandeln. In der innenpolitischen Auseinandersetzung war nichts besser als die frontale Opposition Schumachers geeignet, die vielschichtige CDU/CSU und die bürgerliche Koalition zu einigen. Es war leichter, das deutsche Bürgertum von der westlichen Alternative zu überzeugen, wenn man es in Auseinandersetzung mit den Sozialdemokraten tat.

Adenauers Politik befriedigte das fundamentale Sicherheitsbedürfnis der Bundesdeutschen in den fünfziger Jahren. Seine Linie der Anlehnung an die USA und die übrigen Westmächte war klar erkennbar und eindeutig definiert. Die Opposition hatte es schwer, differenzierende Argumente vorzubringen. Da die SPD selber klar für den Westen optiert hatte, war es für sie nicht einfach, begreiflich zu machen, warum man mit der Westintegration warten solle, um mit den Sowjets zu verhandeln. Wenn die Opposition verlangte, mit den Sowjets zu verhandeln, ihre Gesprächsbereitschaft auszuloten, war es leicht, sie mangelnder Grundsatztreue zu verdächtigen. Wenn sie die Westintegration wegen gesamtdeutscher Bedenken nicht akzeptierte, wurde sie der subjektiven oder doch der objektiven Komplizenschaft verdächtigt. In Wahlkämpfen wurde das sehr einfach zugespitzt: »Alle Wege des Sozialismus führen nach Moskau«, lautete ein zentrales Wahlplakat 1953, auf dem ein diabolisches Gesicht den Betrachter ansah. 1953 behauptete Adenauer nicht nur, eine SPD-Regierung sei der »Untergang Deutschlands«, sondern zusätzlich, die SPD werde von der DDR finanziert. Nach der gewonnenen Wahl nahm er die Behauptung zurück. Sie hatte ihre Wirkung getan. Es war eine Assoziation des äußeren Feindes mit dem inneren Gegner erzeugt worden, die diesen unter Verdacht stellte, nicht zuverlässig zu sein.

Die SPD beharrte immer wieder auf dem absoluten Vorrang der Wiedervereinigung. Europäische Strukturen, denen sie prinzipiell positiv gegenüberstand, sollten erst geschaffen werden, wenn Deutschland wiedervereinigt sei. Die Forderung nach der staatlichen Einheit sollte, wie Herbert Wehner 1953 ausführte, »bestimmend für jeden Schritt und jede Maßnahme der deutschen Politik« sein.[6] Das war nicht wie bei der Regierung Adenauer als »höchstes« oder »oberstes« Ziel gemeint[7], zu dem man sich bekannte, sondern sollte auch in zeitlicher Reihenfolge gelten. Noch in seinem letzten Interview 1952 faßte Schumacher diese Priorität zusammen:

»Die Teilung Deutschlands ist die größte Stärke der sowjetischen Außenpolitik. Nach Auffassung der Sozialdemokratie ist die Wiedervereinigung Deutschlands dringender und wichtiger für den Frieden als die Konstruierung Europas, als jede Form der Integration eines Teils von Deutschland mit anderen europäischen Ländern.«[8]

In den großen Debatten im Bundestag um die Wiederbewaffnung und die militärische Integration in den westlichen Block, die in der Öffentlichkeit tiefen Eindruck hinterließen, warnte die SPD vor einer Festlegung gegen die Sowjetunion, bevor die Möglichkeiten einer Wiedervereinigung in Verhandlungen geprüft seien. Die SPD unterschied scharf zwischen der Zugehörigkeit zur westlichen Welt in kultureller, geistiger, politischer und wirtschaftlicher Hinsicht, für die sie sich im Einklang mit ihrer Tradition aussprach, und der militärischen Westintegration, die sie im Hinblick auf die Wiedervereinigung für verhängnisvoll hielt.[9] Ihr positives Beispiel für diese Möglichkeit war Schweden, das von seiner Struktur her in jeder Beziehung ein freiheitlich-westlicher Staat war, in militärischer Hinsicht aber neutral blieb. Einen derartigen Status strebte sie für ein wiedervereinigtes Deutschland an.

Der Anknüpfungspunkt für diese Möglichkeit waren die beiden Noten der sowjetischen Regierung von 1952 und 1955, in denen Verhandlungen über ein wiedervereinigtes Deutschland angeboten wurden, das außerhalb der militärischen Bündnisse blieb. Im Gegensatz zur Regierung wollte die SPD mit dem Vertragsabschluß zur militärischen Westintegration warten, bis die Möglichkeit von Verhandlungen ausgeschöpft sei. Ihr Grundgedanke bezog sich auf ein kollektives europäisches Sicherheitssystem mit vertraglicher Garantie durch die USA und die UdSSR, in dem das wiedervereinigte Deutschland einen unabhängigen Status außerhalb der Militärblöcke erhalten, gleichzeitig aber auf einem freiheitlich-demokratischen System in voller Selbstbestimmung beruhen sollte. Auf diese Weise sollte die Demokratie westlichen Zuschnitts für ganz Deutschland gesichert, gleichzeitig aber den Sicherheitsinteressen der Sowjetunion Rechnung getragen werden – ein Kompromiß ähnlich demjenigen, der 1955 für Österreich zustande kam.

Die Debatte um Westintegration und Wiedervereinigung fand in der Bevölkerung breite Resonanz. Sie führte zur Polarisierung der Meinungen innerhalb des demokratischen Parteienspektrums. Noch größer war die emotionale Bewegung bei der Diskussion um die Wiederbewaffnung, die mit der Westintegration verbunden war. Zweimal konnte die SPD zusammen mit den Gewerkschaften, evangelischen Kreisen und auch FDP-Angehörigen die Bevölkerung in großen Kundgebungs- und Demonstrationswellen mobilisieren: einmal in der »Paulskirchen-Bewegung« 1955 gegen die Wiederaufrüstung, ein zweites Mal in der Bewegung »Kampf dem

Atomtod« 1957/1958.[10] Beide Male wurden Menschen über die Parteimitgliedschaft hinaus einbezogen, die öffentliche Meinung stark polarisiert und ein nachhaltiger Eindruck auf die öffentliche Meinung erzielt. Trotz aller Anstrengungen blieben beide Bewegungen letztlich erfolglos. Die Pariser Verträge wurden am 27. Februar 1955 verabschiedet. Die atomare Aufrüstung der Bundeswehr kam zwar wegen der Bedenken der westlichen Regierungen nicht zustande, die deutschen Streitkräfte wurden aber um 1960 mit Trägersystemen ausgerüstet, die für Atomwaffen geeignet waren. Die Sprengköpfe blieben, das ist die Abgrenzung bis heute, in amerikanischer Hand. Zugleich wurde die Militärdoktrin der NATO so umgestaltet, daß Atomwaffen Bestandteil jeder militärischen Planung, auch der »taktischen« auf unterer Ebene, sind. Nachdem die Entscheidung gefallen war, flaute die Protestbewegung ab.

Nach diesen Höhepunkten der Aktivität gegen die Wiederaufrüstung machte die SPD Ende der fünfziger Jahre noch einmal einen vergeblichen Versuch, die Teilung Deutschlands zu überwinden. In ihrem »Deutschlandplan« von 1959 entwickelte sie die Idee einer schrittweisen Verklammerung der beiden Teile Deutschlands bis hin zur Wiedervereinigung. Dieser »Deutschlandplan« verzichtete auf die bisherige westliche Forderung nach freien Wahlen zu Beginn des Wiedervereinigungsprozesses, um damit dem Prestige- und Sicherheitsinteresse der östlichen Seite entgegenzukommen. Andrerseits sollte der Plan gerade mit dem Element des Abzugs aller ausländischen Truppen aus Deutschland die Sicherheit schaffen, daß sich die Demokratie in ganz Deutschland durchsetzen könne. Allerdings zeigte sich, daß die historische Entwicklung an derartigen Gedanken vorbeigegangen war. Die Sowjetführung erklärte den SPD-Abgeordneten Fritz Erler und Carlo Schmid bei deren Moskaubesuch 1959, sie sei ebenso wie der Westen nicht mehr an einer Wiedervereinigung interessiert. Sie verwies vielmehr auf die DDR und deren Selbständigkeit. Die SPD stand insofern mit ihrem »Deutschlandplan« zwischen den Fronten; außerdem war ihr politischer Einfluß zu gering, um Weichen stellen zu können.[11]

Erler brachte dieses Dilemma in der Formulierung zum Ausdruck, es gelte nicht recht zu haben, sondern recht zu bekommen.[12] Zwar hatte Adenauers Politik die Wiedervereinigung nicht erwirkt, die Opposition konnte davon aber politisch nicht profitieren. Zwar kam es 1958 im Bundestag zu einer harten Abrechnung Heinemanns und Dehlers mit der Wiedervereinigungspolitik Adenauers, in der die Regierung schlecht abschnitt[13], an den politischen Machtverhältnissen und Ergebnissen änderte das aber nichts.

Die SPD hatte Schwierigkeiten, ihre Bedenken verständlich zu machen. Die CDU-Politik der Westintegration war ja in der Tat eine konsequente Fortsetzung von Schumachers »Magnet-Theorie«. Sie erfüllte die materiellen und moralischen Bedürfnisse der Bevölkerung, die insbesondere den wirtschaftlichen Aufschwung und die Eingliederung in den Westen, welche die Deutschen aus ihrer Paria-Stellung erlöste, glücklich akzeptierte. Plausible Alternativen waren nicht vorzeigbar, und jede Erwähnung eines Kompromisses mit der UdSSR erweckte im antikommunistischen Klima der fünfziger Jahre, jedoch auch aus nüchternen realpolitischen Gründen Verdacht. Die sozialdemokratische Haltung repräsentierte ein »Ja-aber«, das nicht überzeugte. Die überwältigenden Wahlerfolge des »demagogischen Patriarchen« (Augstein) fanden ihre Erklärung in dem »elementaren Wunsch, nicht mehr zwischen zwei Feuern leben zu müssen«[14], im Sicherheitsbedürfnis der Deutschen. Adenauers »Wiedervereinigungs-Rhetorik«[15] täuschte über die tatsächliche Entscheidung zur Teilung, den fehlenden Willen zu irgendwelchen, in der Tat nicht überschaubaren Risiken im Interesse der 17 Millionen »Brüder und Schwestern im Osten« hinweg. Die Rhetorik erwies sich daher als funktional für den politischen Erfolg, denn sie kam dem ideologischen Bedürfnis der Bevölkerung entgegen, sie harmonisierte das Sicherheitsinteresse und den Wunsch nach einer besseren westlich-europäischen Identität mit dem hergebrachten Nationalbewußtsein, das trotz der »Schwächung des nationalen Lebenswillens der Deutschen«[16] nach 1945 durchaus noch vorhanden war. Wiedervereinigung war nur ein Fernziel, aus der konkreten Zweck-Mittel-Bestimmung der bundesdeutschen Außenpolitik wurde sie ausgeblendet. In der praktischen Politik der Adenauer-Regierung »war sie im besten Fall eine sekundäre Angelegenheit, über deren Modalitäten sowieso nicht gesprochen wurde«.[17]

10.3. Dogmatisierung der westdeutschen Außenpolitik

Diese Politik der »Staatsräson« der Bundesrepublik, des »sacro egoismo« des neu entstandenen Weststaates[18] und seiner Bewohner führte in der Folge zu einem paradoxen Ergebnis. Im Gegensatz zu Machiavellis Rezept über den Gebrauch von Täuschung und Ideologie glauben gerade demokratische Politiker häufig an ihre eigene Propaganda, und zwar um so mehr, je länger sie sie betreiben. Zwei Tage nach dem NATO-Beitritt der Bundesrepublik 1955 hatte Adenauer gesagt: »Wir sitzen nun im stärksten Bündnis der Geschichte. Es wird uns die Wiedervereinigung bringen.«[19] Die »westliche Autosuggestion«[20] eines »roll back« der Sowjetunion auf ihre Vorkriegsgrenzen oder sogar die Beseitigung des »unmoralischen« kommunistischen Systems insgesamt verfestigte sich in der Bundesrepublik zu einer verbreiteten Integrationsideologie, die schrittweise die Außenpolitik des Landes immer mehr bestimmte, seine Beziehungen zu den westlichen Partnern negativ berührte und schließlich in eine juristische Selbstfesselung der Außenpolitik ausartete.

Als 1955 mit der NATO-Mitgliedschaft der Bundesrepublik und der Einbeziehung der DDR in den Warschauer Pakt die Konsolidierung der Machtblöcke in Europa beendet war, begann der »Kalte Krieg« abzuflauen. Zwar beharrte die Bundesrepublik auf der Lösung der »deutschen Frage« nach ihren Vorstellungen, ehe man über Abrüstung sprechen könne. Aber da die Sowjetunion so lange nuklear aufrüstete, bis es Ende der fünfziger Jahre zu einem »Gleichgewicht des Schreckens« kam und der Westen wegen der Konzentration auf Atomwaffen bei den Bodentruppen in Europa schwächer war als die Gegenseite, hatte sich die Hoffnung auf ein Verhandeln aus einer »Position der Stärke« in ihr Gegenteil verkehrt. Über das allseitige Interesse an Abrüstung im Zeichen des atomaren Patts hinaus hatte der Westen auch noch andere Wünsche, die die UdSSR befriedigen konnte. 1954 wurde der französische Indochina-Krieg mit einem Friedensschluß beendet, in dem Frankreich trotz seiner schweren Niederlage in Dien Bien Phu das Gesicht wahren konnte. 1955 kam es zum Abschluß des österreichischen Staatsvertrages, zur Neutralisierung des Landes und zum Abzug aller Besatzungstruppen. Die Gipfelkonferenz von 1955 in Genf, die erste seit der Potsdamer Konferenz 1945, endete zwar ohne Ergebnis, eröffnete aber eine neue Tradition des Umgangs zwischen den Spitzenpolitikern in freundlichen Formen, die während der Zuspitzung des »Kalten Krieges« unbekannt gewesen war.

Die Bundesrepublik nahm an dieser Entspannung in geringem Maße teil. Sie tauschte 1955 Botschafter mit der UdSSR aus. Im Sinn des Alleinvertretungsanspruchs war das problematisch, denn in Moskau residierten fortab zwei deutsche Botschafter. Adenauer entschloß sich, diese Bedenken zu übergehen, auch im Interesse der Rückführung von mehr als 30000 Kriegsgefangenen und Internierten, die sich noch in der Sowjetunion befanden. Um der Anerkennung der DDR als eines zweiten deutschen Staates entgegenzutreten, wurde die »Hallstein-Doktrin« entwickelt, nach der Bonn nur mit jenen Staaten diplomatische Beziehungen unterhalten wollte, die nicht die DDR anerkannten. Die Bundesrepublik wurde dadurch erpreßbar, vor allem von seiten der sich in den folgenden Jahren mehr und mehr befreienden »Dritten Welt«. Entwicklungshilfe geriet weithin zu einer Fortsetzung der innerdeutschen Auseinandersetzung mit finanziellen Geschenken. Um glaubwürdig zu bleiben, brach die Bundesrepublik 1957 die Beziehungen zu Jugoslawien ab, als es im Zuge der Aussöhnung mit Moskau die DDR anerkannte. Hier war die DDR bis zur Wiederaufnahme diplomatischer Beziehungen im Jahr 1968 als einziger deutscher Staat vertreten. Ähnliches galt für die Ostblockstaaten.

Die Regierung Eisenhower, die 1952 mit der Parole des »roll back« gegen den Kommunismus gewählt worden war, hatte Mitte der fünfziger Jahre keine Schwierigkeiten, sich umzustellen.[21] Eisenhower, der im Schatten dieser Wahlkampagne endlich die Gelegenheit fand, Eiferer wie McCarthy auszuschalten, profilierte sich als Friedenspräsident, der den Krieg in Korea beendet hatte. Er konnte die Truppenstärke entscheidend reduzieren und sich mit dem »Geist von Genf« und dem »Geist von Camp David« identifizieren, mit der Perspektive einer Ost-West-Verständigung. Das gleiche ergab sich in Großbritannien, dessen konservative Regierung bestrebt war, als Vermittler hervorzutreten, und in Frankreich, das mit seiner Verständigungspolitik hoffte, die Sowjets aus seinen Kolonialkriegen herauszuhalten. Die Bundesrepublik geriet in die Rolle eines Störenfrieds in der Ost-West-Verständigung, auf den sich die östliche Propaganda konzentrierte; eine Propaganda, die durchaus auf Verständnis im Westen stoßen konnte. Die Erinnerung an den Zweiten Weltkrieg war noch frisch und gerade in diesen Jahren machten immer wieder Enthüllungen über ehemalige Nationalsozialisten in führenden Positionen des öffentlichen Lebens der Bundesrepublik Schlagzeilen.

Im Gegensatz zu der neuen Beweglichkeit, die international seit Mitte der fünfziger Jahre die Ost-West-Beziehungen prägte, dogmatisierte die Bundesregierung ihre Politik. Mit ihrer Weigerung, das sowjetische Wiedervereinigungsangebot auf seine Ernsthaftigkeit zu prüfen, hatte sie ihre »gesamtdeutsche Unschuld« verloren.[22] Obwohl die westlichen Verbündeten aufgrund von Adenauer-Äußerungen zunächst den Eindruck gehabt hatten, die Wiedervereinigung sei für ihn eher ein Lippenbekenntnis, zu dem sich dann auch die Westmächte bereit fanden, versuchte die Bundesrepublik mehr als ein Jahrzehnt, die Fakten zu ignorieren, die sie selber mitgeschaffen hatte. Die Wiedervereinigung auf der Grundlage völliger Freiheit für den neuentstehenden Staat blieb ihr Hauptdogma, ohne daß sie versucht hatte, es an der Realität zu überprüfen und auf die Interessen der Sowjetunion einzugehen.

Obwohl die deutsch-polnische Grenze an der Oder und Neiße immer länger bestand, wurde die Rückgewinnung der Ostgrenze von 1937 nicht in Frage gestellt, sondern im Innern durch Propagandakampagnen bekräftigt. Hier fanden auch die Kritiker von Adenauers Westintegration wie der gesamtdeutsche Minister Kaiser ein Betätigungsfeld, das ihnen offenstand. Kaiser wurde Begründer des »Kuratoriums Unteilbares Deutschland«, das seit 1954 überparteiliche Aktionen durchführte, die sich aber auf bekenntnishafte Appelle beschränkten, ohne etwa Machbarkeitsfragen zu stellen. Unter dem Motto »Verzicht ist Verrat« wurde den Vertriebenen immer wieder versprochen, sie könnten einst wieder in ihre Heimat zurückkehren – eine Aussicht, die von keiner westlichen Regierung ernsthaft unterstützt wurde. Die Westmächte hatten sich auch nur verbal zu der Position bereitgefunden, die deutsch-polnische Grenze könne erst in einem Friedensvertrag endgültig geregelt werden. Mit dem Beharren auf der Forderung nach der Wiederherstellung der alten Grenzen und entsprechenden Erklärungen auf Sudetendeutschen Tagen leistete man andrerseits einen Beitrag zur Integration des Ostblocks, und man entwertete den Wunsch nach Wiedervereinigung mit der DDR.

In den Gründungsjahren der Bundesrepublik waren gelegentlich noch Beziehungen mit der DDR geknüpft worden. Bundespräsident Heuss hatte – ohne von seiner generellen Position abzurücken – den DDR-Präsidenten Wilhelm Pieck in einem Schreiben mit »Präsident« tituliert, Bundestagspräsident Ehlers eine Volkskammer-Delegation empfangen, Adenauer in Moskau das Wort »DDR« in den Mund genommen, Finanzminister Schäffer (CSU)

Gespräche in Ostberlin geführt. In der zweiten Hälfte der fünfziger Jahre war all das unmöglich geworden. Die Nichtanerkennung der DDR wurde Dogma und Kriterium aller Politik – eine Politik ohne Perspektive.

Auch die militärische Dimension, die in Adenauers Konzeption der Westintegration zunächst noch in einer sinnvollen Zweck-Mittel-Perspektive gestanden hatte, um die Souveränität wiederzugewinnen, erhielt ein prinzipielles Eigengewicht. Mit neuen amerikanischen Konzeptionen, welche die Truppenstärke verminderten und stärker auf atomare Bewaffnung setzten (eine insgesamt auch billigere Strategie), wurde in der Bundesrepublik die Forderung nach »gleichberechtigter« Bewaffnung laut, die der bisherigen Selbstverpflichtung, auf ABC-Waffen zu verzichten, widersprach. Für den Osten war das ein neues Schreckgespenst. Aber auch im Westen war niemand bereit, den Deutschen Atomwaffen zuzugestehen. Die amerikanische Regierung versuchte in den folgenden Jahren, durch den Plan einer multilateralen schwimmenden Atomflotte den deutschen Ehrgeiz aufzufangen. Sicherlich hatten die deutschen Politiker, unter denen sich Verteidigungsminister Franz-Josef Strauß besonders hervortat, Großbritannien und Frankreich vor Augen, die in diesen Jahren ihre Atombewaffnung weiterentwickelten oder schufen.

Mit der ursprünglichen Idee der Europa- und Westintegration hatte dieses Konzept aber nichts mehr zu tun. Wenn Krieg ohnehin nicht mehr führbar war, wurde man durch die nationale Atombewaffnung nicht stärker. Und die Niederlage von 1945 hätte eigentlich die Einsicht ermöglichen können, sich nicht mehr als Großmacht zu begreifen, was auch die anderen westeuropäischen Länder real nicht mehr waren. Statt dessen verschüttete Bonn in diesen Jahren Verständigungsmöglichkeiten, nach denen es später suchen sollte. Der polnische Vorschlag einer atomwaffenfreien Zone in Mitteleuropa, der Rapacki-Plan, der sicherlich mit der UdSSR abgestimmt war, aber auch ein polnisches Eigeninteresse zum Ausdruck brachte, wurde rigoros abgelehnt. Westliche Vorschläge in ähnlicher Richtung – z.B. der Kennan-Plan, der noch einmal ein militärisches Disengagement befürwortete, und der Eden-Plan, der wie Rapacki atomwaffenfreie Zonen vorsah – wurden behindert. Zum einen gab es ein grundsätzliches Mißtrauen gegen jede Art von spezieller Behandlung Deutschlands, hinter der man immer das Gespenst der Neutralisierung zu erkennen glaubte.

Zum anderen wollte die Regierung Adenauer Abrüstungsverhandlungen nur in Verbindung mit einer Lösung der deutschen Frage zustimmen. Sie begann sogar, Großmachtillusionen zu kultivieren.[23] Die bundesdeutsche Position blieb steril; die Bundesrepublik geriet in die Gefahr, sich zu isolieren.

10.4. Sowjetische Berlin-Offensive und deutsche Desillusionierung

Bei der nun folgenden Offensive der Sowjetunion, die schließlich mit dem Bau der »Berliner Mauer« 1961 endete, wurde diese Isolierung in gefährlicher Weise spürbar. Berlin war die offene Flanke der DDR. Innerhalb der Stadt bestand die Möglichkeit der Flucht aus der DDR, die gerade junge, gut ausgebildete Menschen in großem Ausmaß nutzten. Für die DDR-Bürger war Berlin ein »Schaufenster« des Westens, bei dessen Besuch sie sich ihrer deprimierenden Lage immer wieder bewußt werden konnten. Zugleich blieb Berlin aber der Punkt, an dem der Westen trotz des Erfolgs der Luftbrücke am angreifbarsten war. Die Zufahrtswege führten durch die DDR, eine Verteidigung der Stadt war militärisch nicht möglich. Nachdem vielfache Entspannungsversuche und auch Kontakte mit der Bundesrepublik der Sowjetunion keinen Erfolg gebracht hatten, entschloß sich die Sowjetunion, in der seit 1958 Chruschtschow allein dominierte, zu offensivem Vorgehen.

Im November 1958 teilte die Sowjetunion den Westmächten mit, sie werde innerhalb von sechs Monaten ihre Befugnisse in Berlin auf die DDR übertragen, wenn bis dahin keine Vereinbarung über einen neuen Status der Stadt zustandekomme. Berlin sollte nach Chruschtschows Vorstellungen den Status einer freien entmilitarisierten Stadt erhalten, die Westmächte ihre Truppen abziehen. Später variierte er diese Forderung: Nun erklärte er sich mit dem Bleiben kleiner westlicher Garnisonen einverstanden und wollte ihnen sowjetische Streitkräfte hinzufügen. An die Stelle eines Viermächtestatus für ganz Berlin sollte der Viermächtestatus für West-Berlin treten. Die DDR, auf deren Territorium Berlin nach sowjetischer Auffassung lag, sollte die Zugangswege kontrollieren.

Obwohl die Sowjetunion die meisten dieser Ziele nicht durchsetzte, ging sie mit ihren Forderungen zur Offensive über. Selbst der antikommunistisch profilierte Außenminister Dulles sprach bald davon, man könne DDR-Kontrolleure auf den Zugangswegen als Beauftragte der UdSSR ansehen und sich von ihnen kontrollieren lassen (»Agententheorie«).[24] Aus Sicht der Bundesregierung war das ein gefährlicher erster Schritt zur Anerkennung. 1959 gestand Präsident Eisenhower in einem Kommuniqué zu, der Zustand in Berlin sei »anormal«. Die Diskussion um die deutsche Frage, um die Wiedervereinigung, war beendet. Die Bundesregierung war nun damit beschäftigt, mit allen Mitteln für die Aufrechterhaltung des Status quo in Berlin einzutreten. Militärisch war der Westen in Europa zu dieser Zeit dem Ostblock nicht mehr überlegen, mag Chruschtschow auch mit noch nicht einsatzfähigen Raketen geblufft haben.[25] Ergebnis der »Politik der Stärke« war die Schwäche des Westens, welcher der sowjetischen Offensive keine Konzeption entgegenzusetzen hatte, uneinig war und hinhaltend taktierte.

Berlin hatte auf Adenauers Prioritätenliste in den ersten Jahren keine Rolle gespielt. Noch als Bundeskanzler schockierte er amerikanische Gesprächspartner mit dem Vorschlag, dort eine besondere Währung einzuführen.[26] Die Stadt wäre dann ökonomisch abgeschnitten gewesen. In den folgenden Jahren sprach sich Adenauer erfolgreich gegen Versuche aus, Berlin voll zum Bestandteil der Bundesrepublik zu machen und Hauptstadtfunktionen dorthin zu verlegen. Die östliche Seite hätte in den ersten Jahren dagegen noch nichts einzuwenden gehabt.

Im Parlamentarischen Rat hatte die KPD sogar demonstrativ den Antrag gestellt, Berlin solle Hauptstadt der Bundesrepublik werden. Nun aber wurde die Stadt ihm, wie auch seine Memoiren zeigen, als Bollwerk gegen den Osten wichtig, das aus prinzipiellen Gründen »gehalten« werden mußte.

Die Berlin-Krise mit ihren ständigen östlichen Schikanen, welche die Lebensfähigkeit und Zuversicht der Stadt lange beeinträchtigten, wurde am 13. August 1961 vorläufig abgeschlossen. Die DDR-Regierung isolierte an diesem Tag West-Berlin und begann in den folgenden Tagen mit dem Bau der »Mauer«. Westliche Proteste folgten erst nach einigen Tagen und blieben formal. Im Gegenteil: Im Westen war vielfach Erleichterung zu spüren, denn die östliche Seite hatte sich damit auf eine Verfestigung des territorialen Status quo beschränkt und eine kriegerische Verwicklung vermieden. Das reichte aus, um die Lage in der DDR zu stabilisieren, die Flucht ihrer Bürger zu verhindern. Zwar kann ein Nachweis, es habe vor dem Mauerbau eine Absprache zwischen den Westmächten und der Sowjetunion über die Schließung der Grenze zwischen Ost- und Westberlin gegeben, nicht geführt werden; in wichtigen diplomatischen Dokumenten sind einzelne relevante Stellen unkenntlich gemacht.[27] Entscheidend ist jedoch auch eher das Einvernehmen, mit dem sich jede Seite auf ihr Territorium beschränkte. Der Viermächtestatus Berlins wurde damit immer stärker ausgehöhlt. Die Teilung Deutschlands war vollendet.

Adenauer setzte nach dem Mauerbau seinen Wahlkampf für die Bundestagswahl 1961 fort, als sei nichts geschehen. Er scheute sich in dieser Situation auch nicht, den SPD-Kanzlerkandidaten und Berliner Regierenden Bürgermeister Brandt in persönlich herabsetzender Weise anzugreifen (mit der Bemerkung »Brandt alias Frahm« spielte er auf die Emigration Brandts nach Norwegen während des »Dritten Reichs« an), was diesem in der Öffentlichkeit jedoch eher Sympathien brachte. Nach einem Gespräch mit dem sowjetischen Botschafter am 16. August 1961 versicherte der Bundeskanzler, die Bundesrepublik werde die Beziehungen mit der Sowjetunion nicht erschweren oder die internationale Lage verschärfen.[28] Die Bundesregierung hatte zwar auf die »Politik der Stärke« gesetzt und diesen Konflikt innenpolitisch genutzt. In einer Situation wirklicher sowjetischer Aggressivität und Verschlechterung deutscher Lebensinteressen, bemühte sich Adenauer jedoch, ihn zu verharmlosen, um unbedachte Reaktionen zu vermeiden.

Die deutsche Öffentlichkeit, die bis dahin im antikommunistischen Konsens mit der Bundesregierung verharrt hatte, in der Befürworter von Verhandlungen eines Interessenausgleichs mit dem Osten immer Außenseiter geblieben waren, war schockiert. Die »Stunde der großen Desillusion« sei gekommen, notierte der CDU/CSU-Fraktionsvorsitzende Krone in seinem Tagebuch.[29] Trotz der moralischen Niederlage im Wettbewerb um die deutsche Bevölkerung, welche die DDR und UdSSR mit dem Mauerbau eingestanden, war sichtbar, daß in Deutschland kein Weg an der Machtposition der Sowjetunion vorbeiführen werde, die sie im Zweiten Weltkrieg erreicht hatte. Obwohl das außenpolitische Umdenken seither begann, sollte es noch acht Jahre dauern, bis sich die Bundesrepublik auf die reale Weltlage einstellte.

1961 hatten der ehemalige Militärgouverneur Clay, vom amerikanischen Präsidenten symbolisch nach Berlin entsandt, und der ehemalige Hohe Kommissar McCloy intern der Bundesregierung geraten, die DDR und die Oder-Neiße-Linie anzuerkennen, sich mit dieser Realität abzufinden. Aus innenpolitischen Gründen glaubte man jedoch in Bonn, das noch nicht tun zu können. Krone nahm in seinem Tagebuch dazu auf die von Rechtsradikalen 1921 verübte Ermordung des Zentrumspolitikers Erzberger, der die Annahme der im Versailler Vertrag festgelegten Gebietsverluste Deutschlands befürwortet hatte, und auf den Untergang der Weimarer Republik Bezug.[30] Er spielte damit auf die Dolchstoßlegende an, mit der die Rechtsradikalen die Weimarer Republik bekämpft hatten. Der Antikommunismus war so tief in die Mentalität der Bundesrepublik eingegraben, daß die Regierung sich scheute, der Bevölkerung die Realität zuzumuten. Diese Lebenslüge der Bundesregierung, mit dem Anschluß an den Westen die Folgen des Zweiten Weltkriegs beseitigen zu können, verhinderte den Übergang zu einer Außenpolitik, die den Interessen der Bundesrepublik angemessen war.

11. Integration und Opposition in Adenauers Kanzlerdemokratie

11.1 Adenauers autoritärer Regierungsstil und die CDU

Als ein Motiv seiner Entscheidung für eine Koalition mit den kleinen Rechtsparteien (FDP, DP) und gegen eine Große Koalition mit der SPD hat Adenauer 1949 angeführt, es werde sonst keine »kraftvolle Opposition« im Parlament geben. Es bestehe dann die Gefahr, daß sich erneut eine Opposition »auf nationaler Basis« entwickle, »die durch nationalistische Demagogie dem neuen Staatswesen gefährlich werden könnte. Bei der SPD bestand in meinen Augen nicht die Gefahr einer nationalistischen Opposition.«[1]

Die Chance des legitimen Parteienkonflikts in der zweiten deutschen Republik lag nach diesem Konzept darin, politische Loyalität zu binden. In der Tat fand die politische Konfrontation in der prägenden Gründungsperiode der Bundesrepublik zwischen den beiden großen demokratischen Parteien statt. Sie war von großer politischer Radikalität, bis hin zu ungehemmter Feindseligkeit und Diffamierung im Wahlkampf. Die Auseinandersetzung schloß die großen strittigen Themen der Zeit ein: Den Wählern wurden jeweils gegensätzliche Konzepte für die außenpolitische Orientierung, die Möglichkeit einer Wiedervereinigung, die Wiederbewaffnung und die Wirtschaftsordnung präsentiert. Die Alternativen ließen sich auf einfache Pro- und Contra-Formeln reduzieren und waren stark personalisiert: hier die Vaterfigur Adenauer, der Stabilität und Westbindung verkörperte, zusätzlich der »Vater des Wirtschaftswunders« Erhard; dort zunächst der charismatische, leidenschaftlich für die deutsche Gleichberechtigung eintretende SPD-Vorsitzende Schumacher, seit dessen Tod 1952 der innerhalb seiner Partei populäre, aber eher biedere Ollenhauer. Damit waren, wenn man auch den wirtschaftlichen Aufschwung einbezieht, Bedingungen geschaffen, welche die Integrationsmechanismen der Konkurrenzdemokratie optimal wirken ließen.

Die SPD hat die direkte Konfrontation ebenso wie Adenauers CDU immer wieder leidenschaftlich betrieben. Von Schumachers Absage an eine Große Koalition 1949 über die zentrale Wahlaussage von 1953 »Statt Adenauer Ollenhauer«, die den in der Öffentlichkeit wenig populären SPD-Vorsitzenden dem Bundeskanzler gegenüberstellte, bis hin zu breiten außerparlamentarischen Mobilisierungskampagnen gegen Wiederaufrüstung und Atombewaffnung verkörperte sie die Herausforderung, gegenüber der sich die Regierungskoalition zusammenschloß. Während die SPD auf Landes- und Kommunalebene der CDU in etwa ebenbürtig blieb, verlor sie in der Bundespolitik gerade durch diese Konfrontation, in der die Regierung die einfacheren, eindeutigen Antworten und die zugkräftigeren Persönlichkeiten besaß, jede Chance. Sie eröffnete aber damit der Regierung Adenauer die Möglichkeit, integrativ zu wirken und die politische Loyalität auch derer zu absorbieren, die vor 1933 rechtsradikalen Parteien den Vorzug gegeben hatten. Diese Entwicklung und auch die Chancenlosigkeit dritter Kräfte sollen im einzelnen noch erörtert werden.

Mit »unverfrorener Schläue« und in »unnachahmlicher Manier«[2] setzte Adenauer am Sonntag nach der Bundestagswahl von 1949 seine Kanzlerschaft und die bürgerliche Koalition durch, indem er einige sorgfältig ausgewählte CDU-Politiker in sein Rhöndorfer Haus einlud und mit ihnen Ad-hoc-Beschlüsse faßte, die publiziert wurden, um die noch nicht zusammengetretene Bundestagsfraktion der CDU/CSU festzulegen. Mit der CSU-Führung wurden spezielle Vereinbarungen getroffen. Den FDP-Vorsitzenden Theodor Heuss schlug Adenauer für das Präsidentenamt vor. Damit hatte die FDP das höchste Staatsamt gewonnen, ihr profiliertester

Vertreter schied aber aus der aktiven Politik aus. Sie erhielt sonst nur ein »klassisches« Ministerium: das für Justiz. Der linke CDU-Flügel wurde mit dem Arbeits- und dem einflußlosen Gesamtdeutschen Ministerium abgefunden. Wirtschaftsminister wurde Erhard, der schon große Popularität genoß, aufgrund der schwierigen wirtschaftlichen Lage einstweilen aber noch nicht uneingeschränkt als »Aktivposten« gelten konnte. Finanzminister wurde Fritz Schäffer, der ehemalige Vorsitzende der Bayerischen Volkspartei, Innenminister der Präses der Synode der Evangelischen Kirche, Gustav Heinemann, der den evangelischen Teil der CDU repräsentieren sollte. Im übrigen überging Adenauer die bekannten CDU-Politiker in den Ländern. Die führenden Posten im Regierungsapparat wurden, soweit keine Koalitionspartner berücksichtigt werden mußten, an enge Vertraute vergeben. Die Gründung der CDU als Bundespartei wurde noch einmal um ein Jahr bis Mai 1950 aufgeschoben, bis Adenauer sicher sein konnte, die Partei zu dominieren. Bis dahin blieb er Vorsitzender in der britischen Zone und zugleich im Rheinland, eine Position, von der aus er in die nordrhein-westfälische Landespolitik eingreifen konnte. Der Aufbau des neuen Regierungsapparates brachte die Möglichkeit weitreichender Protektion mit sich, mit Hilfe deren die Partei gesteuert werden konnte.[3]

In den folgenden Jahren wurden von Bonn aus die Parteispitzen in den Ländern der generellen politischen Linie angepaßt. In Nordrhein-Westfalen wurde Karl Arnold 1950 gezwungen, die Koalition mit der SPD aufzugeben und – nach einem vierjährigen Schwebezustand bis 1954 mit einer CDU-Zentrum-Regierung – das Bonner Modell der bürgerlichen Koalition nachzuahmen. Auch in anderen Bundesländern wurde entsprechender Druck ausgeübt. Überall sollte das Muster der Bonner Koalition imitiert werden. Die Landesvorsitzenden beugten sich entweder Adenauers Vorstellungen oder sie verloren ihren Einfluß, sie traten zurück oder wurden sogar aus der Partei ausgeschlossen – wie im Fall des hannoverschen Landesvorsitzenden Gereke, der schließlich als Pferdezüchter in der DDR lebte.[4]

Die CDU gewann eine neue Identität. Die Partei entwickelte keine eigene Programmatik, keine eigene politische Stoßrichtung, sondern sie wurde als »Wahlmaschine« aus dem Bundeskanzleramt gelenkt. Die zentralen politischen Gremien wurden von Adenauer selten einberufen und entsprechend vernachlässigt. Solange sie Re-

Frage: »Wann in diesem Jahrhundert ist es nach Ihrem Gefühl Deutschland am besten gegangen?«

— Gegenwart ····· Hitlerzeit – – – Weimarzeit –·–·– Kaiserreich

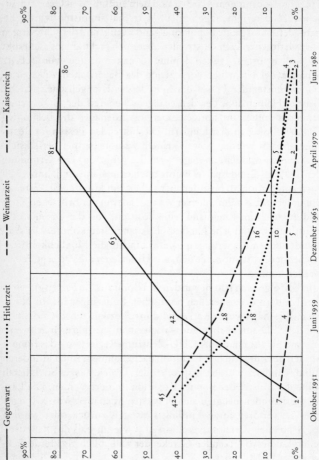

Quelle: Allensbacher Jahrbuch der Demoskopie 1978–1983, München 1981, 187.

Frage: »Welcher große Deutsche hat Ihrer Ansicht nach am meisten für Deutschland geleistet?«

—— Adenauer ⋯⋯⋯ Bismarck —·—·— Hitler ——— Friedrich der Große

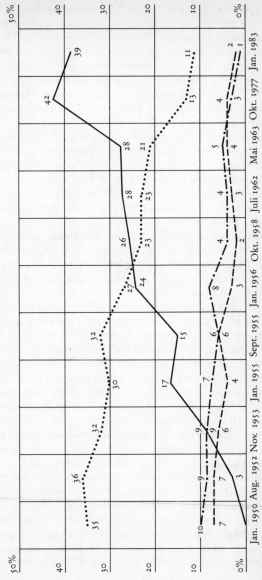

Jan. 1950 Aug. 1952 Nov. 1953 Jan. 1955 Sept. 1955 Jan. 1956 Okt. 1958 Juli 1962 Mai 1963 Okt. 1977 Jan. 1983

Quelle: Jahrbuch der öffentlichen Meinung 1958–1964, Allensbach 1965, 297; Allensbacher Jahrbuch der Demoskopie 1978–1983, München 1983, 185.

gierungspartei blieb, war die CDU ein Kanzlerwahlverein, in sich heterogen, aber um die zentralen Ideologien der Westbindung, des Antikommunismus und der Marktwirtschaft gruppiert.[5] Die CDU fungierte als umfassende bürgerliche Sammelpartei mit der Aufgabe, auch die ehemals nichtdemokratischen Wählerschichten zu integrieren. Die scharfe Frontstellung gegen die Sozialdemokratie und der Antikommunismus erleichterten das – in diesem Punkt war eine Kontinuität erhalten geblieben, die auch sozialstrukturell verankert war.

Schrittweise wurde bei dem überwiegenden Teil der bundesdeutschen Bevölkerung, insbesondere dem Bürgertum, eine neue politische Orientierung etabliert, welche die Bundesrepublik prägte. Die Meinungsforschung hat diesen Prozeß der Umorientierung sichtbar machen können, z. B. anhand der Frage nach dem Politiker, der am meisten für Deutschland geleistet habe. Adenauer wurde während der fünfziger Jahre allmählich zur Leitfigur, er verdrängte schließlich den historischen Nimbus Bismarcks, während Hitler, der bei der entsprechenden Umfrage 1950 noch 10% der Nennungen erhalten hatte, ins Bedeutungslose absank. Erhard konnte sich 1963 vorübergehend als zweite zeitgenössische Persönlichkeit nach Adenauer plazieren.

Eine vielfältige regierungsfinanzierte Public-Relations-Aktivität hatte die hier zum Ausdruck kommende Personalisierung unterstützt. Durch solche professionellen Werbekampagnen konnte auch die fehlende politische Dynamik der CDU/CSU ausgeglichen werden, die eher eine Honoratiorenpartei blieb und außerhalb der katholisch geprägten Regionen wenig präsent war. Regierungspropaganda betrieb u. a. die »Aktionsgemeinschaft Demokratischer Kreise« (ADK), eine bis 1966 agierende staatlich finanzierte Organisation. Das Bundespresseamt führte zahlreiche weitere derartige Programme durch, welche die Regierung absichern sollten und mit beträchtlichen Haushaltsmitteln, die vor dem Parlament nicht offengelegt wurden, finanziert wurden (»Reptilienfonds«). Nur heftige Proteste der deutschen Öffentlichkeit und der Einspruch des amerikanischen Hochkommissars McCloy verhinderten bei der Regierungsbildung 1953 die Einrichtung eines »Ministeriums für Presse und Volksaufklärung«. Die Verwendung der Geheimdienste in der Innenpolitik, u. a. zur Überwachung der Oppositionspolitiker, ergänzt dieses Bild. In solchen Bereichen können am ehesten Hinweise gefunden werden, die Löwensteins Charakterisierung der Adenauerschen Kanzlerdemokratie als »demo-autoritär« oder einen Buchtitel wie *Adenauer – Democratic Dictator* belegen.[6]

Das gilt auch für die unduldsame Politik gegenüber den Medien, obwohl diese überwiegend den Regierungskurs vertraten. Abweichende Kommentare verfolgte die Regierung immer wieder mit Beschwerden, die Bereitschaft, die Pluralität von Meinungen zu akzeptieren, war noch gering entwickelt. Nach Adenauers Ansicht sollte der Rundfunk ein »politisches Führungsmittel der jeweiligen Bundesregierung« sein.[7] Immerhin bewährten sich aber hier die Sicherungen, welche die Besatzungsmächte und die Verfassung geschaffen hatten. Als Adenauer 1960 zusammen mit seinem Finanzminister Schäffer das »Deutschland Fernsehen« als Regierungsinstrument gründen wollte, um das neue Medium vollkommen kontrollieren zu können, entschied das Verfassungsgericht auf Antrag des Landes Hessen gegen ihn.

Rundfunk blieb Ländersache. Die Aufsichtsgremien der Rundfunkanstalten mußten zugleich – so die vom Verfassungsgericht an diesem Beispiel entwickelte Doktrin – pluralistisch strukturiert sein.[8]

Dieses Prinzip war aber auf Landesebene vorher durchbrochen worden. Die CDU-Landesregierung von Nordrhein-Westfalen erzwang 1955 die Auflösung des unter dem Einfluß der britischen Besatzungsmacht gegründeten »Nordwestdeutschen Rundfunks« (NWDR) und seine Aufspaltung in den »Westdeutschen« und den »Norddeutschen Rundfunk«. Bei dieser Gelegenheit wurden die Aufsichtsgremien beider Anstalten ausschließlich mit Politikern besetzt, so daß sich in den Rundfunkräten Mehrheiten ergaben, die denen im Landtag entsprachen; die jeweilige Regierung konnte also faktisch die Personalpolitik »ihrer« Rundfunkanstalten kontrollieren. Erst in den siebziger Jahren wurde gegen diese Praxis erfolgreich vor den Gerichten geklagt. Nur langsam wuchs das Verständnis für die Pluralität der Meinungen in der Demokratie.

Diese vielfältigen Methoden interner und externer Einflußnahme zeigten ihre Wirkungen bei den nachfolgenden Bundestagswahlen, die ein Bild ungebrochener Erfolge bieten: Die CDU/CSU konnte die anderen Parteien immer souverän distanzieren, sie blieb auch nach dem Rückschlag von 1961 stärkste Partei und konnte 1965 mit der »Wahllokomotive« Erhard noch einmal Stimmen gewinnen (vgl. Tab. 1, S. 227). Vergleicht man aber die Landtagswahlergebnisse (vgl. Tab. 2, S. 229 ff.) und die Sympathiekurven der Meinungsumfragen, sind die Trends keineswegs so eindeutig. Wichtige Landtagswahlen wurden verloren, selbst Bayern wurde drei Jahre gegen die CSU regiert. In jeder Legislaturperiode lag die SPD in den Meinungsumfragen zeitweilig vor der CDU/CSU. Den Wahlkampagnen der CDU unter Führung Adenauers kam besondere Bedeutung zu. Die CDU/CSU operierte dabei nicht nur mit bedeutend größeren finanziellen Mitteln und mit professionellem Einsatz der in diesen Jahren entwickelten modernen Werbetechniken. Sie drängte die SPD auch in pauschaler Weise in die Nähe des Kommunismus.[9] Die Partei, die sich in der unmittelbaren Nachkriegszeit selber mit dem Begriff eines »christlichen Sozialismus« geschmückt hatte, erklärte Sozialismus zum Feindbegriff. Selbstverständlich war das Wahlkampftaktik, und Adenauer war der Unterschied zwischen Kommunisten und demokratischen Sozialisten durchaus bewußt.

In der Hauptsache beabsichtigte man damit, wie Adenauer ausführte, als er 1953 nach der Wahl seinen Vorwurf der Finanzierung der SPD durch die DDR zurückzog, dem Gegner Stimmen wegzunehmen. Für die Bevölkerung und die CDU-Anhängerschaft waren derart feine Unterschiede nicht unbedingt wahrzunehmen. Hier wurde im Gegenteil eine Mentalität verstärkt, die auf einem dichotomischen Weltbild aufbaute und daher weder auf demokratischen Wechsel noch auf außenpolitische Kompromisse vorbereitete.

11.2. Antikommunismus als Integrationsideologie

Auch die rigorose Bekämpfung der Kommunistischen Partei und ihr Verbot 1956 hatte mehr mit außen- und innenpolitischem Freund-Feind-Denken zu tun als mit realen Gefahren, die von ihr ausgegangen wären. Die KPD besaß weder in bezug auf Wahlergebnisse noch auf soziale Machtpositionen eine gesellschaftliche Durchsetzungsfähigkeit. Schon in der Nachkriegszeit hatte sie nicht an ihre Wahlerfolge in der Spätphase der Weimarer Republik anknüpfen können. Seit 1948 gingen ihre Stimmenanteile kontinuierlich zurück. Das positive Bild, das die Bundesrepublik im Vergleich zur DDR bot, ihre Abhängigkeit von der DDR-Führung und der Zwang, jede taktische Wende mitzuvollziehen, entzog der KPD die politische Grundlage. Schon bei den Bundestagswahlen von 1953 scheiterte sie mit 2,2 %. Als sie 1956 verboten wurde, war sie nur noch in den Landesparlamenten der beiden kleinsten Bundesländer Bremen und Saarland vertreten.

Seit 1950 bekämpfte die Regierung Adenauer die KPD und ihre Nebenorganisationen unter Ausnutzung aller rechtlichen und informellen Mittel. Die Mitgliedschaft in kommunistisch beeinflußten Organisationen wurde öffentlich Bediensteten untersagt, neue Straftatbestände wurden geschaffen, kommunistische Propaganda wurde mehr und mehr mit polizeilichen und wirtschaftlichen Mitteln unmöglich gemacht. Gegen Kommunisten wurden Zehntausende von politischen Prozessen geführt. Das nach fünfjährigem Prozeß ergangene Urteil des Bundesverfassungsgerichts über das Verbot der KPD löste wiederum umfangreiche strafrechtliche Verfolgungen aus. Über die KPD hinaus betraf die Verfolgung zugleich auch alles, was irgendwie mit der Partei in Zusammenhang gebracht werden konnte oder mit Verständigung mit den Ostblock-Staaten zu tun hatte. Die Diskreditierung des Kommunismus, zu der die Praxis der Sowjetunion und der DDR immer wieder beitrug, machte es möglich, im Antikommunismus eine funktionelle neue Identifikationsideologie zu finden. »Von diesem antikommunistischen Legitimationsmuster gingen starke integrative Wirkungen aus, die von dem SPD-Politiker Adolf Arndt mit der Freund-Feind-Orientierung des Antisemitismus früherer Jahrzehnte verglichen wurden.«[10] Als Übergangsideologie für die Bundesrepublik, die in die westliche Gesellschaft hineinwuchs, war der Antikommunismus hervorragend geeignet. In ihm konnte man sich mit den ehemaligen Kriegsgegnern, mit der Demokratie, den »westlichen Werten«, dem Christentum, dem »Abendland« identifizieren, die als positives Gegenbild fungierten. Auch wenn man während des »Dritten Reiches« unterschiedlichen politischen Lagern angehört hatte, war auf dieser ideologischen Grundlage eine Versöhnung möglich. Die große Menge der ehemaligen Nationalsozialisten und die noch größere Zahl der ehemaligen Antidemokraten konnte auf diese Weise allmählich eine neue positive Identifikation gewinnen, die aber häufig sehr partiell blieb. Nach dem Urteil der *Frankfurter Allgemeinen Zeitung* war es 1954 bei Bewerbungen eher eine Empfehlung, »PG« gewesen zu sein.[11]

Zur Stabilisierung nach innen trugen diese neue Dichotomisierung und die erfolgreiche Personalisierung zweifellos bei. Die politische Eingliederung breiter Schichten mit bisher nichtdemokratischer Orientierung gelang in bemerkenswertem Umfang. Die Eingliederung einer so großen Anzahl ehemaliger Nichtdemokraten, vorwiegend in bürgerlichen Kreisen und gesellschaftlich angesehenen Berufsgruppen (Ärzte, Lehrer, Verwaltungsbeamte, Richter), barg andererseits die Gefahr des Eindringens von undemokratischen Einflüssen.

Die Spitzenpolitiker der Anfangsjahre waren im allgemeinen nicht nationalsozialistisch belastet. Hier wirkte sich auch die Kontrolle der Alliierten von 1945 bis 1949 aus. Anders war es in der Bürokratie, die für Adenauers Regierungspraxis einen größeren Stellenwert hatte als seine Partei. Als Symbol kann der Chef des Bundeskanzleramtes Globke gelten. Er war der engste Mitarbeiter Adenauers, eine Schlüsselfigur bei der Besetzung der zentralen Regierungsstellen, der Koordinator der Arbeit der Bundesministerien und Vorgesetzte der Geheimdienste. Im »Dritten Reich« hatte er den offiziösen Kommentar zu den »Nürnberger Gesetzen«, fundamentalen antisemitischen Dokumenten, verfaßt – »um Schlimmeres zu verhüten«, versteht sich – und eine wichtige Schlüsselstellung im Reichsinnenministerium innegehabt. Globke, über dessen Position in den sechziger Jahren viel diskutiert wurde, war aber nur die »Spitze des Eisbergs« der Besetzung der neuen Bundesministerien mit Amtsträgern aus dem Apparat des »Dritten Reiches«.

Als die neuen Bundesministerien aufgebaut wurden, waren die Überprüfungen durch die Alliierten aufgegeben worden. Sozialdemokraten wurden wegen der harten innenpolitischen Frontstellung kaum eingestellt. Andrerseits erhielten aber alle ehemaligen Beamten des »Dritten Reiches«, mit Ausnahme der schwer belasteten, einen Rechtsanspruch auf Beschäftigung (Ausführungsgesetz zu Art. 131 GG). Alle Behörden hatten 20% der Stellen für diesen Zweck zu reservieren. Da die meisten früheren Spitzenbeamten von den Alliierten entlassen oder sogar vorübergehend verhaftet worden waren, standen sie 1949/50 zur Verfügung. Innerhalb der Gruppe der Beamten hatten alte Verbindungen Bestand gehabt: Ein ehemaliger Beamter »zog« den anderen nach. Im Ergebnis kam es zur Wiederherstellung der alten Bürokratie, einschließlich ihrer

NSDAP-Mitglieder. Im Auswärtigen Amt waren 1951 66% der leitenden Beamten ehemalige NSDAP-Mitglieder. Kritik daran wies Adenauer mit dem Appell zurück, »jetzt mit der Naziriecherei Schluß zu machen«. Für das Bundesjustizministerium ergab eine amerikanische Untersuchung noch höhere Werte. In anderen Ministerien, für die keine Unterlagen vorliegen, dürfte die Entwicklung ähnlich gewesen sein.[12]

Immer wieder wurden diese Besetzungen mit dem Mangel an »Fachleuten« erklärt. Die Besetzung der Bundesministerien war dabei der spektakulärste und auch angreifbarste Fall. Denn es bestand ein Unterschied zwischen einer allgemeinen beruflichen Wiedereingliederung ehemaliger Nationalsozialisten und der Besetzung zentraler Entscheidungspositionen. Insbesondere die Justiz, in der sich der Korpsgeist ihrer Angehörigen bemerkbar machte, wurde weithin restituiert. Erst seit Ende der sechziger Jahre, als breite öffentliche Kritik einsetzte, wurde den schwer belasteten »Blutrichtern« die Möglichkeit gegeben, sich unter Wahrung ihrer Versorgungsansprüche pensionieren zu lassen. Bestraft wurde keiner.

11.4. Rechtsradikales Wählerpotential und »Dritte Kraft«

Auch die politische Integration der ehemaligen Rechtsradikalen schuf in der Regierungskoalition Probleme. Das betraf nicht so sehr die CDU, die aufgrund ihres katholisch-konservativen Mitglieder- und Traditionsbestandes personell und politisch-ideologisch ein eigenes Profil besaß. In ihr gab es vor allem in den ersten Jahren der Bundesrepublik offenen Widerstand, wenn ehemalige Nationalsozialisten für prominente Positionen kandidierten. So scheiterte z. B. der Versuch Adenauers, Kurt-Georg Kiesinger 1950 zum CDU-Generalsekretär zu machen, an dessen Mitgliedschaft in der NSDAP.[13]

Stärker gefährdet waren die kleineren Koalitionsparteien der CDU. Sie alle – FDP, der »Bund der Heimatvertriebenen und Entrechteten« (BHE) und die »Deutsche Partei« (DP) – sahen sich mit Strömungen konfrontiert, die an das »Dritte Reich« anknüpften. Sie alle versuchten gleichzeitig aus parteitaktischen und wahlpolitischen Motiven, das ehemalige NSDAP-Potential anzusprechen, um sich gegenüber der Sogkraft der CDU/CSU behaupten zu können. Dabei kamen sie zeitweilig diesen Kräften entgegen. Beispielsweise erklärte der DP-Vorsitzende und Bundesminister Hellwege 1949:

»Auch ich sehe eine unserer wichtigsten Aufgaben darin, die zum Rechtsradikalismus hin tendierenden Kräfte unseres Volkes auf uns zu ziehen, sie über und mit uns in die Bahn einer konstruktiven Politik zu lenken und damit vor dem politischen Nichts zu bewahren«.[14]

Verkehrsminister Seebohm trieb die Anbiederung noch weiter: »Wir neigen uns in Ehrfurcht vor jedem Symbol unseres Volkes – ich sage ausdrücklich jedem –, unter dem deutsche Menschen ihr Leben für ihr Vaterland geopfert haben«, erklärte er auf dem DP-Parteitag 1951.[15] Dem anschließenden Proteststurm begegnete er mit der Erklärung, das Hakenkreuz sei damit nicht gemeint, es sei nur ein Parteizeichen gewesen.

Nachdem die Anfangskrise der Regierung Adenauer überwunden war, stellte man aber immer wieder fest, daß nationalistische Töne kein bedeutendes Wählerpotential mehr anzusprechen vermochten. Die »Deutsche Partei« verschrieb sich deswegen nach ihrem Mißerfolg 1953 immer stärker der Politik Adenauers und ging schließlich in der CDU auf. Der Einschmelzungsprozeß war 1961 beendet. Die CDU hatte sich damit auf das protestantisch-konservative Milieu Norddeutschlands ausgedehnt, in dem sie in den Nachkriegsjahren kaum hatte Fuß fassen können.

Der »Bund der Heimatvertriebenen und Entrechteten« (BHE) war die einzige bedeutendere Partei, in deren Führung sich überwiegend ehemalige Nationalsozialisten befanden. Der Erfolg des BHE nach 1950 war beträchtlich.[16] Er gründete sich aber nicht auf die NSDAP-Verbindungen, sondern auf die Flüchtlinge aus den ehemaligen Ostgebieten, solange sie noch ökonomisch und sozial am Rande der Gesellschaft standen. Die Existenz des BHE und das Wirken seiner Minister trugen dazu bei, die Flüchtlinge besser zu integrieren. Er machte sich dadurch selber politisch überflüssig. Mit seiner Umbenennung in »Gesamtdeutscher Block« und seinem nationalistischen Kurs scheiterte er nach nur einer Wahlperiode (1953–1957) bei den Bundestagswahlen und löste sich in den nächsten Jahren auf, wobei sein politisches Erbe überwiegend der CDU/CSU zugute kam. Diese hatte nach einer Spaltung der Partei 1956 auch schon die beiden vom BHE gestellten Bundesminister aufgenommen, die innerhalb der CDU aber keinen Einfluß erlangten, sondern wie die ehemaligen DP-Minister eher eine Art politisches Asyl genossen.

In der FDP unterschied man in den fünfziger Jahren einen »liberalen« und einen »nationalen« Flügel, der sich um die Bildung einer »dritten Kraft« rechts von der CDU bemühte und in diesem Zusammenhang aktiv Verbindungen mit Rechtsradikalen pflegte. Einen dramatischen Höhepunkt erreichte diese Aktivität, als die britische Besatzungsmacht 1953 sechs ehemalige NSDAP-Funktionäre um den ehemaligen Staatssekretär im Reichspropaganda-Ministerium Werner Naumann unter der Beschuldigung verhaftete, die FDP in Nordrhein-Westfalen unterwandert zu haben.[17]

Mit dieser Krise, die gleichzeitig die Gefahren deutlich machte, die dem neuentstehenden demokratischen Parteiwesen drohten, wurde die Lage in der FDP aber entschärft. Zwar entwickelte sich noch 1957 im FDP-Landesverband Niedersachsen eine Zusammenarbeit mit der rechtsradikalen »Deutschen Reichspartei«[18], aber auch die FDP stabilisierte sich seit diesem Zeitpunkt. Sie suchte ihr Profil seit Mitte der fünfziger Jahre hauptsächlich in abgrenzender Profilierung gegenüber der CDU, vor allem in bezug auf den ökonomischen Liberalismus und eine gesamtdeutsche Politik, gleichzeitig aber auch in Personalaussagen. Ihren größten Erfolg errang sie 1961 mit einem Wahlkonzept, das sich für die Koalition mit der CDU aussprach, aber gleichzeitig die Ablösung des inzwischen 85jährigen Adenauer andeutete. Als einzige der kleineren Parteien hat die FDP in dem Zweiparteiensystem der Bundesrepublik überlebt, indem sie sich jeweils einer der beiden Seiten zuordnete und dabei eigene Aspekte betonte.

11.5. Die SPD als Opposition

Die SPD blieb in den fünfziger Jahren zur Opposition verurteilt. Nachdem sie zwischen 1950 und 1952 von den Anfangsschwierigkeiten der Regierung Adenauer profitiert hatte, verlor sie mit dem sichtbaren wirtschaftlichen Aufschwung seit 1953 an Einfluß in der deutschen Bevölkerung. In Verkennung dieser Entwicklung und der allgemeinen Hoffnung auf eine Besserung der wirtschaftlichen Zustände prangerte sie die wachsende Ungleichheit an und versuchte, sie mit Kraftworten wie der »Hölle der Armen« gegenüber dem »Paradies der Reichen« zu verdeutlichen. Trotz der bestehenden ökonomischen Disparitäten traf das den Nerv der Wähler nicht. Statt dessen gelang es der CDU, die sozialdemokratische Konzeption mit Zwangswirtschaft und Rationierung zu identifizieren. Der SPD-Vorsitzende Schumacher hatte in der Nachkriegszeit große Autorität gehabt und es verstanden, der Partei ein scharf umrissenes Profil zu geben. Nach seinem Tod 1952 mündete die Kritik an der Wiederbewaffnung in einen breiten, emotional gefärbten Widerstand gegen die Aufrüstung.

Nach diesem Höhepunkt ihrer Aktivität gegen die Wiederaufrüstung versuchte die SPD Ende der fünfziger Jahre erneut, die Teilung Deutschlands zu überwinden. In ihrem »Deutschlandplan« von 1959 entwickelte sie ein letztes Mal die Idee einer schrittweise erfolgenden Verklammerung der beiden Teile Deutschlands bis hin zur Wiedervereinigung. Die SPD setzte sich damit jedoch »zwischen alle Stühle« und gab der Regierung mit ihrem nicht zu verwirklichenden Konzept nur die Chance, sie wegen zu großer Konzessionsbereitschaft gegenüber dem Osten zu verdächtigen.

Die SPD begann daher, sich endlich auf den Boden der Tatsachen zu stellen. Konsequent verzichtete sie in allen Politikbereichen auf radikale Alternativen zur Regierungspolitik. Außenpolitisch bedeutete das die Aufgabe der Wiedervereinigung als eines unmittelbar zu lösenden Problems und die Hinwendung zur Realität der Europa- und Westpolitik, um deren konkrete Ausgestaltung sie sich stärker bemühte. Innenpolitisch wurde der Sozialisierung abgeschworen, von einem Hauptziel wurde sie zu einem Mittel herabgestuft, das, »wenn nötig«, angewendet werden könne. Die Marktwirtschaft wurde nun expressis verbis akzeptiert, freilich nicht in der Laissez-faire-Form Erhards, sondern mit planerischen Eingriffen. An die Stelle des diskreditierenden Begriffs »Plan« trat in der Diskussion das französische »Planification«, das der Praxis einer westlichen Nation entsprang und insofern unverdächtig war. Auch in anderen Bereichen versuchte die SPD, alle Reizbegriffe und Tabuthemen zu vermeiden. Die traditionelle Symbolik, wie die rote Fahne, verschwand. Im Wahlkampf 1961 warb die Partei mit der Grundfarbe Blau.

Diese neuen Tendenzen wurden im »Godesberger Programm«[19] von 1959 zusammengefaßt, das nach einer langen und intensiven Diskussion mit breiter Beteiligung der Mitgliedschaft verabschiedet wurde. Es beseitigte die Spannung, die seit Ende des 19. Jahrhunderts zwischen der radikalen Programmatik der SPD und ihrer reformistischen Praxis bestanden hatte. Die SPD wurde nun auch programmatisch eine reformistische Partei. Das Programm fand in der Öffentlichkeit rasch eine positive Aufnahme. Es trug dazu bei, die traditionellen Angstkomplexe aufzulösen, die in der Gesellschaft gegenüber der Sozialdemokratie bestanden. Entgegen aller sozialdemokratischen Tradition, welche die Religion zur »Privatsache« erklärt hatte, enthielt es sogar eine positive Würdigung der Kirchen.

In ihrer politischen Praxis ging die Partei in den folgenden Jahren noch über dieses Programm hinaus, um Konflikte mit wichtigen gesellschaftlichen Gruppen zu vermeiden. 1960, nur ein Jahr nach der Verabschiedung des »Deutschlandplans«, rief Herbert Wehner in einer Rede im Bundestag zu einer gemeinsamen Bestandsaufnahme in der Außenpolitik auf und versuchte, in diesem Bereich alle Gegensätze zwischen SPD und Regierung aufzulösen.[20] Die Zuspitzung der Berlin-Krise lieferte ihm den Grund für seinen Appell. In der Schulpolitik, einem alten Konfliktfeld, setzte Heinemann in diesen Jahren durch, daß die SPD sich dort mit der Bekenntnisschule einverstanden erklärte, wo die Eltern es wünschten.[21] Kritiker hielten der SPD Anfang der sechziger Jahre vor, sie versuche die »bessere CDU« zu sein.[22] In der Tat imitierte die SPD in diesen Jahren auch den Stil der Wahlkämpfe der ersten erfolgreichen Volkspartei der Bundesrepublik, um die CDU abzulösen. Die Nominierung des populären Berliner Bürgermeisters Brandt zum Kanzlerkandidaten anstelle von Ollenhauer für die Bundestagswahl 1961 sollte die Wendung auch personell symbolisieren.

Ihren Höhepunkt erreichte die Veränderung des Oppositionsstils, als die Partei schließlich in den Koalitionsverhandlungen von 1961 und 1962 von Adenauer »anerkannt« wurde, als er Gespräche über die Möglichkeit einer Koalition führen ließ.[23] Angesichts der Prägung der Bundesrepublik in diesen ersten Jahren sah die SPD keine andere Chance, als durch eine Politik der weitgehenden Anpassung regierungsfähig zu werden.

11.6. Das Ende des autoritären Regierungsstils 1959/60

Diese Wandlung der SPD zu einer pragmatischen Volkspartei fand zu einer Zeit statt, als Adenauer selber mit dem Abbau seiner unangefochtenen »demo-autoritären« Stellung begonnen hatte. Während viele andere Affären in seiner Regierungszeit folgenlos geblieben oder mit der Opferung eines Politikers aus der zweiten Reihe gelöst worden waren, brachte die »Präsidenten-Krise« einen Vertrauensverlust, der sein Prestige dauerhaft erschütterte.

1959 lief die zweite Amtszeit des Präsidenten Heuss ab, der Adenauers Politik zehn Jahre im wesentlichen zustimmend begleitet hatte. Da die CDU/CSU fast die Hälfte der Stimmen in der Bundesversammlung stellte, die den Präsidenten zu wählen hatte, kam es auf ihre Entscheidung an. Adenauer schlug zunächst Erhard vor, ohne Zweifel eine populäre Figur, die aber auch für Adenauers eigene Nachfolge in Frage kam. Der Bundeskanzler war inzwischen 83 Jahre alt. Erhards Kandidatur erfuhr viel Zustimmung; es kam aber sofort auch die Vermutung des »Kronprinzen-Mordes« auf, der Verdacht, Erhard solle ins Bundespräsidentenamt weggelobt werden, um ihn politisch auszuschalten. Erhard lehnte ab. Daraufhin kandidierte Adenauer zur Überraschung aller Beobachter selber. Von Anfang an erklärte er, er könne die Befugnisse des Präsidenten »expansiv« wahrnehmen. Eine Rolle mag gespielt haben, daß kurz zuvor in Frankreich de Gaulles Präsidialsystem eingeführt worden war. Was de Gaulle zustand, versuchte er nun ebenfalls in Anspruch zu nehmen: die Nominierung seines Nachfolgers.

Die Entscheidung dabei fiel aber dem Parlament, de facto der CDU/CSU-Fraktion, zu. Als sich sechs Wochen später herausgestellt hatte, daß die Fraktion für Erhard stimmen würde, den man allgemein für eine erfolgreiche »Wahllokomotive« hielt, zog Adenauer seine Kandidatur zurück. Er machte deutlich – und tat das auch für die Öffentlichkeit –, daß er Erhard für ungeeignet hielt. Als »Lückenbüßer« wurde schließlich Landwirtschaftsminister Lübke nominiert und im zweiten Wahlgang gewählt.

Hatte bis dahin unter Adenauers »Anhängern eine Art Unfehlbarkeitsglaube bestanden, so war dieser nun ein für allemal zerstört: Irgendwann mußte der Kanzler geirrt haben, sei es bei der Annahme der Kandidatur, sei es bei der Ablehnung.«[24] Zugleich war die skrupellose Unbedenklichkeit deutlich geworden, mit der Adenauer Menschen benutzte. Die beiden verehrten Führungsfiguren der CDU befanden sich in einem Clinch, der sich über Jahre hinziehen sollte. Diese Entzauberung machte den Weg frei für kritischere Reaktionen der Öffentlichkeit, die sich in der Folge bei äußeren und inneren Krisen spektakulär bemerkbar machten.

Entgegen Löwensteins Auffassung beruhte die »demo-autoritäre« Regierungsweise Adenauers nicht auf der Verfassungskonstruktion des Grundgesetzes, welche die Regierung stärkt. Vielmehr war sie ein Erfolgsrezept in der Zeit des Übergangs von der autokratischen Tradition deutscher Politik und des Zusammenbruchs aller Werte und Maßstäbe für breite Kreise der Bevölkerung. Autoritative Personalisierung war in der Bundesrepublik ungewöhnlich erfolgreich, noch mehr als in anderen nach-totalitären Gesellschaften derselben Zeit (de Gasperi in Italien, Yoshida in Japan). Das autokratische Persönlichkeitsregiment findet sich in dieser Zeit auch auf anderen Ebenen der deutschen Politik: bei den »großen« Oberbürgermeistern der Aufbauzeit, gleich welcher Partei sie angehörten; bei den Ministerpräsidenten, die ebenfalls oft ihre Parteien vor vollendete Tatsachen stellten, unabhängig von der Landesverfassung, innerhalb derer sie sich bewegten.

Personalisierung kann sich andrerseits besonders schnell abnutzen, wenn die Führungsfigur dem idealisierten Konzept erkennbar nicht mehr entspricht oder wenn die Bevölkerung schlicht etwas Neues sehen will. Das Bedürfnis nach neuem Stil, neuer Führung wuchs offensichtlich, als sich in den USA 1960/61 der große Umbruch von Eisenhower zu Kennedy einstellte. Der Publikumserfolg Kennedys bei seinem Deutschlandbesuch 1963, als sich die uneingeschränkten Sympathien der Deutschen, unabhängig von politischen Parteien, auf einen amerikanischen Präsidenten konzentrierten, spiegelte nicht nur die Liebesbedürftigkeit der Deutschen, ihr »neurotisches« Verlangen nach amerikanischer Solidarität.[25] Es gab auch das Bedürfnis nach einem neuen Führungsstil wieder, das sich Anfang der sechziger Jahre auch in den hohen Popularitätswerten zeigte, die Brandt gegenüber Adenauer errang.

12. Gegengewichte: Landes- und Kommunalpolitik

Am Ende der Ära Adenauer bestand in der Bundesrepublik ein gefestigtes Zweiparteiensystem. CDU/CSU und SPD erhielten in allen Wahlen seit 1953 zusammen mehr als 80% der Stimmen. Die FDP, die sich als einzige weitere Partei behaupten konnte, mußte ihr Verhältnis seit 1953 auf eine der großen Parteien hin ausrichten; sie wurde schrittweise »Blockpartei«, die in Koalitionen Akzente im Sinn eines »ja, aber« setzte. Rechts- und linksradikale Parteien waren bedeutungslos geworden. Insgesamt ergab sich ein Bild der

»Ultra-Stabilität« (Löwenthal), vor allem im Vergleich zur ersten deutschen Republik.

Eines aber war nicht erreicht: die Gewöhnung an den demokratischen Wechsel. Vielmehr gab es eine »geborene« Regierungspartei, die aus dem Bundeskanzleramt dirigiert wurde, wenig eigenen Willen entfaltete und sich – wie die Krise um die Wahl des Bundespräsidenten 1959 zeigte – an ihre wenigen »Wahllokomotiven« klammerte. Und es existierte eine »geborene« Oppositionspartei, die SPD, der von den Regierenden systematisch die Regierungsfähigkeit abgesprochen wurde. Zwar findet man auch in anderen Demokratien gegenseitige Beschimpfungen und Entgleisungen im Wahlkampf. Die zweite deutsche Demokratie besaß aber keine Traditionen, die dieses Verhalten korrigieren konnten. Zudem gab es in Deutschland vom Kaiserreich über die Weimarer Republik bis zum Dritten Reich eine kontinuierliche Tradition antisozialdemokratischer Diffamierung durch die Regierenden und durch einflußreiche gesellschaftliche Gruppen. Den Zeitgenossen erschien angesichts der fortgesetzten Siege der Union eine Umkehrung kaum denkbar. 1962 entwickelten Kritiker angesichts dieser Situation die These vom »Ende des Parteienstaates«, der strukturellen Überlegenheit der Regierungspartei, der die modernen wissenschaftlichen Mittel der Wirtschaftssteuerung zur Verfügung stünden und die daher von der Opposition kaum gefährdet werden könne.[1]

Die Realität war trivialer. Die SPD war keineswegs so chancenlos, wie die Bundestagswahlergebnisse es ausweisen. Sie stellte ununterbrochen die Regierungschefs in Hessen und Bremen, meist in Berlin, Hamburg und Niedersachsen, kurzfristig auch in Bayern und Nordrhein-Westfalen. In Meinungsumfragen schnitt sie zwischen den Wahlen lange Zeit besser ab als die CDU, wurde aber in den Wahljahren 1953 und 1957 von dieser wieder weit überholt. Auch 1961 verlief die Entwicklung ähnlich. Der Bau der »Mauer« in Berlin wenige Wochen vor der Wahl, der für die Bevölkerung als Schock wirkte und andrerseits den Berliner Regierenden Bürgermeister Brandt, gleichzeitig Kanzlerkandidat der SPD, besonders in den Mittelpunkt rückte, setzte hier ein Signal.

Was in England die Nachwahlen und in den USA die »mid term elections« sind, wurden in der Bundesrepublik die Landtagswahlen (vgl. Tab. 2, S. 229ff.) Gelegenheiten für die Bevölkerung, der Regierung »eins auszuwischen« und die Opposition zu präferieren, auch wenn man bei den entscheidenden Bundestagswahlen dann wieder für die Regierungsparteien stimmte.[2] Hinzu kam, daß die Ausstrahlung der Führungspersönlichkeiten Adenauer und Erhard in den Landtagswahlen weniger in Erscheinung trat.

In den sozialdemokratischen Ländern gab es vielfach eine Variante des Kanzlereffekts, man könnte sie als Landesvatereffekt bezeichnen. Persönlichkeiten wie Reuter in Berlin, Kaisen in Bremen, Brauer in Hamburg und Kopf in Niedersachsen waren weit über ihre Partei hinaus von einem derartigen Nimbus umgeben. Vergleichbares konnten Oppositionskandidaten in den fünfziger Jahren nie vorweisen, gleich welcher Partei sie angehörten. In der Kommunalpolitik war ähnliches zu verzeichnen. Anfang der sechziger Jahre gehörten die Oberbürgermeister der meisten großen Städte der SPD an. Auch sie repräsentierten in der Öffentlichkeit den Typ des allseits geachteten Stadtvaters. Wie der Bundeskanzler sich Verdienste am Wiederaufbau der Bundesrepublik zuschrieb, konnten sie es in ihren Städten tun, die aus Schutt und Ruinen neu entstanden waren.

In den Ländern kam die Hegemonie der CDU/CSU auch aus dem Grunde nicht so schnell zustande, weil regionale Parteien sich dort besser behaupten konnten. Während z. B. in Bayern die CSU im »Adenauersog« seit der Bundestagswahl 1957 jeweils die absolute Mehrheit errang, erreichte sie bei den Landtagswahlen erst seit 1970 diese Position (vgl. Tab. 3, S. 239f.).

Auch in allen anderen Bundesländern außer Berlin konnten sich kleine Parteien länger in den Landtagen als im Bundestag halten. Insofern ergaben sich hier auch eher Koalitionsmöglichkeiten für die SPD. Die Breite ihrer Regierungsbeteiligung sei an drei Stichtagen verdeutlicht: Ende 1950 war die SPD in neun von damals elf Ländern in Koalitionsregierungen vertreten, in allen Ländern außer Nordrhein-Westfalen und Südbaden. Ende 1955 stellte sie in Bayern, Berlin, Bremen und Hessen die Regierungschefs in Koalitionsregierungen und nahm in Baden-Württemberg an einer Allparteienregierung teil. Sie war also in fünf von nunmehr neun Ländern an der Regierung beteiligt. Ende 1960 hatte sie zwar den Posten des Ministerpräsidenten in Bayern verloren, dafür aber dieses Amt in Niedersachsen und in Hamburg zurückgewonnen und regierte dort zusammen mit der FDP bzw. mit FDP und BHE. Zusätzlich war sie im Saarland in einer Koalition der deutschorientierten Parteien (im Gegensatz zur separatistischen Christlichen Volkspartei Saar) vertreten. Die SPD saß also nun in sechs von jetzt zehn Ländern auf der Regierungsbank.

Die Koalitionskombinationen im einzelnen waren sehr unterschiedlich. Es gab – von der Bundesregierung gefördert – den Typ der Bonner Koalition zwischen der CDU bzw. CSU und den kleineren bürgerlichen Parteien, diese Verbindung herrschte in Nordrhein-Westfalen seit 1954, kurzfristig in Hamburg (1953–1957), Berlin (1955–1957) und Niedersachsen (1957–1959), Rheinland-Pfalz (seit 1955), Baden-Württemberg (ab 1960), Bayern (1957–1966) und Schleswig-Holstein (seit 1950). Hessen hatte immer eine SPD-dominierte Regierung, bis 1954 unter Einbeziehung der CDU, seit 1954 unter Teilnahme der Flüchtlingspartei BHE. In Bremen arbeitete die SPD seit der Bildung des Senats von 1945 bis 1979 mit der FDP zusammen. In Bayern, Baden-Württemberg, Rheinland-Pfalz, Nordrhein-Westfalen, alles katholisch geprägte Länder, war die gemeinsame Ablehnung der konfessionellen Aufteilung der Volksschulen und der Lehrerbildung ein wichtiges Band zwischen SPD und FDP gegenüber der CDU bzw. CSU, die in dieser Zeit unter dem Einfluß der katholischen Kirche im Schul- und Kulturbereich klerikale Tendenzen vertrat.[3]

Auch wenn das nicht immer zu SPD-FDP-Koalitionen führte, setzte es dem in diesen Ländern überwiegenden CDU- oder CSU-Einfluß Grenzen. Wollte sie derartige Koalitionen eingehen und an Länderregierungen beteiligt werden, mußte die SPD programmatische Abstriche machen. Die SPD-Repräsentanten in den Ländern traten demgemäß auch pragmatischer und gouvernementaler auf als die SPD-Opposition in Bonn. Dort ergaben sich Regierungserfahrungen, die auf eine kompromißbereitere SPD-Linie hinwirkten.

Ironischerweise kam die starke Stellung der Länder nach dem Bonner Grundgesetz in den ersten 20 Jahren der Bundesrepublik vor allem der SPD zugute, die in den Beratungen des Parlamentarischen Rates heftig für die Stärkung der Zentralgewalt plädiert hatte. Im Kampf der SPD für die Wiedervereinigung und gegen die Wiederbewaffnung konnte das Gewicht der Länder zwar nicht geltend gemacht werden. Schon bei der Stimmabgabe der SPD-geführten Länder im Bundesrat mußte auf bürgerliche Koalitionspartner Rücksicht genommen werden. Als Gegengewicht gegen eine uneingeschränkte Übermacht der Adenauer-Regierung konnten Länderrechte und Bundesrat aber in den fünfziger Jahren durchaus dienen. Auf die Rundfunkfreiheit wurde schon hingewiesen. Das eklatanteste Beispiel aber war der Plan der CDU/CSU von 1956, das Mehrheitswahlrecht bei den Bundestagswahlen einzuführen, was allen kleineren Parteien eine parlamentarische Existenz unmöglich gemacht hätte. Im Bundestag wären nur noch zwei Parteien vertreten gewesen, aller Wahrscheinlichkeit nach mit einer überwältigenden Dominanz der CDU/CSU. Sie, die sich 1956 gerade von ihren Koalitionspartnern BHE und FDP getrennt hatte, hätte diese beerbt. In dieser Lage entschloß sich die nordrhein-westfälische FDP, den Koalitionspartner in Düsseldorf zu wechseln, um so im Bundesrat eine Gegenmehrheit zu schaffen. Damit wurde das »Grabenwahlrecht« abgewehrt. Obwohl die SPD-FDP-Koalition in Düsseldorf nur zwei Jahre bestand und 1958 aufgrund eines Erdrutschsieges der CDU abgelöst wurde, war die akute Gefahr beseitigt und zugleich ein spektakulärer Präzedenzfall für neue Koalitionsmöglichkeiten geschaffen, der mit der rechtslastigen FDP in Nordrhein-Westfalen vorher kaum möglich erschienen war.[4]

Die Anti-CDU-Mehrheit im Bundesrat blieb Episode. Ebenso brach die Vierer-Koalition in Bayern (1954–1957), in der sich so unterschiedliche Partner wie SPD, Bayernpartei und BHE gegen die Dominanz der CSU zusammengeschlossen hatten, nach drei Jahren auseinander. Auch die baden-württembergische FDP-SPD-BHE-Koalition (1952–1953) unter der Ministerpräsidentschaft des späteren FDP-Vorsitzenden Reinhold Maier machte nach einem Jahr einer Allparteienregierung Platz, in der die CDU den Ministerpräsidenten stellte. All das zeigt, daß die SPD nicht grundsätzlich von der Macht ausgeschlossen blieb. Adenauer hatte mit seiner Taktik, die alten großen Koalitionen der Nachkriegszeit zwischen CDU und SPD auch auf Länderebene aufzubrechen, letztlich die Annäherung zwischen SPD und den kleineren bürgerlichen Parteien gegen seinen Machtanspruch begünstigt.

Während die Landesebene von Anfang an intensiv in die Bundespolitik einbezogen war und Landtagswahlen immer auch bundespolitische Bedeutung hatten, herrschten in der Kommunalpolitik vielfach andere Verhältnisse vor. Zwar setzten sich, von den kleineren Gemeinden abgesehen, fast überall die im Bundestag vertretenen Parteien in den Rathäusern ebenfalls durch. Vielfach behaupteten sich aber Große Koalitionen oder Allparteienkoalitionen, die in den ersten Nachkriegsjahren auch auf Landesebene bestimmend gewesen waren. Im Vergleich zur Bundes- und Landespolitik gab es auch weniger ideologische Auseinandersetzungen. Der Wiederaufbau schien zunächst eher ein technisches Problem. Auch Alternativen zwischen dem autogerechten Umbau der Innenstadt (wie in Hannover) oder der Wiedererrichtung der alten Stadtstruktur (wie in München) wurden zunächst eher als sachliche, weniger als politisch-konzeptionelle Probleme verstanden. Die Vereinigten Staaten und ihr fortgeschrittenes Zivilisationsniveau gaben weithin das Muster ab, an denen sich die Stadt- und Verkehrsplanung sowie die Zukunftshoffnungen orientierten.

13. Verteilungsstaat und neue Konsumgesellschaft

13.1. Effekte des wirtschaftlichen Wachstums

Der Krieg und die Kriegsfolgen hatten große Bevölkerungsgruppen in existentielle Notsituationen gebracht: Flüchtlinge und Vertriebene verloren ihren gesamten Besitz, hatten zum größten Teil zunächst keine Arbeit und waren beengt bei Einheimischen untergebracht. Den vorwiegend städtischen Ausgebombten widerfuhr ein ähnliches Schicksal. Viele Familien hatten die Väter verloren. Politisch und »rassisch« Verfolgte und Zwangsarbeiter hatten besonders schwere physische und psychische Schäden erlitten. Die traditionellen Systeme der Sozialversicherung brachten diesen Gruppen zunächst wenig Erleichterung. Die Gesellschaft verfügte über zu wenig Ressourcen, um alle Notleidenden einbeziehen zu können, diese Ressourcen wurden zudem ungleich, unüberschaubar und wenig effektiv genutzt. Karitative Maßnahmen, zum großen Teil durch ausländische Organisationen unterstützt, halfen in den ersten Nachkriegsjahren gegen die schlimmste Notlage.

Der schnelle wirtschaftliche Aufstieg führte in den fünfziger Jahren zur wirtschaftlichen und sozialen Eingliederung der benachteiligten Gruppen. Der wichtigste Beitrag war die Steigerung der Beschäftigungsmöglichkeiten; sie verschaffte bis 1960 allen Arbeitsfähigen die Chance, sich wirtschaftlich zu integrieren. Die wirtschaftliche Dynamik führte auch dazu, daß Flüchtlinge aus den Agrar- in die Industrieregionen fortzogen, wo sie Arbeit fanden.

Nicht zu unterschätzen ist andrerseits der Beitrag, den Vertriebene und Firmen aus Mittel- und Ostdeutschland zur Industrialisierung bisher wenig entwickelter Gebiete leisteten. In diesem Zusammenhang ist die wirtschaftliche Entwicklung Bayerns in diesen Jahren als »importierte Industrialisierung«[1] beschrieben worden. Die Niederlassung der Siemens-Zentralen in München und Erlangen, der AEG-Zentrale und der Großbanken in Frankfurt, der Zeiss-Werke in Schwaben und viele ähnliche Firmengründungen und -verlagerungen brachten für die meisten Regionen große Entwicklungsvorteile. Sozialpolitisch führten Niederlassungen in wenig industrialisierten Regionen zum Ausgleich von Strukturschwächen und zu einer Angleichung des Entwicklungsniveaus. In der Bundesrepublik ist es dadurch, auch im Zusammenhang mit dem Funktionsverlust von Berlin als ökonomischem und sozialem Zentrum und der Verteilung dieser Funktionen auf eine große Zahl von Städten, nicht wie in vielen anderen Industriestaaten zu einer ausgeprägten Polarisierung in entwickelte und unterentwickelte Regionen gekommen. Regionalpolitische Intervention war aus diesem Grunde in bescheidenerem Maße notwendig.

Ein dritter Effekt des Wirtschaftsaufschwungs betraf die unteren Lohngruppen. Die Löhne der untersten Lohngruppen stiegen steil an, sobald die Betriebe um angelernte und ungelernte Arbeiter zu konkurrieren begannen. Die Unterschiede zwischen den Einkommen der Ungelernten und der Facharbeiter verringerten sich. Auch das führte zu weniger sozialpolitischem Interventionsbedarf, da die Versorgung der ärmsten Gruppen, soweit sie arbeitsfähig waren, weitgehend durch Löhne erfolgen konnte.[2]

Ein vierter Effekt der wirtschaftlichen Dynamik war die rasche Veränderung der sektoralen Struktur der bundesdeutschen Wirtschaft. Während es in der Nachkriegszeit zu einer anormalen Konzentration von Arbeitskräften auf dem Lande gekommen war, begann nun die Abwanderung aus marginalen Existenzen in die Industrie und den Dienstleistungsbereich. Sozialpolitisch bedeutete das ebenfalls eine Problementlastung. Das Arbeitskräftepotential in der Landwirtschaft wurde ständig geringer, die Produktivität wurde schnell gesteigert, so daß der Einkommensrückstand der Landwirtschaft abnahm. Diese Entwicklung setzte sich in den folgenden Jahrzehnten fort, so daß 1985 nur noch 3% der Erwerbsfähigen in der Landwirtschaft arbeiteten.

Auch in anderen Bereichen bekamen ökonomisch bisher Rückständige die Chance, sich aus ihrer Situation zu befreien und in andere Arbeitsverhältnisse überzuwechseln. So ging z. B. die Zahl der

Hausangestellten entscheidend zurück, auch im Zusammenhang mit der Technisierung zunächst der mittelständischen Haushalte.

Die Erwerbstätigen nach Wirtschaftsbereichen in Prozent

	1950	1960	1970	1980
Land- und Forstwirtschaft	24,6	13,7	8,5	5,5
Bergbau, Energie, Wasserversorgung	3,6	2,9	2,1	1,9
Verarbeitendes Gewerbe	31,6	36,9	38,1	34,5
Baugewerbe	7,5	8,2	8,7	8,0
Handel und Verkehr	14,3	18,3	17,9	18,9
Kreditinstitute	1,0	1,5	2,2	2,8
Dienstleistungen	8,4	7,6	8,8	10,8
Staat, Organisationen ohne Erwerbscharakter, priv. Haushalte	9,0	10,9	13,7	17,9

Quelle: Statistisches Bundesamt

13.2. Lastenausgleich, Wohnungsbau, Kriegsopferversorgung

Neben diesen sozialpolitisch entscheidenden Wirkungen des Wirtschaftsaufschwungs spielte die staatliche Sozialpolitik eine sekundäre Rolle, zumal fast alle Programme, auf die im folgenden einzugehen ist, sich erst in der zweiten Hälfte der fünfziger Jahre voll auswirkten. Mit dem wirtschaftlichen Wachstum entstand für die staatliche Sozialpolitik Finanzierungsspielraum, ohne daß bestehende Positionen und Privilegien angetastet werden mußten. Immerhin hat die staatliche Sozialpolitik entscheidende Weichen bei der Reintegration der durch den Krieg verelendeten Gruppen gestellt, die in Verbindung mit den geschilderten wirtschaftlichen Effekten eine hohe Wirksamkeit entfalteten.

Für die Vertriebenen wurde 1950 ein Umsiedlungsprogramm eingeleitet, das 600 000 Vertriebene aus den übervölkerten ländlichen Gebieten Schleswig-Holsteins, Niedersachsens und Bayerns – diese Länder hatten zunächst 60% aller Vertriebenen aufgenommen – in die bis dahin gar nicht in Anspruch genommene ehemalige französische Zone und in die Industriezentren bringen sollte. Es führte, zusammen mit der freiwilligen Wanderung, zur Minderung der sozialen und politischen Spannungen und zur rascheren Integration. Wohnverhältnisse konnten mit der Umsiedlung verbessert werden.[3]

Im Zusammenhang mit dem politischen Druck durch die Flüchtlingspartei BHE wurde im August 1952 ein »Gesetz über den Lastenausgleich« verabschiedet, das einen Ausgleich zwischen dem
durch den Krieg und seine Folgen besonders schwer betroffenen
Bevölkerungsteil, d. h. den Vertriebenen, und den mehr oder min-
der verschont gebliebenen Gruppen herbeiführen sollte. Zwischen
den Vorstellungen der bürgerlichen Parteien von einer Restitution
des Besitzes entsprechend der Situation vor der Flucht oder Vertreibung und der sozialdemokratischen Orientierung an den Bedürfnissen kam dabei ein Kompromiß zustande, wie das für die Sozialpolitik der fünfziger Jahre überhaupt charakteristisch ist. Bis zu
einer gewissen Mindesthöhe wurde aller in den Vertreibungsgebie-
ten erlittene Vermögensverlust erstattet, darüber hinaus degressiv
weniger bis zu nur 2% bei großen Vermögen.[4] Da die Verfahren
aber nur langsam anliefen und in ihrer Mehrzahl erst in den sechziger Jahren abgewickelt wurden, trug das Gesetz weniger zur Beseitigung der eigentlichen Not in den ersten Jahren bei, sondern verschaffte in den späteren Jahren den Vertriebenen einen gewissen
Ausgleich. Ebenso wichtig wie seine finanziellen Wirkungen waren
seine politischen. Der Lastenausgleich erleichterte die Eingliederung der Flüchtlinge und trug dazu bei, ihre politische Radikalisierung zu verhindern. Die in den folgenden Jahren beschlossene Ge-
setzgebung bezog auch die Ausgebombten ein, in den siebziger
Jahren zu einem gewissen Grade auch geflüchtete DDR-Bürger.
Obwohl in dem Gesetz von Vermögensabgaben der Einheimischen
die Rede ist, schuf das Gesetz faktisch eine Sondersteuer, die über
30 Jahre hinweg von den einheimischen Vermögensbesitzern zu
entrichten war.

Direkte positive Wirkungen auf die Lebenssituation der Bevöl-
kerung, aber auch auf das industrielle Potential hatte das Woh-
nungsbau-Programm der Bundesregierung. Im Rahmen des ersten
Wohnungsbaugesetzes vom 24. April 1950 wurden innerhalb von
sechs Jahren drei Millionen Wohnungen erstellt. Das entsprach
allein in etwa dem Bedarf der zwölf Millionen Flüchtlinge und
Vertriebenen, die damals im Bundesgebiet lebten. Dieses erste
Wohnungsbaugesetz war auf den schnellen Bau möglichst vieler
Wohnungen abgestellt, »die nach Größe, Ausstattung und Miete
(Belastung) für die breiten Schichten des Volkes bestimmt und
geeignet sind«.[5]

Mit dieser erstaunlichen quantitativen Leistung, die mit Hilfe staatlicher Subventionen hauptsächlich von großen gemeinnützigen Bauträgern bewältigt wurde, die im Besitz der Gewerkschaften, Kommunen oder Kirchen waren, konnten zugleich wirtschaftliche Engpässe beseitigt werden. Gerade in den großen Städten, deren Industrie für das Wirtschaftswachstum entscheidend waren, konnten ohne die Bereitstellung von Wohnraum nicht genügend Arbeitskräfte gewonnen werden. Die öffentlichen Aufträge an die Bauwirtschaft bewirkten zugleich generell einen bedeutenden Wachstumsanstoß für die Wirtschaft.

Sobald der größte Engpaß beseitigt war, verlagerte die Regierung aber den Schwerpunkt der öffentlichen Förderung des Wohnungsbaus auf die Eigentumsbildung und den Bau von Einfamilienhäusern. Die Zahl der neu erbauten Wohnungen sank, und die staatlichen Mittel kamen in der Folge stärker den höheren Einkommensschichten als den bedürftigeren Teilen der Bevölkerung zugute.

Die staatliche Zwangsbewirtschaftung der Wohnungen, die in der Kriegs- und Nachkriegszeit für eine möglichst gerechte Verteilung des knappen Wohnraumes gesorgt hatte, wurde seit 1960 schrittweise abgeschafft (»Lücke-Plan«). Es blieb ein »Bodensatz« von Obdachlosen, die in Notunterkünften und »Schlichtwohnungen« hausten. Unter dem Druck der Notsituation nach dem Kriege hatte sich ein Konsens über die Dringlichkeit des Wohnungsbaus ergeben, der 1950 zur fast einstimmigen Verabschiedung eines Programms geführt hatte, das an den Bedürfnissen orientiert war und stark sozialistische Züge trug. Als die Notlage geringer wurde, traten mittelständisch-bürgerliche Maßstäbe wieder in den Vordergrund.

Ein dritter Schwerpunkt der sozialpolitischen Bewältigung der Kriegsfolgen war die Versorgung der Kriegsopfer. 1950 wurde das Bundesversorgungsgesetz beschlossen, das eine umfassende Rentenversorgung aller Militärangehörigen und – dies war gegenüber dem ehemaligen Reichsversorgungsgesetz neu – der Zivilisten vorsah, die durch »unmittelbare Kriegseinwirkung« geschädigt worden waren. Die Zahl der Anspruchsberechtigten betrug zunächst 4,5 Millionen, sie sank bis 1981 auf 2 Millionen.[6] Das im Jahre 1953 beschlossene Schwerbeschädigtengesetz erleichterte auch die berufliche Eingliederung.

13.3. Rentenreform 1957 und Wahlgeschenke

Einen anderen sozialpolitischen Zusammenhang repräsentierte die große Rentenreform von 1957, die zu einer wesentlichen Erhöhung und zur »Dynamisierung« der Renten, d.h. zu ihrer Anpassung an die Einkommensentwicklung führte. Sie gehört in den Kontext des modernen westlichen Wohlfahrts- und Verteilungsstaates, wie er sich in den Jahrzehnten des Wirtschaftsaufschwungs nach dem Zweiten Weltkrieg herausbildete. Im Vergleich zum wirtschaftlichen Zugewinn anderer Gruppen waren die Rentner zurückgeblieben. Ihre Renten lagen zu einem großen Teil unterhalb des Existenzminimums, vor allem die Arbeiter- und Witwenrenten. Das war ein Thema, mit dem sich die Sozialdemokraten profilierten und das auch dem linken Flügel der CDU, dem Sozialminister Storch angehörte, wichtig war. Die Forderung nach einer grundlegenden Reform, die die SPD mit ihrem »Sozialplan für Deutschland« 1952 programmatisch formulierte, versuchte die Regierung zunächst mit Ad-hoc-Maßnahmen abzufangen. So wurden wegen der Preissteigerungen Teuerungszulagen bei den Renten gewährt.[7]

Großer finanzieller Spielraum entstand dann durch die Verzögerung der bundesdeutschen Wiederaufrüstung, für die Finanzminister Schäffer beträchtliche Haushaltsrücklagen gebildet hatte (»Juliusturm«). Die SPD legte konkrete Gesetzesentwürfe vor, der Sozialminister bemühte sich innerhalb des Kabinetts ebenfalls um eine finanziell großzügige Lösung, stieß dabei aber auf den Widerstand des Finanzministers, des Wirtschaftsministers und der FDP, die bis 1956 Koalitionspartner war. Im Vorfeld der Wahl 1957 schaltete sich Adenauer in die Entscheidungsbildung ein und sprach sich für eine an der allgemeinen Einkommensentwicklung orientierte Lösung aus. Schließlich wurde am 23. Februar 1957 eine Rentenerhöhung von 67% bei der Arbeiter- und 72% bei der Angestelltenversicherung beschlossen, die zusätzlich rückwirkend ab 1. Januar 1957 galt und – da die Abwicklung einige Monate dauerte – zu massiven Nachzahlungen kurz vor der Bundestagswahl am 15. September 1957 führte. Es half der sozialdemokratischen Opposition nicht, daß sie über Jahre für eine Rentenreform eingetreten war und das Gesetz mitgeprägt hatte. Politisch kam die große Rentenreform voll Bundeskanzler Adenauer und der regierenden CDU/CSU zugute.[8]

Sozialpolitik ist auf diese Weise erfolgreich als Wahlinstrument eingesetzt worden. Nachdem sie sich auch in dieser Funktion bewährt hatte, wurden »Wahlgeschenke« in den folgenden Jahren zur bundesrepublikanischen Praxis. Vor Bundestagswahlen beschloß die Regierungsmehrheit jeweils materielle Umverteilungen, welche die Loyalität der Bevölkerung sichern sollten. Die Neuregelung der Sozialhilfe, die Kindergelderhöhung, die Ausgabe von »Volksaktien« für das Volkswagenwerk und andere Staatsbetriebe und die Einführung erster Stipendiensysteme sind in diesem Zusammenhang für die folgenden Jahre zu nennen. Zugleich wurden die Subventionen ausgebaut und die Steuervergünstigungen verstärkt, vor allem zugunsten des mittelständischen Kerns der CDU-Wählerschaft. Der Ausschuß der CDU/CSU-Fraktion, der vor der Wahl 1957 die verschiedenen Vergünstigungen ausarbeitete, erhielt im Bonner Politiker-Jargon die Bezeichnung »Kuchen-Ausschuß«.[9] Das wirtschaftliche Wachstum bot einen beträchtlichen staatlichen Verteilungsspielraum, der vor Wahlen bedenkenlos ausgenutzt wurde.

Der Sozialetat wurde auf diese Weise beträchtlich ausgedehnt, die Bundesrepublik gehörte im internationalen Vergleich zu den Ländern mit den höchsten Umverteilungsquoten. Das kontrastierte merkwürdig zu den ordo-liberalen Grundsätzen, die Bundeswirtschaftsminister Erhard vertrat, spiegelte aber die Realität der Konkurrenzdemokratie und die pragmatische Haltung der CDU und des Bundeskanzlers wider. Das soziale Sicherungssystem litt aber wegen seines stückwerkartigen Zustandekommens an einer immer stärkeren Komplexität und Unübersichtlichkeit. Trotz seiner Ausdehnung gab es auch nach den Reformen Bevölkerungsgruppen, die unterhalb des Existenzminimums lebten und die Sozialhilfe wegen der Umständlichkeit der Antragstellung oder des damit verbundenen sozialen Prestigeverlustes nicht in Anspruch nahmen. Zum größten Teil waren das Arbeiterwitwen, vor allem wenn sie wegen der Erziehung ihrer Kinder keine eigenen Rentenansprüche erworben hatten.

Derartige Effekte ergaben sich auch aus der Tatsache, daß die Versicherungssysteme in ihrer seit dem Kaiserreich tradierten »ständischen« Gliederung bestehen blieben: Es existierten jeweils besondere Versicherungen für Arbeiter, Angestellte, Selbständige usw. Die Beamten genossen ohnedies weiterhin ein Versorgungssystem, das sich an den Grundsätzen der »Alimentierung« orientierte. Die ständische Gliederung und die entsprechende, ideologisch immer wieder betonte Ablehnung von Einheitsversicherung, Grundrente oder Mindestlohn wirkten sich in der unzureichenden Versorgung eines Teils der Bedürftigen aus, während es andrerseits durch Privilegierung und Doppelversorgungen zu einer relativen Überversorgung kam. Auf die Sicherung der Massenloyalität wirkten sich diese sozialpolitischen Defizite nicht negativ aus, weil die benachteiligten Gruppen politisch wenig artikulationsfähig waren. Nach der Bismarckschen Sozialversicherungsgesetzgebung, deren Grundlinien sie folgte, war die Sozialgesetzgebung der Adenauerzeit eine zweite Ära der sozialen Einbindung und Befriedung breiter Bevölkerungsschichten unter Aufrechterhaltung sozialer Niveaudifferenzierungen. Zur Stabilität der Republik und zu den Wahlerfolgen der regierenden CDU hat diese Sozialpolitik wesentlich beigetragen. Sie gehört seitdem zur Stabilitätsgrundlage der Bundesrepublik.

13.4. Ideologische Familienpolitik

Obwohl die Familie in der Ideologie der CDU/CSU einen zentralen Platz einnahm und 1953 sogar ein eigenes Familienministerium eingerichtet worden war, blieb der Umfang der Familien- und Kinderbeihilfen während dieser Zeit der sozialpolitischen Expansion gering. Erst 1954 wurde ein Gesetz über berufsgenossenschaftliche Familienausgleichskassen beschlossen, aus denen vom dritten Kind ab Kindergeld gezahlt werden sollte. Der Grundgedanke dabei war, innerhalb der verschiedenen sozialen Schichten eine Umverteilung von kinderlosen zu kinderreichen Familien zustande zu bringen. Daneben führten Steuerfreibeträge ebenfalls zu stark unterschiedlichen Entlastungen. Während bei hohen Einkommen relativ viel Steuerersparnis erzielt wird, entstehen für arme Familien geringe oder gar keine Effekte. Die stärkere Begünstigung höher verdienender Familien war gewollt.

»Gerade auch unseren weithin kulturtragenden Mittelstandsschichten darf nicht ausgerechnet da die Erfüllung ihrer wichtigen kulturellen Aufgabe unmöglich gemacht werden, wo sie diese an ihren Kindern damit für die Zukunft aller wirksam werden lassen wollen. ... Familienausgleich bedeutet ... Kaufkraftausgleich innerhalb jeder sozialen Schicht«[10], erklärte Familienminister Wuermeling. Obwohl das Klassenprinzip in der sozialen Sicherung selten so hart formuliert worden ist, war diese Denkweise für die Sozialpolitik der bürgerlichen Regierung bezeichnend. Größere Familien mit niedrigeren Einkommen lebten deswegen weiter am Rande des Existenzminimums. Die herrschende Familienideologie stand dem nicht entgegen, da sie mit dem Gedanken des Opfers und des Verzichts gerade der Mütter verbunden war. Wahlpolitisch waren Kinder nicht vorrangig. Der »Generationsvertrag«, von dem im Zusammenhang mit der Rentenreform soviel die Rede war, umfaßte deswegen nur die ältere und die mittlere Generation.[11] Die junge Generation wurde stiefmütterlich behandelt.

13.5. Gewerkschaftliche Lohn- und Reformpolitik

Neben der staatlichen Sozialpolitik stand die Aktivität der Gewerkschaften. Auch sie wurden handlungs- und durchsetzungsfähiger, nachdem der wirtschaftliche Aufschwung eingesetzt hatte. Es gelang ihnen, jährlich beträchtliche Lohnerhöhungen zu erreichen. Aufgrund der niedrigen Ausgangslöhne von 1948 und der hohen Produktivität war die bundesdeutsche Industrie trotzdem weniger mit Lohnkosten belastet als ihre internationale Konkurrenz. In der zweiten Hälfte der fünfziger Jahre begannen die Gewerkschaften, außer der Lohnexpansion strukturelle Verbesserungen zu erkämpfen: die 40-Stunden-Woche bei vollem Lohnausgleich, die Erweiterung des Jahresurlaubs und die Lohnfortzahlung im Krankheitsfall auch für Arbeiter. Diese Forderungen führten zu harten Auseinandersetzungen mit den Arbeitgebern, u.a. um die Jahreswende 1956/1957 zu einem sechzehnwöchigen Streik in der schleswig-holsteinischen Metallindustrie für die Lohnfortzahlung. Ab 1. Oktober 1956 galt in der Metallindustrie die Fünf-Tage-Woche mit 45 Stunden wöchentlicher Arbeitszeit. Schrittweise wurde zuerst in diesem Industriezweig und in der Folge auch in anderen Branchen die Arbeitszeit verringert. 1974 war die 40-Stunden-Woche für mehr als 90% der Beschäftigten erreicht. Seit dem Ende der sechziger Jahre wurde der Jahresurlaub verlängert, 1986 enthalten die meisten Tarifverträge einen Urlaubsanspruch von sechs Wochen.

Staatliche Mindestregelungen haben in beiden Bereichen bis heute keine Bedeutung: Nach wie vor gilt in der Bundesrepublik gesetzlich die 48-Stunden-Woche. Das Bundesurlaubsgesetz bestimmt seit 1963 drei Wochen Urlaub. Die Lohnfortzahlung im Krankheitsfall, ebenfalls zuerst 1957 in der Metallindustrie eingeführt, wurde dagegen von der Großen Koalition im Jahre 1968 auch staatlich sanktioniert.

Über jahrzehntelange schrittweise Verbesserungen haben die Gewerkschaften einen hohen Stand der Löhne und günstige Arbeitszeitregelungen sichern können. Sie blieben dabei im Rahmen des verteilungspolitisch Möglichen. Das wird auch dadurch dokumentiert, daß die Industrie vor allem in Zeiten wirtschaftlicher Expansion und des Arbeitskräftemangels Effektivlöhne zahlte, die beträchtlich über den Tariflöhnen lagen. Im Bereich der Verteilungspolitik bestand die Hauptfunktion der Gewerkschaften darin, brancheneinheitlich Tarife durchzusetzen, die allen Arbeitnehmern zugute kamen und ein stabiles Entlohnungssystem schufen, das auch in Zeiten konjunktureller Schwierigkeiten Kontinuität wahrte.

Konnten die Gewerkschaften in bezug auf die materiellen Arbeitsbedingungen große Erfolge verzeichnen, konnten sie ihre Vorstellungen zur Veränderung der Wirtschaftsordnung und der Betriebsstrukturen nur ansatzweise durchsetzen. Die paritätische Mitbestimmung in der Montanindustrie, wie sie in der Besatzungszeit eingeführt worden war, wurde mit großem Einsatz verteidigt. Als 1950 das Gesetz zur Beratung anstand und eine Abschaffung drohte, wurden in den Zechen und in der Stahlindustrie Urabstimmungen durchgeführt, in denen sich die Beschäftigten mit hohen Mehrheiten für einen Streik aussprachen, wenn der Bundestag die paritätische Mitbestimmung abschaffen würde. Bundesregierung und CDU gaben diesem Druck nach, auch im Interesse einer Zusammenarbeit mit den Gewerkschaften bei den damals anstehenden außenpolitischen Problemen im Zusammenhang mit der Montanunion.[12] Arbeitnehmer und Aktionäre erhielten in den Aufsichtsräten jeweils fünf Sitze, ein neutrales elftes Mitglied war jeweils hinzuzuwählen. Bei Nichteinigung hat die Aktionärsseite zusätzlich die Möglichkeit einer Einberufung der Hauptversammlung. Die paritätische Mitbestimmung hat dazu beigetragen, Konsensstrukturen in der Montanindustrie zu stabilisieren, die vor 1933 durch heftige soziale Auseinandersetzungen gekennzeichnet gewesen war. Für die Gewerkschaften war die paritätische Mitbestimmung zugleich ein Symbol für die Anerkennung der Arbeiterschaft in Staat und Gesellschaft. Es war eine Ironie der Geschichte, daß dieser Erfolg dadurch beeinträchtigt wurde, daß Ende der fünfziger Jahre die Verdrängung der Kohle durch das Öl einsetzte und in den späteren Jahrzehnten auch die Stahlindustrie ihre dominierende Stellung einbüßte und gegenüber Branchen wie der Chemie, der Elektroindustrie, der Automobilindustrie und den Dienstleistungsbereichen an Bedeutung verlor. Die paritätische Mitbestimmung mußte sich deshalb vielfach bei Sanierungen und beim Personalabbau bewähren. Zugleich war sie aber eine tragfähige Grundlage der Zusammenarbeit bei der Durchsetzung von Subventionen für die notleidenden klassischen Industrien.

In der übrigen Industrie dagegen blieb es bei der Einrichtung von Betriebsräten und der Besetzung nur eines Drittels der Aufsichtsräte durch Vertreter der Beschäftigten. Die Arbeit der Betriebsräte wurde zudem auf die Mitwirkung bei personellen und sozialen Angelegenheiten beschränkt; sie wurden gesetzlich auf die »vertrauensvolle Zusammenarbeit« mit der Unternehmensleitung verpflichtet – eine Regelung im Geist traditioneller Betriebsgemeinschaftsvorstellungen. Gegen massiven gewerkschaftlichen Widerstand, der in einem zweitägigen Druckerstreik im Mai 1952 gipfelte, verabschiedete der Bundestag am 27. Juli 1952 das Betriebsverfassungsgesetz mit der Mehrheit der Regierungskoalition.[13]

Obwohl der Betriebsrat nach diesem Gesetz eine relativ schwache Stellung hat, hat es im allgemeinen zu einer produktiven Zusammenarbeit geführt. Mit dem Betriebsrat gewannen die Beschäftigten einen Kontrollmechanismus, mit dem sie sich gegen betriebliche Willkür schützen können. Der Betriebsrat andrerseits arbeitete in allen Großbetrieben eng mit den Gewerkschaften zusammen, überwiegend werden seine Mitglieder durch die Gewerkschaften nominiert und nach ihren Vorschlägen gewählt. Er kann sich insofern, wenn seine Mittel nicht ausreichen, auch der Gewerkschaften bedienen. Auf der Ebene der einzelnen Betriebseinheiten und -abteilungen kann er mit den gewerkschaftlichen Vertrauensleuten zusammenarbeiten. Insgesamt existiert daher durchaus ein Gegengewicht gegen die Unternehmensleitungen, das es erlaubt hat, Konflikte innerhalb der Betriebe geregelt auszutragen. Bis auf wenige Ausnahmen hat es in bundesdeutschen Betrieben keine gewaltsamen Auseinandersetzungen gegeben, wie sie in anderen europäischen Ländern immer wieder zu beobachten sind.

All diese institutionellen Vorkehrungen wirkten befriedend und konsensbildend, vor allem wegen der »Grundstimmung materieller Zufriedenheit«[14], die sich wegen der wirtschaftlichen Erfolge und ihrer breiten sozialen Verteilung bei der Bevölkerung vor dem Hintergrund der Katastrophe von 1945 durchsetzte. In anderen Nachfolgestaaten der besiegten ehemaligen Achsenmächte (Italien, Österreich, Japan) hat sich eine ähnliche Legitimation der neuen Verhältnisse vor dem Hintergrund der allgemeinen Zerstörung ergeben. Auch die sozialpolitische Integration konnte den Basiskonsens, der auf diesen zentralen historischen Ereignissen beruhte, nur verstärken.

13.6. Die neue Konsumgesellschaft

Nach über 30 Jahren der Instabilität und der Krisen, die Deutschland von 1914 bis 1948 durchlebt hatte, brachte die ruhige Entwicklung der Bundesrepublik die Chance, die wirtschaftliche und soziale Entwicklung nachzuholen, welche die von den Weltkriegen und den Folgen weniger betroffenen Länder in diesen Jahrzehnten hatten. Das gilt besonders für den Massenkonsum, der breiten Schichten erstmals die Möglichkeit bot, in modernen Wohnungen zu leben, über ein breites Warenangebot an Nahrungs- und Genußmitteln zu verfügen, sich modisch und anspruchsvoll zu kleiden, Urlaubsreisen, insbesondere Auslandsfahrten zu unternehmen, und ein Automobil zu besitzen. Dieser neue Massenkonsum brachte schichtenübergreifende Erscheinungsweisen hervor. Die industriell produzierten und normierten Konsumartikel und die damit entstehenden Verbrauchsgewohnheiten waren relativ einheitlich, wenn auch auf unterschiedlichen finanziellen Niveaus. Der Soziologe Schelsky beschrieb diese Phänomene als »nivellierte Mittelstandsgesellschaft«, in der die Klassen tendenziell verschwänden. Wenn man die Verhältnisse mit der Klassengesellschaft des Kaiserreichs vergleiche, in der soziale Unterschiede hervorgehoben wurden, fielen die veränderten Erscheinungsweisen ins Auge. Schelsky selber hat seine These später modifiziert: Es gebe durchaus weiterhin eine erkennbare Schichtung in der Gesellschaft, allerdings mit einer breiter gewordenen Mittelschicht.[15] Besser als von einer Nivellierung könnte man von einer Homogenisierung der Gesellschaft sprechen. Die Bevölkerungsumschichtungen im Krieg und nach dem Krieg hatten zur Auflösung mancher alter Strukturen geführt. Der neue Konsum standardisierter Waren und Dienstleistungen vereinheitlichte die Gesellschaft stärker, als es je zuvor der Fall gewesen war. Die schnelle Zunahme der verschiedenen Konsummöglichkeiten war ein zentrales Erlebnis für die Kriegs- und die Nachkriegsgeneration, das auch auf der kulturellen Ebene seine Entsprechungen fand.

14. Verwestlichung, Eskapismus und kritische Tendenzen in der Kultur

14.1. Intensiver westlicher Kultureinfluß

Auf den ersten acht Plätzen einer Roman-Bestsellerliste für die Jahre zwischen 1950 und 1960 standen ausländische Autoren, darunter allein dreimal Hemingway, der in dieser Zeit offensichtlich der meistgelesene Autor in der Bundesrepublik war.[1] Das deutsche Publikum befriedigte seinen Nachholbedarf, einen gewissen Beitrag hatte dazu anfangs auch die Kulturarbeit der »Amerikahäuser«, der englischen »Brücke« und entsprechender Einrichtungen geleistet. Auch auf den Theaterbühnen setzten sich ausländische Autoren rasch durch, schon in der Spielzeit 1950/1951 wurden außer 232 deutschen 293 ausländische Stücke aufgeführt.[2] Im Film war der Durchbruch vor allem der amerikanischen Produktionen noch deutlicher: Sie brachten neue Genres wie den »Western« oder Zeichentrickfilm. Auch in der Musik traten neben die traditionelle »klassische« Musik und den »Schlager« neue, weltweit erfolgreiche Musikformen wie der Jazz. Schließlich verbreitete sich, von den Erwachsenen mit Schaudern betrachtet, seit 1956 der Rock 'n' Roll, die erste Welle der amerikanischen Jugendmusikstile, die sich von da ab immer wieder weltweit durchsetzten.

Selbstverständlich gehörte Deutschland auch vor 1933 zum westlichen Kulturkreis, aber seit dem Kaiserreich hatte es Bemühungen gegeben, einen »deutschen Sonderweg« zu entwickeln. Kunsthistorisch war eine »deutsche Sondergotik« konstruiert worden, Professoren hatten die »Ideen von 1914« denen von 1789 gegenübergestellt, Thomas Mann hatte die »unpolitische« deutsche von der »politischen« westlichen Kultur unterschieden. Der Nationalsozialismus schließlich verschärfte diese Tendenzen, indem er

Deutschland kulturell abschottete und die moderne Kunst als »art-fremd« ächtete. Nach dem vollständigen Zusammenbruch des NS-Systems öffnete sich das Publikum um so mehr dem Westen.

Stärker als es durch direkten politischen Einfluß möglich gewesen wäre, dürfte dieser kulturelle Wandel zur Verwestlichung der Bundesrepublik beigetragen haben. Denn hier entwickelte sich eine Fülle tiefreichender Identifikationen, die gerade bei den jüngeren Eliten-Angehörigen an die Stelle des überlieferten unsicher-verspannten Nationalismus und »deutschen Idealismus« traten.

Die Bundesrepublik wurde besonders intensiv in diese vor allem amerikanisch geprägte neue Zivilisation einbezogen. In ihrer Verunsicherung beharrte sie weniger auf Eigenelementen, im Gegensatz zu Ländern wie Frankreich, das seine kulturell-geistige Tradition weiter zu besitzen schien. Das hatte weitreichende Wirkungen. Obwohl die importierte Literatur sehr vielschichtig war, hatte sie doch stärker individualistische und liberale Züge als die vorher geltende deutsche Tradition. Sartre, der eine Art Modephilosoph auch in Westdeutschland wurde, ebenso wie der eine andere Richtung verfolgende Camus, waren Exponenten eines politisch-gesellschaftlichen Engagements und zugleich kritisch-individualistischen Denkens. Nonkonformismus sprach auch aus den Büchern Hemingways, allerdings in einer heroischen Spielart. Sonst aber wurden recht unterschiedliche Autoren importiert, von Sozialkritikern wie Faulkner bis zu Christlich-Konservativen wie Paul Claudel.

Der meistgelesene deutsche Autor war Thomas Mann mit *Buddenbrooks,* einem schon jahrzehntealten Werk. Er wurde nach der Rückkehr aus der amerikanischen Emigration noch einmal – trotz aller Entfremdung von seinem deutschen Publikum während des Krieges – ein Repräsentant des geistigen Deutschland.

Andere weltbekannte emigrierte Schriftsteller dagegen wurden kaum wieder rezipiert. Heinrich Mann kam erst in den sechziger Jahren, Oskar Maria Graf in den Siebzigern, Lion Feuchtwanger gar erst in den Achtzigern dem westdeutschen Publikum wieder ins Bewußtsein. Feuchtwanger, dem Autor von *Jud Süß,* dessen Roman in dem gleichnamigen Veit-Harlan-Film antisemitisch umgefälscht worden war, hat dabei auch seine Sympathie für den »Osten« geschadet. Kommunistische Autoren wurden in der frühen Bundesrepublik tabuisiert. Tiefsinnige germanistische Überlegungen wurden zu dem Phänomen Brecht angestellt, nachdem man ihn als Dichter und vor allem Theaterautor anerkannt hatte. War er doch kein richtiger Kommunist, sondern eher eine Art Urchrist? Oder hatte seine Kreativität radikal abgenommen, seitdem er in der DDR lebte?[3]

14.2. Eskapismus in Naturlyrik, Heimatfilm und »Schnulze«

Die Parteidichter der NSDAP waren 1945 obsolet. Anders war es mit Schriftstellern, die sich dem Nationalsozialismus angeschlossen hatten, aber ein eigenes Profil besaßen, wie Hans Carossa oder Agnes Miegel. Sie prägten noch jahrzehntelang die Schulbücher. Ein Sonderfall blieb Gottfried Benn, dessen Werk in den fünfziger Jahren eine zweite Blüte erlebte und der noch einmal einen breiten Leserkreis fand. Sein pessimistischer Heroismus (»Dennoch die Schwerter halten«) mochte das Zeitgefühl von vielen treffen.

Kontinuität findet sich in dieser Zeit in der Natur- und Landschaftsdichtung, die in der »inneren Emigration« Distanz bewahrt hatte und sie beibehielt. Dichter wie Oskar Loerke oder Elisabeth Langgässer, deren Frühlingsgedicht 1945 mit »Holde Anemone – bist Du wieder da?« beginnt, blieben ohne poetischen Kontakt zu gesellschaftlichen Streitfragen. Diese Art von Abschottung fand aber in der nächsten Generation kaum Nachfolger. Mehr Publikumswirkung hatten Romane wie Wiecherts *Das einfache Leben*; er beschrieb ein unverdorben-vorindustriell stilisiertes Dorfleben, das im Gegensatz zu den moralischen Gefahren der modernen Zivilisation stand.

Kontinuität gab es auch in den beiden Erfolgsbranchen, die nach wie vor von der deutschen Produktion geprägt wurden: dem Heimatfilm und dem deutschen Schlager. Personal und Konzeption blieben unverändert. Ein Regisseur wie Werner Klimt, der in der Nazi-Zeit mit Filmen wie *Der Postmeister* und *Ein Herz muß schweigen* gedient hatte, inszenierte nun auf der gleichen Linie *Der Jäger vom Fall*, *Das Mädchen vom Moorhof* und *Das Erbe von Björndal* – der Typ des sentimentalen Heimatfilms, der beim Publikum ungeahnte Erfolge hatte. Das blieb aber, in Verbindung mit Filmen einer monarchistischen Romantik wie *Sissi*, der einzige Bereich, in dem sich der deutsche Film noch einmal »profilierte«.

Als diese Welle in den sechziger Jahren zu Ende ging, stand der »alte Film« vor dem Nichts. Kritische oder anspruchsvolle Produktionen blieben Einzelfälle und fanden schwer Produzenten. Wolfgang Staudtes *Die Mörder sind unter uns* (1946) war ein Ostberliner DEFA-Film. Auch die vereinzelte Wiederheranziehung emigrierter Regisseure wie Fritz Lang führte nicht zu einem Neubeginn, sondern eher zu überladenen »Schinken« wie dem *Tiger von Eschnapur*.[4] Das Zeitgefühl der fünfziger Jahre aber gibt der Heimatfilm exakt wieder. Das »nachtotalitäre Biedermeier« (Narr), das uns schon in Politik und Gesellschaft begegnete, prägte auch den Kultur- und Unterhaltungssektor. Der Rückzug auf das »grüne Tal« und die Welt von Förstern, Wilderern und bodenständigen Bauern war damals kennzeichnend für den deutschen Film.

In bezug auf die Spätblüte des Monarchismus übertraf die Welt der Illustrierten den Film bei weitem. Eine ganze Gattung wurde als »Soraya-Presse« bezeichnet. Sie nahm sich nicht nur des persischen Kaiserhauses an, sondern bezog die gesamte verfügbare Welt des Hochadels ein. Dieser Zeitschriftentyp fand eine ungeahnte Verbreitung, vor allem bei Frauen.[5] Im Gegensatz zum Heimatfilm, der später auch dem Erfolg des Fernsehens zum Opfer fiel – inzwischen aber dort begrenzt wiederholt wird – besteht dieser Typus bis heute, in seiner Bedeutung freilich eingeschränkt, weiter.

Heimat, Wildbach, Försterhaus waren auch Hauptinhalt des deutschen Schlagers[6], ergänzt durch eine ferne Romantik. 1946 begann das mit den *Caprifischern*, dem unerreichbaren Sehnsuchtsland Italien. Sobald der Tourismus sich auf Italien ausdehnte, zog der Schlager weiter nach Peru, Mexiko, Hawaii oder dem Phantasieland *Maratonga*. Hier wie dort versprach er das unproblematische Glück, weit weg von der Bürde des Alltags und ohne Zusammenhang mit ihm. Die Unterhaltungskultur zeigt die eskapistischen Tendenzen der Zeit in viel reinerer Form, als man sie in Gesellschaft und Politik beobachten kann. Mittelfristig erwies sich jedoch diese Richtung auch als eine Schwäche der deutschen Produktion. Ein großer Teil der anspruchsvolleren und der jüngeren Deutschen orientierten sich mangels eines besseren deutschen Angebots an ausländischen Qualitätsprodukten: dem französischen Chanson, den verschiedenen Arten der amerikanischen Musik.

Im Gegensatz dazu erlebte die deutsche Literaturproduktion wenige Jahre nach dem nationalsozialistischen Kahlschlag und trotz des Traditionsverlusts einen Neubeginn, der auch international Beachtung fand. Was zunächst hoffnungsvoller Nachwuchs gewesen war – Heinrich Böll erhielt 1951 den Preis der »Gruppe 47« –, prägte Ende der fünfziger Jahre die deutsche Literatur, wurde international beachtet und hatte schließlich auch Einfluß auf die Gesellschaft. Die Romane von Böll und Grass, die Gedichte von Enzensberger oder – auf ganz andere Weise – von Ingeborg Bachmann thematisierten die bundesdeutsche Realität und die unmittelbare Vergangenheit. Sie waren im Hinblick auf das geistige Klima, das »Wirtschaftswunder«-Gefühl und die tabuisierte Vergangenheit oppositionell. Böll z. B. zeichnete kleinbürgerliche Verhältnisse der Adenauerzeit, Außenseiter aus Ekel vor der Gesellschaft, die Doppelmoral der Amtskirche. Grass ließ zunächst den kleinen Blechtrommler, später den »Hund des Führers«, karikierend durch die bundesrepublikanische Realität laufen, die Zeit vor und nach 1945 zu einer engen Einheit verklammernd. Enzensberger sprach vom Unbehagen an diesem Land (»Was habe ich hier verloren …?«), Ingeborg Bachmann beschwor in diesem Klima der allseits erstrebten Sicherheit den »Stern der Hoffnung«, verliehen »für die Flucht von den Fahnen, für die Tapferkeit vor dem Freund, für den Verrat unwürdiger Geheimnisse und die Nichtachtung jeglichen Befehls«.[7] All das verriet Widerspruch und wurde deshalb auch heftig mißbilligt, vor allem wenn wie bei Grass schockierende sexuelle Passagen zum Text gehörten.

Der CDU-Politiker und spätere Außenminister Heinrich v. Brentano, der schon Brecht mit Horst Wessel verglichen hatte, sprach, als diese Literatur sich immer stärker durchsetzte, von der »Gruppe 47« als der »geheimen Reichsschrifttumskammer«. Nun war die »Gruppe 47« ein offenes Forum, definiert nur durch ihre jährlichen Tagungen von 1947 bis 1967, zu denen Hans Werner Richter nach seinem eigenen Qualitätsgefühl Autoren und Kritiker überwiegend der jüngeren Generation einlud. Sie entwickelte sich zu einer lockeren Gemeinschaft, die aber literarische Fehden und Unterschiede keineswegs ausschloß. Das literarische Klima der Adenauerzeit unterschied sich deutlich vom politisch-gesellschaftlichen.

Die Literatur spielte, wie das schon in den Figuren von Grass *(Die Blechtrommel)* und Böll *(Ansichten eines Clowns)* angedeutet wird, zunächst eher die Rolle des Hofnarren, den sich die Gesellschaft leistete. Hier aber lag auf lange Sicht eine wichtige Quelle demokratischer Opposition. 1961 gab es zum ersten Mal eine von Schriftstellern publizierte Stellungnahme zur Bundestagswahl: den von Martin Walser herausgegebenen Band *Die Alternative oder Brauchen wir eine neue Regierung?*, in dem Schriftsteller zugunsten der SPD argumentierten. Der Geist stand links.

Schriftsteller und Dichter waren es auch, die in einer Zeit allgemeiner Verdrängung die Schrecken des »Dritten Reiches« thematisierten. Paul Celans schon 1952 veröffentlichte *Todesfuge*[8] beschwor mit den Zeilen

>»der schreibt wenn es dunkelt nach Deutschland
>Dein goldenes Haar Margarete
>Dein aschenes Haar Sulamith wir schaufeln ein
>Grab in den Lüften da liegt man nicht eng«

die Schrecken der Vergangenheit, vor denen man Sicherheit weder durch Rüstung noch durch Wirtschaftswachstum gewinnen konnte.

II. Der Weg zur sozialliberalen Reform 1962–1973

1. Krise der Adenauerschen Außenpolitik. Brandts Politik der »kleinen Schritte«

1.1. Kennedys Entspannungspolitik und die Opposition der Bundesregierung

Die Berlin-Krise von 1958 bis 1963 machte sichtbar, daß Adenauers »Politik der Stärke« in bezug auf die Wiedervereinigung gescheitert war. Mit dem Bau der »Berliner Mauer« hatte die DDR-Führung die Teilung Deutschlands zementiert und sich gegen westliche Einflüsse und die Fluchtbewegung abgeschirmt. In der Reaktion der westlichen Regierungen auf das Berlin-Ultimatum Chruschtschows zeigten sich Tendenzen, die DDR faktisch anzuerkennen und damit das Bonner Konzept der Alleinvertretung Deutschlands, der Isolierung der »Zonen-Regierung« zu durchbrechen. Angesichts der nuklearen Parität zwischen den USA und der UdSSR wuchs gleichzeitig das Interesse beider Seiten, zu Regelungen zu kommen, welche die militärisch mögliche gegenseitige Vernichtung verhinderten. Eine derartige »Entspannung« setzte aber zunächst die Anerkennung des Status quo voraus. Erst auf dieser Grundlage konnten gemeinsame Interessen formuliert und vertraglich fixiert werden.

Nachdem der sowjetische Versuch gescheitert war, durch eine Raketenstationierung auf Kuba das Gleichgewicht zu verschieben, wurde dieser neue Gesichtspunkt der Entspannung in der amerikanischen Politik maßgebend. Ein erster wesentlicher Erfolg dieses Ansatzes war das Teststoppabkommen zwischen den USA, der UdSSR und Großbritannien 1963. Es begrenzte die atomare Verseuchung der Atmosphäre durch Atomtests und war gleichzeitig ein erster Schritt, das atomare Wettrüsten zu beschränken. Politisch machte es sichtbar, daß Entspannungsversuche durchaus erfolgversprechend sein konnten, wenn gemeinsame Interessen existierten.

Ein wichtiges gemeinsames Interesse der Atommächte bestand in der Verhinderung der Ausbreitung der Atomwaffen, die durch den Beitritt möglichst vieler Nicht-Atomwaffen-Staaten zu dem Abkommen erreicht werden konnte. Frankreich und China verweigerten die Unterschrift, sie waren mit der Entwicklung eigener Atomwaffen beschäftigt. Die Bundesrepublik unterschrieb nach inneren

Auseinandersetzungen in der CDU/CSU. Ein Stein des Anstoßes war der Beitritt auch der DDR zu dem Abkommen und die Befürchtung, derartige Verträge könnten als Quasi-Anerkennung angesehen werden. Aus diesem Grunde widerstrebte der Bundesregierung auch ein Nichtangriffspakt zwischen den beiden Bündnissystemen.[1] Für Adenauer war die Politik der Entspannung »Verrat an seiner Wiedervereinigungspolitik«.[2] Sein Vertrauter Krone notierte in seinem Tagebuch, die Lage ähnele der Konstellation von Versailles. 1963 sprach sich Adenauer für ein Weizenembargo gegen die UdSSR aus, sie sollte dadurch zum Nachgeben gezwungen werden. Für die Washingtoner Regierung dagegen war gerade die Lieferung von Weizen eine Möglichkeit, mit der Sowjetunion politisch und wirtschaftlich ins Geschäft zu kommen.[3]

Deutlicher opponierte die Bundesregierung gegen den nächsten wichtigen Schritt auf dem Weg zur Entspannung, das Abkommen über die Nichtweiterverbreitung (»Nonproliferation«) nuklearer Waffen (Atomsperrvertrag), über das die beiden Weltmächte seit 1965 verhandelten. Obwohl die Bundesrepublik auf ABC-Waffen verzichtet hatte, wehrten sich Spitzenpolitiker der CDU/CSU erbittert gegen diesen Vertrag. Adenauer sprach von einem »Zweiten Jalta«, einem »Morgenthauplan im Quadrat«, Strauß von einem »Versailles von kosmischen Ausmaßen«, Kiesinger von einer »atomaren Komplizenschaft« der beiden Supermächte.[4] Der Widerstand der CDU/CSU war so stark, daß die Bundesrepublik das Abkommen schließlich erst 1969, unter der sozialliberalen Koalition, unterzeichnete. Zuvor hatte sich jedoch die Bundesrepublik in dieser Frage im internationalen System isoliert. Das bundesdeutsche Verlangen gegenüber den USA, den Atomsperrvertrag mit Fortschritten in der Wiedervereinigung zu verbinden, war unrealistisch. Es berücksichtigte nicht, daß die USA in gleicher Weise wie die UdSSR an der Nichtweiterverbreitung interessiert waren. Der Vertrag begrenzte die Zahl der Atommächte. Das deutsche Sträuben in dieser Frage war nicht nur ein willkommener Anlaß für entsprechende sowjetische Propaganda. Auch die Westmächte waren keineswegs bereit, der Bundesrepublik Atomwaffen anzuvertrauen. Die deutsche Politik hielt an Illusionen aus der Zeit des »Kalten Krieges« fest, die in den übrigen NATO-Staaten längst aufgegeben worden waren. Sie pochte vergebens auf die Zusicherung im Deutschlandvertrag, mit dem sich die Westmächte auf ein Wiedervereinigungsmodell festgelegt hatten, das längst unrealisierbar war.

Bei seinem Berlin-Besuch 1963 faßte Präsident Kennedy die Grundprinzipien der neuen amerikanischen Politik zusammen und erläuterte zugleich, welche Rolle die Bundesrepublik in dieser »Situation des Wandels und der Herausforderung« spielen könne. Es genüge nicht, hinter dem Schild militärischer Verpflichtung auf der Stelle zu treten und »in Erwartung besserer Zeiten« den Status quo aufrechtzuerhalten. Es sei vielmehr erforderlich, alles zu tun, damit »für den Menschen in den stillen Straßen östlich von uns die Verbindung mit der westlichen Gesellschaft aufrechterhalten wird – mittels aller Berührungspunkte und Verbindungsmöglichkeiten, die geschaffen werden können, durch das Höchstmaß von Handelsbeziehungen, das unsere Sicherheit erlaubt«.[5]

Das war eine deutliche Absage an die Adenauersche Außenpolitik und ihre konzeptionelle Sterilität. In der Bundesrepublik waren oft ähnliche Positionen formuliert worden. Marion Gräfin Dönhoff hatte z.B. die Errichtung der Mauer in Berlin 1961 als »Quittung für den langen Schlaf« kommentiert.[6]

Kennedy besaß das Charisma, das den deutschen Politikern dieser Zeit fehlte. Sein hochsymbolischer Ausspruch »Ich bin ein Berliner« bei seinem Besuch in der geteilten Stadt wurde begeistert gefeiert, die Deutschen – immer noch tief verunsichert und liebebedürftig – erlebten ein neues Identifikationsgefühl mit der westlichen Führungsmacht. Umfragen zeigen, daß sich nach dem Besuch ein Gefühl der Zuversicht im Hinblick auf die Lage Berlins einstellte.[7]

1.2. »Kleine Schritte« und »Wandel durch Annäherung«

Zwei Tendenzen deutscher Entspannungspolitik wurden durch den Zusammenhang mit Kennedys Politik entscheidend legitimiert und gestärkt. Das war einmal die »Politik der kleinen Schritte« des Berliner Regierenden Bürgermeisters Brandt, der gleichzeitig Kanzlerkandidat und seit 1964 auch Parteivorsitzender der SPD war. Diese Position wurde einen Monat nach dem Besuch des amerikanischen Präsidenten von Brandts Berliner Pressesprecher Egon Bahr als »Wandel durch Annäherung« formuliert. Bahr knüpfte direkt an Kennedy an, als er am 15. Juli 1963 in der Evangelischen Akademie in Tutzing ausführte:

»Die Änderung des Ost-West-Verhältnisses, die die USA versuchen wollen, dient der Überwindung des Status quo, indem der Status quo zunächst nicht verändert werden soll. Das klingt paradox, aber es eröffnet Aussichten, nachdem die bisherige Politik des Drucks und Gegendrucks nur zu einer Erstarrung des Status quo geführt hat. Das Vertrauen darauf, daß unsere Welt die bessere ist, die im friedlichen Sinne stärkere, die sich durchsetzen wird, macht den Versuch denkbar, sich selbst und die andere Seite zu öffnen und die bisherigen Befreiungsvorstellungen zurückzustellen... Die erste Folgerung, die sich aus einer Übertragung der Strategie des Friedens auf Deutschland ergibt, ist, daß die Politik des Alles oder Nichts ausscheidet. Entweder freie Wahlen als ersten Schritt oder Ablehnung, das alles ist nicht nur hoffnungslos antiquiert und unwirklich, sondern in einer Strategie des Friedens auch sinnlos... Wenn es richtig ist, was Kennedy sagt, daß man auch die Interessen der anderen Seite anerkennen und berücksichtigen müsse, so ist es sicher für die Sowjetunion unmöglich, sich die Zone zum Zwecke einer Verstärkung des westlichen Potentials entreißen zu lassen. Die Zone muß mit Zustimmung der Sowjets transformiert werden. Wenn wir soweit wären, hätten wir einen großen Schritt zur Wiedervereinigung getan.«[8]

Bahr sparte in dieser Konzeption eine Anerkennung der DDR als Staat aus. Sie wäre zum damaligen Zeitpunkt unrealisierbar gewesen. Seine Rede löste ohnehin eine Flut von Verdächtigungen aus. Der neue Ansatz bezog sich auf das Scheitern der bisherigen Politik, das mit dem Bau der »Berliner Mauer« sichtbar geworden war. An die Stelle westlicher Boykott-Maßnahmen, wie sie nach dem Bau der »Mauer« zunächst eingeleitet worden waren (etwa im Sportverkehr oder durch das Absetzen von Stücken Brechts vom Spielplan der westdeutschen Bühnen), sollte eine Förderung von Kontakten aller Art treten. Eine gewisse Stabilisierung der DDR sollte in der Erwartung in Kauf genommen werden, daß sie den Menschen und den Beziehungen zwischen Ost und West zugute kommen werde.

Sichtbar und erfahrbar wurde diese Politik durch die Passierschein-Abkommen, die Brandt als Berliner Bürgermeister mit der DDR-Regierung vereinbarte. Mit den Abkommen war keinerlei Anerkennung verbunden, dagegen schützte eine »salvatorische Klausel«. Immerhin verhandelte aber der Berliner Senat mit der DDR. Das Abkommen vom 17. Dezember 1963 machte zum ersten Mal seit dem Bau der »Mauer« Besuche von Westberlinern in Ostberlin möglich, zunächst nur für die Weihnachtszeit. Es dauerte dann bis zum 24. September 1964, bis ein weiteres Passierschein-

Abkommen unterzeichnet wurde, nun für ein Jahr. Ein drittes und ein viertes Abkommen wurde im November 1965 und im März 1966 abgeschlossen.[9] Die Abkommen waren nicht nur für die Berliner Bevölkerung wichtig, sondern hatten darüber hinaus eine ungeheure Publizität. Hier wurde keine abstrakte Planung in die Wege geleitet, sondern es wurde deutlich, daß »kleine Schritte« Verbesserungen im gegenseitigen Einvernehmen bewirken konnten. Brandt führte seine Politik jeweils nach Abstimmung mit den Westalliierten und der Bundesregierung durch. Erleichtert wurde das durch die Tatsache, daß im Berliner Senat bis 1963 die CDU, dann die FDP vertreten war. Erschwert wurde die Abstimmung durch die Tatsache, daß die Bundesregierung nicht an der Profilierung des sozialdemokratischen Kanzlerkandidaten interessiert sein konnte. Daraus und aus inneren Grundsätzen resultierte ihre schwankende Haltung. Während einerseits die Passierschein-Abkommen gebilligt wurden, äußerte Bundeskanzler Erhard andererseits die Befürchtung, sie seien »so was wie ein trojanisches Pferd«, mit dem die Drei-Staaten-Theorie in die Bundesrepublik eingeschleust werden solle. Zeitweilig kam es in diesem Zusammenhang zu Meinungsverschiedenheiten, die den Abschluß weiterer Abkommen verzögerten.[10]

1.3. »Gaullisten« und »Atlantiker« in der CDU/CSU

Innerhalb der Bundesregierung und der CDU bildeten sich seit 1961 Meinungsverschiedenheiten über die Ost-, Deutschland- und Westpolitik heraus. Die FDP war schon immer aufgeschlossen gegenüber Kontakten mit Osteuropa und gesamtdeutschen Initiativen. Ihr Vorsitzender Mende, seit 1963 Gesamtdeutscher Minister, versuchte Brandts Politik verbal zu übertreffen, indem er eine »Politik der mittleren Schritte« proklamierte. Wie alle Gesamtdeutschen Minister hatte er aber wenig Handlungsmöglichkeiten, die Existenz des Ministeriums selber hatte eher demonstrativen Charakter.

Entscheidender war das Außenministerium. Hier hatte sich nach der Ablösung v. Brentanos eine Akzentverschiebung ergeben. Der neue Außenminister Gerhard Schröder versuchte, Beziehungen zu den Ostblock-Staaten anzuknüpfen, jedoch unter bewußter »Ausklammerung« der DDR, die man damals allgemein noch in Anführungszeichen setzte. Ein gewisser Anfangserfolg war der

Austausch von Handelsmissionen mit Polen. Das von Schröder betriebene Spiel war aber zu durchsichtig. Um die DDR nicht isolieren zu lassen, blockierte die sowjetische Führungsmacht die bundesrepublikanischen Anknüpfungsversuche. Sie schloß 1964 demonstrativ einen Freundschaftsvertrag mit der DDR. Andrerseits gab es Widerstand innerhalb der CDU/CSU, wo man die Hallstein-Doktrin und das Alleinvertretungsrecht der Bundesrepublik gefährdet sah. Außenminister Schröder mußte daher seit 1962 immer wieder Rückendeckung für seine Politik beim Koalitionspartner FDP und auch bei der oppositionellen SPD suchen. Schon der Teststoppvertrag konnte nur auf diese Weise ratifiziert werden.[11]

Innerhalb der CDU/CSU formierten sich seit 1962 zwei außenpolitische Grundrichtungen, deren Anhänger als »Gaullisten« und »Atlantiker« bezeichnet wurden. Angesichts der von Politikern wie Adenauer, v. Brentano, Krone und Strauß empfundenen Spannungen mit den USA setzte die Mehrheit der CDU/CSU, darunter die meisten süddeutschen und katholischen Politiker, auf die Alternative einer engeren Bindung an das Frankreich de Gaulles. Außer dem als brüskierend empfundenen Stil des amerikanischen Vorgehens und dem amerikanisch-sowjetischen Bilateralismus waren die Aufgabe deutschlandpolitischer Tabus und die Befürchtung einer »Abkopplung« Amerikas von der Verteidigung Europas zentrale Konfliktpunkte. Nachdem die UdSSR die nukleare Parität erreicht hatte, war nach Ansicht der amerikanischen Regierung die nukleare Abschreckung unglaubwürdig geworden, auch im Falle eines Berlin-Konflikts. Sie lief in der Tat auf kollektiven Selbstmord hinaus. Deswegen vertrat Verteidigungsminister McNamara die neue Militärdoktrin einer »flexible response«, mit der auf die Schwere eines Angriffs beweglich reagiert werden konnte. Die Konsequenz war die Verstärkung der konventionellen Streitkräfte.

Den »Gaullisten« in der CDU/CSU schien die neue französische Atomstreitmacht in dieser Situation eine Alternative zu sein. Sie war zwar klein, aber von Frankreich erwartete man eine stärkere Identifikation mit deutschen Zielen. 1962, in seinem vorletzten Amtsjahr, versuchte Adenauer diese Vorstellung abzusichern. Nach einem triumphalen Staatsbesuch de Gaulles in verschiedenen deutschen Städten, in denen er von dem »großen deutschen Volk« sprach – Balsam für die verhärmte deutsche Seele – und die deutsch-französische Freundschaft feierte, vereinbarten die beiden großen alten Männer einen Freundschaftsvertrag. Er sollte den

Kern eines neuen europäischen Gegengewichts bilden, besaß aber eine antiamerikanische Spitze. Der Deutsche Bundestag versah ihn zum Ausgleich mit einer Präambel, die auf die Beziehungen zu den USA, Großbritannien und auf die EWG Bezug nahm. Mit dieser Präambel wurde jedoch die Idee eines deutsch-französischen Exklusiv-Verhältnisses aus der Welt geschafft.[12] De Gaulle fühlte sich brüskiert. Die nächsten Jahre, in denen der französische Staatspräsident sein Land aus der NATO-Integration löste, die Erweiterung und Intensivierung der europäischen Gemeinschaft blockierte und schließlich bei einem Staatsbesuch in Polen den polnischen Charakter Schlesiens hervorhob, machten deutlich, daß der General keineswegs mit den Intentionen derer übereinstimmte, die sich als seine deutschen Verbündeten betrachteten. Nicht nur die USA, auch Frankreich war nicht an einer unabhängigen deutschen Nuklearmacht interessiert.

Die Auseinandersetzung innerhalb der CDU/CSU um die Außenpolitik veränderte die politische Landschaft. War in den fünfziger Jahren die CDU/CSU der wichtigste Partner Amerikas in Westdeutschland gewesen – Kennedy hatte noch als Senator die einseitige Parteinahme der Eisenhower-Regierung kritisiert –, unterhielt nun die SPD enge Beziehungen zur Washingtoner Regierung. Berlin und sein Bürgermeister waren in den USA populär, während Adenauer und Strauß von der Kennedy-Regierung sehr kritisch gesehen wurden. Ein Tiefpunkt der Beziehungen wurde 1962 erreicht, als v. Brentano ein amerikanisches Konzept für Berlin-Verhandlungen mit der UdSSR der Presse zuspielte, um es auf diese Weise zu »erledigen«.[13] Adenauers Vertrauter Krone notierte 1963, zwischen Regierung und Opposition finde ein Wettbewerb »um das beste Einvernehmen mit den Amerikanern« statt.[14]

Für die SPD war diese Beziehung wichtig, stärkte sie doch in der deutschen Öffentlichkeit ihre Vertrauenswürdigkeit. Brandt selber versuchte sich als »deutscher Kennedy« zu profilieren, er pflegte enge Kontakte zu dem amerikanischen Präsidenten. Die SPD orientierte sich daher stark an der amerikanischen Politik und vollzog viele ihrer Wendungen nach. Das galt etwa für das Projekt einer multilateralen NATO-Atomstreitmacht, mit der die USA das Vertrauen der Europäer und besonders der Deutschen auch in der Situation des atomaren Patts wiederzugewinnen hofften und zugleich dem gaullistischen Anti-Amerikanismus entgegenarbeiten wollten, ohne ihr Entscheidungsmonopol beim Einsatz von Atomwaffen aufzugeben. Die Kennedy-Faszination und die führende Rolle Amerikas in der Entspannungspolitik der sechziger Jahre machten die SPD-Führung wie überhaupt die deutsche Politik zunächst auch unempfänglich für die moralische Problematik des Vietnam-Krieges, in den sich die USA in der zweiten Hälfte der sechziger Jahre immer stärker verstrickten. Dafür wurde aber von der SPD-Parteibasis und den ihr ι.ahestehenden studentischen Gruppen diese Debatte um so stärker geführt.

1.4. Nichtanerkennungspolitik gegenüber der DDR und ihr Fiasko in der Dritten Welt

Die Entwicklungspolitik war ein Bereich, den die Bundesrepublik in den sechziger Jahren unter amerikanischem Einfluß immer stärker zur Kenntnis nahm.[15] Nach der Periode der Entkolonialisierung galten beide Länder in den neuen unabhängigen Ländern Afrikas und Asiens im Hinblick auf die koloniale Vergangenheit als weitgehend unbelastet. Symptomatisch für den amerikanischen Einfluß war es, daß während des Kennedy-Besuchs in Deutschland der Deutsche Entwicklungsdienst – als Entsprechung zum amerikanischen Peace Corps konzipiert – gegründet wurde.

Während für die USA der traditionelle Fortschrittsglaube und der Antikommunismus die Leitlinie bildeten, war für die Bundesregierung die Nichtanerkennung der DDR von zentraler Bedeutung. Sie wurde in der Dritten Welt erpreßbar, da sie ihre Entwicklungshilfe weithin nach Gesichtspunkten der Hallstein-Doktrin verteilte. Im Nahen Osten scheiterte die Regierung Erhard mit dieser Politik. Hier verschränkten sich der arabisch-israelische Konflikt und die deutschen Interessen und Belastungen zu einem diplomatischen Desaster.

Nach dem Auslaufen der Wiedergutmachungslieferungen an Israel hatte es die Bundesrepublik nach Absprache mit den USA, die sich selber nicht exponieren wollten, übernommen, Waffen – hauptsächlich ausrangierte Bundeswehrpanzer – nach Israel zu liefern. Ägyptens Proteste hatten zunächst keine Wirkung. Erst nachdem dieses arabische Führungsland ankündigte, die diplomatischen Beziehungen zu Bonn abzubrechen, gab die Bundesregierung nach und beendete die Waffenlieferungen. Man hatte einer Drohung nachgegeben und war zugleich zwischen die Fronten geraten. Denn nun protestierten Israel und jüdische Gruppen in den USA. Zudem war peinlich, daß deutsche Waffenexperten in Ägypten arbeiteten und israelische Befürchtungen auslösten. Um den Druck auf die Bundesrepublik zu erhöhen und gleichzeitig sowjetische Wünsche zu befriedigen, hatte Ägyptens Präsident Nasser den DDR-Staatsratsvorsitzenden Ulbricht zu einem offiziellen Staatsbesuch eingeladen. Trotz der Beendigung der Bonner Waffenlieferungen an Israel fand dieser Besuch im Februar und März 1965 statt. Die Reaktion der Bundesregierung bestand in der Aufnahme diplomatischer Beziehungen mit Israel, die in den fünfziger Jahren wegen Israels Erinnerung an die Judenvernichtung im »Dritten Reich« unterblieben war.

Die Anerkennung als eine Art Strafmaßnahme gegen Ägypten veranlaßte jedoch die meisten arabischen Länder, die Beziehungen zu Bonn abzubrechen. Die Erpreßbarkeit der Bundesrepublik war endgültig offenkundig geworden. Der Verlust an Einfluß und Spielraum in der Dritten Welt war ebenso deutlich erkennbar. Ägypten war zusammen mit Indien und Jugoslawien das Führungsland der Bewegung der Blockfreien. Da die Bundesregierung die Beziehungen zu Jugoslawien schon 1957 als Reaktion auf die Anerkennung der DDR abgebrochen hatte, war Bonn damit in zwei der drei wichtigsten neutralen Länder nicht mehr vertreten. Mit der Hallstein-Doktrin hatte sich die Bundesrepublik juristisch selber gefesselt. Auch in bezug auf die Außenpolitik bedurfte es erst des Schocks der Wirtschaftskrise von 1966/67, um neuen Impulsen eine Chance zu geben.

2. Die *Spiegel*-Krise – Erschütterung des autoritären Kanzlerregimes

Die *Spiegel*-Krise von 1962 war eine entscheidende Zäsur am Ende der Regierungszeit Adenauers, sie griff das Prestige des Kanzlers an. Ihre Dramatik, die immer wieder neuen Enthüllungen und Akzentuierungen, die Personalisierung politischer und rechtlicher Streitfragen und die Polarisierung der Meinungen zwischen konservativen und liberalen Kräften beschäftigten die Öffentlichkeit monatelang. Zum ersten Mal in der Nachkriegszeit kam es dabei zu einer großen Zahl spontaner Proteste, Demonstrationen und Erklärungen von Professoren, Künstlern, Schriftstellern, Journalisten, Studenten – ein erster Schritt zu einer von diesem Zeitpunkt an wachsenden Politisierung (vgl. Tab. 4, S. 242).

Strauß war seit 1956 Verteidigungsminister. Als einer der begabtesten Redner im Bundestag vertrat er die Position der CDU/CSU mit Schärfe und Zuspitzung. Mit besonderer Energie setzte er sich für das Konzept der »massiven Abschreckung« ein, einschließlich der Bewaffnung der Bundeswehr mit »taktischen Atomwaffen«, die bis auf die unterste Ebene Bestandteil der militärischen Planung wurden. Strauß hielt an dieser Konzeption auch fest, als die Regierung Kennedy seit 1961 eine andere Verteidigungskonzeption vertrat: Die der »flexible response«, die im Konfliktfall einen Einsatz von Atomwaffen möglichst hinauszögern sollte, um Zeit für Verhandlungen zu gewinnen. »Hebung der Atomwaffenschwelle« war das Stichwort. Ein besonders heikler Punkt der Straußschen Konzeption hingegen war der von ihm erwähnte Gedanke eines vorbeugenden Schlages – immer nur auf englisch als »preemptive strike« bezeichnet – im Falle von »als sicher erkannten« sowjetischen Angriffsabsichten.

Strauß genoß als CSU-Vorsitzender eine gewisse Unabhängigkeit von Adenauer. Trotz ihrer Einbindung in die gemeinsame Fraktion trat die CSU als ein Koalitionspartner auf. Strauß agierte auch als Minister durchaus selbständig. Im Verteidigungsbereich stellte er den Bundeskanzler vor vollendete Entscheidungen, auf die dieser mit scharfen internen Zurechtweisungen reagierte.[1] Die SPD vertrat verteidigungspolitisch die Linie der Regierung Kennedy, war aber seit 1960 bestrebt, in der Außen- und Verteidigungspolitik grundsätzliche Kontroversen mit der Bundesregierung möglichst zu vermeiden, um ihre Wahlchancen nicht zu gefährden. Die Meinungsunterschiede stellten sich auf diese Weise eher als Fachkontroverse dar.

Stärker als die parlamentarische Opposition war in der Öffentlichkeit die Kritik wahrnehmbar, die der *Spiegel* an Strauß übte, seit er im März 1961 zum CSU-Vorsitzenden gewählt worden war. Die Zeitschrift ging Unregelmäßigkeiten und Affären nach, die sich im Zusammenhang mit Strauß finden ließen. Dieser hatte etwa eine Dienstaufsichtsbeschwerde gegen einen Bonner Polizisten angestrengt, der ihm seiner Ansicht nach nicht rasch genug Vorfahrt gewährt hatte. Der Spiegel berichtete über die »FIBAG-Affäre« im Zusammenhang mit dem Bau von Kasernen für amerikanische Truppen, in die enge Bekannte des Ministers verwickelt waren.

Zu dieser kritischen Berichterstattung über Strauß gehörte auch der *Spiegel*-Beitrag *Bedingt abwehrbereit* vom 8. Oktober 1962. Eingehend wurde dort das NATO-Stabsmanöver »Fallex 62« analysiert. *Der Spiegel* kam zu dem Schluß, die Verteidigung der Bundesrepublik sei im Falle eines östlichen Angriffs nicht voll gewährleistet, und analysierte die strategischen Alternativen, die in der NATO diskutiert wurden. Ferner ging er auf die Gefährdung des Friedens ein, der durch den Gedanken des »preemtive strike« gegeben sei.

Am 26. Oktober, 18 Tage nach Erscheinen des *Spiegel*-Artikels, wurden in einer nächtlichen Aktion der gesamte *Spiegel*-Verlag, die Bonner *Spiegel*-Redaktion und mehrere Privatwohnungen besetzt, außerdem wurde der *Spiegel*-Herausgeber Rudolf Augstein verhaftet. Dabei wurden die zuständigen Bundes- und Landesminister, die der SPD bzw. FDP angehörten, nicht oder verspätet informiert. Der Verfasser des Artikels, Conrad Ahlers, hielt sich in Spanien auf. Nach den internationalen Polizeivereinbarungen konnte er auch durch Interpol nicht verhaftet werden, da es sich um eine Anklage wegen eines politischen Delikts handelte. Ohne jede gesetzliche Grundlage und ohne Einschaltung des zuständigen Auswärtigen Amtes telefonierte Strauß daraufhin mit dem Militärattaché an der deutschen Botschaft in Madrid. Er erreichte auf diesem Wege, daß Ahlers und seine Frau – gegen sie lag überhaupt nichts vor – von der spanischen Polizei festgenommen wurden.[2]

Die Besetzung und Durchsuchung des *Spiegel*-Verlages wurde in exzessiver Weise durchgeführt. Wochenlang blieben die Redaktionsräume bis hin zur Telefonzentrale blockiert. Nur mit Hilfe anderer Hamburger Verlage war es der *Spiegel*-Redaktion möglich, ihre Arbeit weiterzuführen und die nächsten Nummern zu veröffentlichen. Der die Untersuchung führende Bundesanwalt ließ sich sogar die Druckfahnen der *Spiegel*-Ausgabe vom 29. Oktober vorlegen – eine Zensurmaßnahme, für die es keine Rechtsgrundlage gab. Unverhältnismäßig war auch, daß am 2. November Verlagsdirektor Becker und am 4. Dezember der Rechtsanwalt des *Spiegels,* Josef Augstein, verhaftet wurden, ihm wurde nur die Vermittlung eines Gesprächs zwischen einem Oberst der Bundeswehr und Ahlers vorgeworfen.

Begleitet wurde diese übermäßige Ausschöpfung staatsanwaltschaftlicher Möglichkeiten, die in engem Kontakt mit dem Verteidigungsministerium stattfand, von einer Vorverurteilung durch die

Bundesregierung und die Bundesanwaltschaft. Adenauer selber sprach im Bundestag am 7. November von einem »Abgrund an Landesverrat« und davon, daß der *Spiegel* »systematisch, um Geld zu verdienen, Landesverrat getrieben« habe.[3] Er gab gleichzeitig zu verstehen, er habe kein Verständnis für Unternehmer, die im *Spiegel* inserierten.

Der Gipfel der Zuspitzung wurde in einer Anzeige der CSU zur bayerischen Landtagswahl erreicht, die am 23. November 1962 im *Münchner Merkur* erschien und in der eine »Verschwörung« konstruiert wurde, in der die SPD, »Koexistenz-Idealisten und -Fanatiker« in den USA, »der überwiegende Teil der englischen Öffentlichkeit aus Ressentiment«, »fast die ganze Presse« in Frankreich, die Linke in Italien, »Ulbricht und de(r) Osten« mit dem *Spiegel* zusammenarbeite. Hier tauchte wieder das Bild Deutschlands in einer Welt von Feinden auf, mit den Anklängen an die Propaganda im Ersten und Zweiten Weltkrieg bis hin zur »jüdisch-kommunistischen Weltverschwörung«.[4]

Da im Verfassungsstaat Bundesrepublik kritische Fragen und Tatsachenfeststellungen jedoch nicht unterbunden werden konnten, fielen diese Schreckbilder bald in sich zusammen und die Dramatisierung wirkte letztlich kontraproduktiv. Sie weckte Reaktionen und veranlaßte unbeteiligte Bürger, die Presse, auch die westliche Öffentlichkeit dazu, sich für den *Spiegel* zu engagieren. Dieses Engagement, das vor dem Hintergrund der Jahre 1945 auch mit Assoziationen wie »Nacht und Nebel« und »Polizeistaat« verbunden war, wurde um so stärker, als in der Folge Schritt für Schritt Erkenntnisse über die Mitwirkung der Regierung und besonders des Verteidigungsministers bekannt wurden, welche die Regierung leugnete und solange wie möglich verheimlichte.

Am deutlichsten war die Diskrepanz im Fall der Mitwirkung von Strauß. Zunächst bestritt er jegliche Beteiligung. »Es ist kein Racheakt meinerseits. Ich habe mit der Sache nichts zu tun. Im wahrsten Sinne des Wortes nichts zu tun«, erklärte er am 3. November dem *8-Uhr-Blatt*.[5] In der Folge mußte er dann zunächst zugeben, daß er an vorbereitenden Besprechungen beteiligt gewesen war, schließlich, nachdem die spanischen Behörden sich zu Wort gemeldet hatten, daß er selber für die Verhaftung von Ahlers in Spanien gesorgt hatte. Der Leitende Oberstaatsanwalt beim Landgericht Bonn hat das später als von Strauß verursachte rechtswidrige Freiheitsberaubung klassifiziert.[6] Strauß leugnete dieses Mitwirken mehrfach im Bundestag. Ebenso konnte Bundeskanzler Adenauer und Innenminister Höcherl nachgewiesen werden, daß sie im Bundestag die Unwahrheit gesagt hatten. Höcherl erlangte eine gewisse Berühmtheit durch die Formulierung, man könne nicht den ganzen Tag mit dem Grundgesetz unter dem Arm herumlaufen: Eine Äußerung, die in der Öffentlichkeit als Abwertung der Regeln des demokratischen Rechtsstaates verstanden werden mußte.[7] Mit ihrem wochenlangen Leugnen, das erst aufgrund von bohrenden Fragen von SPD-Abgeordneten schrittweise aufgegeben wurde, verlor die Regierung in der Öffentlichkeit weiter an Glaubwürdigkeit.

Schon am Tage nach der Besetzungs- und Verhaftungsaktion wurde öffentlicher Protest laut. Am 28. Oktober erklärten 49 Schriftsteller aus der »Gruppe 47« die Unterrichtung der Öffentlichkeit über »sogenannte militärische Geheimnisse für eine sittliche Pflicht«. Es folgten Dutzende von Schriftsteller- und Künstlerprotesten, darunter auch von Persönlichkeiten, die politisch eher der Regierung nahestanden. Beispielsweise sprach der Publizist Hans Habe von den »wohlbekannten Methoden mißbrauchter politischer Macht und hemmungsloser Polizei-Willkür«.[8]

Seit dem 31. Oktober kam es zu kritischen Erklärungen von Professoren, die besonders Beachtung in der Presse fanden. Insgesamt beteiligten sich mehr als 600 Hochschullehrer, darunter auch viele, die sonst nicht politisch hervortraten. Seit 1945 war ein derart massives Eingreifen von Professoren in die Politik und ihre Kritik an freiheitsbedrohenden Maßnahmen ein Novum.

Verstärkt wurden diese Proteste durch studentische Demonstrationen sowie durch kritische Podiumsdiskussionen, die an fast allen bundesdeutschen Universitäten stattfanden. Mit Transparenten und in Resolutionen wurde die Regierung kritisiert, nach den ersten Enthüllungen auch der Rücktritt von Strauß gefordert. Kritik kam zudem aus der Evangelischen Kirche.[9] Zahlreich waren auch die Stellungnahmen von Gewerkschaftsorganisationen. Insgesamt wurde über mehrere Wochen hinweg eine breite Mobilisierung der liberalen Öffentlichkeit erreicht.

All dies ermutigte wiederum SPD- und FDP-Politiker. In Fragestunden erwirkte die SPD schrittweise eine Aufklärung der Abläufe. Als die Verantwortlichkeit von Strauß feststand, stellte sie im Bundestag den Antrag, ihn zu entlassen. Das wiederum stürzte die FDP in ein Dilemma, denn gerade ihre Politiker waren bei der Aktion gegen den *Spiegel* mißachtet und nicht informiert worden. Am

19. November traten die fünf FDP-Minister zurück, um den Sturz von Strauß zu erzwingen.

Am 20. November folgte der Rücktritt der CDU/CSU-Minister. Vier von ihnen erklärten intern, sie würden nicht ins Kabinett zurückkehren, wenn Strauß sein Amt behalte.[10]

Das Ergebnis der *Spiegel*-Krise war schließlich, daß Strauß der neuen Bundesregierung nicht mehr angehörte. Die Ermittlungen der Staatsanwaltschaft gegen den *Spiegel*, die mit so großem Aufwand und hoher Publizität aufgenommen worden waren, verliefen ergebnislos. Gegen einige verhaftete *Spiegel*-Mitarbeiter wurde nicht einmal Anklage erhoben. In keinem Fall kam eine Verurteilung zustande. In bezug auf die politischen Mehrheitsverhältnisse hatte sich zunächst nichts geändert. Adenauer konnte sogar noch ein Jahr als Bundeskanzler im Amt bleiben, aber immerhin kündigte er während der *Spiegel*-Krise seinen Rücktritt an.

Die Veränderung des politischen Klimas kann kaum überschätzt werden. Das diffuse Unbehagen, das in den fünfziger Jahren in bezug auf das vielzitierte »restaurative Klima« oft beschworen worden war, konnte nun an einer Person festgemacht werden. Das Mißtrauen gegenüber der Regierung war bestätigt oder geweckt worden. Strauß wurde auch dafür eine eindrückliche Symbolfigur. Der Gegensatz zwischen FDP und CSU war seit diesem Zeitpunkt für Jahrzehnte eine Konstante in der westdeutschen Politik. Das Verhältnis zwischen den Koalitionspartnern CDU/CSU und FDP konnte nach der Zerrüttung in der *Spiegel*-Krise nicht mehr stabilisiert werden. Wichtig blieb, daß aus dieser politischen Krise nicht wie zuvor so oft in der deutschen Geschichte die Staatsmacht, sondern die Öffentlichkeit als Sieger hervorgegangen war.

3. Modernisierung, Gemeinschaftsideologie und neue Kritik. Innenpolitik 1961–1966

3.1. Technokratisch-reformistische Tendenzen in den USA und Westeuropa

Das politische Klima in der Bundesrepublik Anfang der sechziger Jahre stand in einem eklatanten Gegensatz zu dem in den anderen großen westlichen Ländern. In den USA, damals dem unerreichten Musterland für die Westdeutschen, fand in diesem Jahrzehnt ein reformerisch-idealistischer Aufbruch statt, der für die Europäer besonders in der Persönlichkeit Kennedys sichtbar wurde. Sein output-orientierter Patriotismus, sein moralischer Anspruch (»Fragt nicht, was Amerika für Euch tun kann, sondern was Ihr für Amerika tun könnt«), sein jugendlich-moderner Stil hinterließen auch in Deutschland tiefen Eindruck.[1] Nach Kennedys Ermordung 1963 kam es in vielen Universitätsstädten zu spontanen Sympathiekundgebungen Tausender von Studenten. Auch das wohlfahrtsstaatliche »Great Society«-Programm von Kennedys Nachfolger Johnson wurde in der Bundesrepublik rezipiert.

In den europäischen Nachbarländern vollzogen sich in diesen Jahren ebenfalls politische Veränderungen. Vier Jahre nach der Wahl Kennedys kam es in Großbritannien zu einem vergleichbaren, mit Euphorie erwarteten Wechsel. Harold Wilsons Labour-Programm von 1964, das Modernisierung durch staatliche Rahmenplanung und Initiative in den Mittelpunkt stellte, weckte Erwartungen bis in die Unternehmerschaft. Das gaullistische Regime in Frankreich war zwar aufgrund gänzlich anderer Faktoren 1958 an die Macht gekommen. Auch hier aber lag der Akzent der Politik in den sechziger Jahren auf der planmäßigen Modernisierung der Wirtschaft und Gesellschaft, u.a. durch einen Umbau des Bildungswesen zugunsten von Gesamtschulen. In Italien schließlich wurde die bürgerliche Koalition 1964 durch das »centro sinistra«, eine Mitte-Links-Regierung unter Einfluß der Sozialisten, ersetzt. Alle diese Regierungen besaßen aktivistisch-technokratische Züge, die nach der privatistischen Stimmung der fünfziger Jahre einen neuen Ansatz bewußter Modernisierung mit Hilfe staatlicher Planung verkörperten.

3.2. Von Adenauer zu Erhard. Die CDU/CSU-FDP-Koalition

In der Bundesrepublik wurden die neuen Impulse bis 1966 nicht in vergleichbarer Weise umgesetzt. Es blieb zunächst bei einem Wandel des Regierungsstils, der mit dem Wechsel im Amt des Bundeskanzlers von Adenauer zu Erhard 1963 einherging. Erst nach Erhards Scheitern 1966 kam es zu tiefgreifenden politischen Veränderungen.

Die letzten Jahre Adenauers waren mit innerparteilichen Streitigkeiten um den außenpolitischen Kurs zwischen der Orientierung an den USA oder an Frankreich, mit der kritischen Lage Berlins und mit den internen Auseinandersetzungen in der Union um die Kanzlernachfolge belastet. In Umfragen war immer deutlicher zu erkennen, daß Erhard und auch der SPD-Kanzlerkandidat Brandt von der Bevölkerung für das Amt des Bundeskanzlers bevorzugt wurden. Immer stärker trat Adenauers Alter – 1963 war er 87 Jahre alt – in den Vordergrund. Bei den Bundestagswahlen 1961 versuchte die CDU/CSU diese Schwäche zu überspielen, indem sie mit der Parole »Adenauer, Erhard und die Mannschaft« in den Wahlkampf zog. Die FDP andrerseits deutete im Wahlkampf ihre Vorbehalte gegen eine weitere Kanzlerschaft Adenauers an, legte sich aber gleichzeitig auf eine Koalition mit der CDU/CSU fest. Sie errang mit dieser Taktik 12,8% der Stimmen – das beste Wahlergebnis, das sie je in Bundestagswahlen erzielte.

Adenauer gelang es trotz der starken Stimmverluste der CDU/CSU, die mit diesem Sieg der FDP verbunden waren, noch einmal, seine Kanzlerschaft zu verlängern. In der Wahlnacht hatten sich zwar der FDP-Vorsitzende Mende und der CSU-Vorsitzende Strauß gegen eine weitere Kanzlerschaft Adenauers und für Erhard als Kanzler ausgesprochen. Um die FDP unter Druck zu setzen, nahm Adenauer daraufhin Verhandlungen mit der SPD auf. Keiner der führenden CDU-Politiker wagte, gegen ihn als Kanzlerkandidat aufzutreten. Die FDP sah sich gezwungen, sich mit seiner erneuten Kanzlerschaft abzufinden. In der Öffentlichkeit wurde sie daraufhin mit dem Odium des »Umfallens« belastet, ein Vorwurf, der sie durch die weitere Koalitionszeit begleitete und sie ständig zur Profilierung zwang. In den zentralen programmatischen Aspekten bestanden zwischen CDU/CSU und FDP keine Differenzen, über Sachfragen konnte man sich bei den Koalitionsverhandlungen rasch einigen.[2] Die Unterschiede innerhalb der beiden Parteien waren in dieser Hinsicht größer als die zwischen den Parteiführungen. Gerade deshalb gewannen koalitionstaktische Fragen großes Gewicht. 1961 hatte, als eine Art Ersatzopfer an Stelle des weiteramtierenden Kanzlers Adenauer, Außenminister v. Brentano auf sein Amt verzichtet. Seit der *Spiegel*-Krise 1962 war zusätzlich das Verhältnis zwischen CSU und FDP getrübt, während die beiden Parteiführungen noch 1961 eng zusammengearbeitet hatten.

In Adenauers letztem Kanzlerjahr (1963) verschlechterten sich dann auch die Landtagswahlergebnisse für die CDU einschneidend (vgl. Tab. 2, S. 229 ff.). In Rheinland-Pfalz, einem ihrer Stammländer, verlor sie die absolute Mehrheit. In Berlin fiel sie auf 28,8% der Stimmen zurück, während die SPD mit Brandt als Regierendem Bürgermeister 61,9% erhielt. Angesichts dieser Lage wuchs der Druck auf Adenauer, zurückzutreten und Erhard, der als »Wahlmagnet« galt, Platz zu machen. Adenauer gelang es nicht, Erhards Nominierung zu verhindern.[3] Er hegte gegen ihn schwere Bedenken wegen seiner außenpolitischen Vorstellungen, die eher die Beziehungen zu den USA und Großbritannien als die zu Frankreich favorisierten, und wegen der seiner Ansicht nach mangelnden politischen Führungsfähigkeit. ·

Mit Erhard erreichte die CDU/CSU bei den Bundestagswahlen 1965 fast die Mehrheit der Mandate, nur vier Sitze fehlten. Noch einmal erwies sich der Mythos des »Vaters des Wirtschaftswunders« als entscheidend. Erhard konnte auch als »Wunschkandidat« der FDP gelten. Er stand ihr näher als dem linken Flügel seiner eigenen Partei und repräsentierte den Wirtschaftsliberalismus. Gerade dies machte die Lage für die FDP aber noch prekärer. Sie hatte es noch schwerer, ein eigenes Profil zu entwickeln und sich positiv von der CDU abzuheben. Im Wahlkampf 1965 bestand der Ausweg aus diesem Dilemma in der Konzentration der Angriffe der FDP auf Strauß.[4]

Profilierung suchte die FDP, die von 1961 bis 1966 den Finanzminister stellte, beim Ausgleich des Staatshaushalts und der Einschränkung der Sozialausgaben. Haushaltsprobleme traten nach den Bundestagswahlen von 1961 und 1965 auf: Die finanziellen Folgen der »Wahlgeschenke« mußten bewältigt werden. Während der Zeit anhaltender wirtschaftlicher Expansion hatte sich die Gewohnheit entwickelt, jeweils vor den Wahlen große Umverteilungsbeschlüsse zu fassen. Auch der Wunsch Erhards nach »Maßhalten«, den er der Bevölkerung immer wieder nahezubringen versuchte, und die altliberale Haltung der FDP hatten darauf keinen Einfluß. Zu stark war den Parteien der Zusammenhang zwischen materieller Zufriedenheit und Wahlverhalten bewußt.

Wegen des Ausgleichs des Haushalts kam es schließlich im Herbst 1966 zum endgültigen Bruch der Koalition. Zwar bahnte sich ein Kompromiß zwischen dem Verlangen der FDP nach Kürzung des Sozialetats und dem Ausweg der Union in Form von Steuererhöhungen an, als jedoch *Bild* in dieser Situation der FDP wiederum in einer Schlagzeile »Umfallen« nachsagte, entschloß sich die FDP, hart zu bleiben. Sie bewahrte das Profil ihrer Partei und geriet 1966 in die Opposition.

3.3. »Formierte Gesellschaft« und »Gemeinschaftsaufgaben«

Im Gegensatz zu der erwähnten technokratisch-aktivistischen Grundhaltung in anderen Ländern der westlichen Welt war die Politik in der Bundesrepublik in der Zeit zwischen 1961 und 1966 nach wie vor vom »nachtotalitären Biedermeier« geprägt. Da die SPD seit 1960 auf Konfrontation verzichtet und eine Strategie der »Gemeinsamkeit« eingeschlagen hatte, waren zugleich die innenpolitischen Auseinandersetzungen moderater geworden. Die Parteiparolen ähnelten sich, und es ergaben sich keine klaren Konturen der Abgrenzung. So stand z.B. bei den Bundestagswahlen 1965 der Parole »Unsere Sicherheit – CDU« der Slogan »Sicher ist sicher – SPD« gegenüber.

Beide großen Parteien nahmen in ihren öffentlichen Forderungen noch einmal die Tradition des unpolitischen deutschen Gemeinschaftsdenkens auf. Erhard versuchte, sich als »Volkskanzler« über den Parteien zu profilieren und auf diese Weise den traditionellen Antiparteieneffekt auszunutzen. Als neuen Leitbegriff, der das populär gewordene Konzept der »sozialen Marktwirtschaft« ergänzen sollte, proklamierte er die »formierte Gesellschaft«. Der Begriff blieb nebulös. Erhard kritisierte in diesem Zusammenhang immer wieder die »egoistischen« Interessenverbände und suchte den direkten Kontakt zum »guten« Volk.[5] Für die Legitimität unterschiedlicher Meinungen und Interessen war in einem derartigen Konzept wenig Raum. Die »formierte Gesellschaft« drückte nach Erhards Worten »den Wunsch nach einer Stabilisierung der Lebensordnung und zugleich nach einer sinnvoll gegliederten Gesellschaft aus, die den einzelnen und der Gemeinschaft, wenn schon nicht überschaubar, so doch ein Gefühl der Geborgenheit gibt«.[6]

Das Konzept blieb jedoch unklar und wirkungslos. Sichtbar wurde damit noch einmal, wie wenig verankert die neue Parteiendemokratie selbst bei führenden Politikern noch war. Erhard selber war gewiß ein Sonderfall: Er trat erst 1963 mit der Übernahme des Kanzleramtes formal in die CDU ein, sein Kanzleramtsminister Westrick blieb auch danach noch parteilos. Die CDU war in dieser

Zeit immer noch mehr Wahlverein als Partei mit demokratischer interner Willensbildung.

Auch die SPD trug dem traditionellen Gemeinschaftsdenken Rechnung. Dies galt sowohl für ihr Vokabular wie für ihre politische »Umarmungsstrategie«. Ihre gesellschaftspolitischen Forderungen wurden nun als »Gemeinschaftsaufgaben« bezeichnet, und auf dem Berliner Parteikongreß 1962 wurde eine Arbeitsgruppe »Wir sind alle eine Familie« betitelt, eine andere »Gute Stube Stadt«.[7] Nach den harten polarisierten Wahlkämpfen der fünfziger Jahre, in denen die SPD immer wieder unterlegen war, versuchte sie, durch den Appell an die Gemeinsamkeit Sympathien zu gewinnen. Ab 1960 verfolgte Herbert Wehner diese Linie und trat angesichts der Berlin-Krise für eine gemeinsame außenpolitische »Bestandsaufnahme« und den Übergang zu einer gemeinsamen Politik ein.[8] Außenpolitische Konfliktpunkte versuchte die SPD-Führung in den folgenden Jahren immer wieder zu minimieren; dies betraf auch die Diskussion über die atomare Ausrüstung der Bundeswehr, die freilich innerhalb der Partei auf Widerstand traf. Auch Konfliktpunkte gegenüber großen gesellschaftlichen Gruppen sollten durch Kontakt und Entgegenkommen abgebaut werden.

Ein Symbol dieses Entgegenkommens z.B. gegenüber der Kirche war in dieser Zeit Wehners Predigt in einem Hamburger Gottesdienst. Programmatisch entsprach dem die Bereitschaft, selbst in der langumstrittenen Frage der Bekenntnisschule der Katholischen Kirche entgegenzukommen.[9]

Auf der Ebene der parteipolitischen Auseinandersetzung schließlich verlangte die SPD seit 1961 immer wieder eine Allparteienkoalition zur Überwindung der außen- und gesellschaftspolitischen Probleme. All das hatte, wie offen erklärt wurde, den Sinn, aus der »Ecke der Opposition herauszukommen«. In Deutschland könne man, das war die resignierte Annahme der SPD aufgrund ihrer Erfahrungen, nicht durch profilierte Opposition an die Regierung gelangen, sondern sich eher durch Mitregieren profilieren und dadurch Anerkennung finden.

Das Dilemma der SPD bezüglich dieser Strategie lag aber darin, daß sie im Zuge der Konfliktverminderung auch Gefahr lief, für die Öffentlichkeit zu wenig von der Regierung unterscheidbar zu sein und damit den Kanzler und dessen Amtsbonus zu begünstigen, solange dieser Erfolg hatte. Die SPD konnte sich zwar von Wahl zu Wahl um einige Prozentpunkte verbessern, sie blieb aber auf Bundesebene der CDU/CSU deutlich unterlegen. Bei Landtags- und Kommunalwahlen dagegen gelang es ihr seit 1963, stärkste Partei zu werden. In 40 von 56 bundesdeutschen Großstädten stellte sie den Oberbürgermeister.

Ihre an den Reformprogrammen Kennedys und der amerikanischen Reformdiskussion orientierten Ideen wurden nur zögernd von der Öffentlichkeit aufgenommen. Brandts Versuch, mit dem Slogan vom »blauen Himmel über der Ruhr« im Wahlkampf 1961 Umweltthemen in die Politik einzubringen, brachten ihm zunächst eher Spott ein. Die »Gemeinschaftsaufgaben«, welche die SPD in den sechziger Jahren in den Mittelpunkt ihrer Politik stellte, faszinierten nicht so sehr wie die individuellen Konsumchancen. Immerhin profilierte sich die SPD in diesen Jahren mit Themen, die bald aktuell werden sollten: Erweiterung des Bildungswesens, Wissenschaftsförderung, Umwelt-, Gesundheits- und Infrastrukturpolitik. Diskutiert wurden auch die zu erwartenden gesellschaftlichen Veränderungen, die das unter dem Schlagwort »zweite industrielle Revolution« zusammengefaßte Automatisierungszeitalter bewirken würde.

»Es ist eine Tatsache, daß wir rückständig sind, wo es um die Erneuerung unserer Städte und außerstädtischen Gemeinden geht, um die Verkehrsplanung und die Zusammenhänge zwischen Arbeitsplatz und Wohnung, um die Reinerhaltung des Wassers und der Luft«, erklärte Brandt 1963 vor der Evangelischen Akademie in Tutzing.[10] Einige Vorstellungen der SPD wurden von der Regierung übernommen. Die Regierungserklärungen Erhards 1963 und 1965 erhielten Forderungen nach mehr Bildungs- und mehr Infrastrukturinvestitionen. 1965 sprach sich Erhard auch für ein aus Steuermitteln finanziertes »Deutsches Gemeinschaftswerk« aus, das den Ausbau von Infrastruktureinrichtungen durchführen sollte.

Die »Stunde der SPD schlug« – wie das in Konkurrenzdemokratien fast gesetzmäßig ist – erst, als die Regierung Erhard Schwäche zeigte. 1966 kam es nach restriktiven Eingriffen der Bundesbank, die »Überhitzungserscheinungen« entgegensteuern wollte, zu einer leichten wirtschaftlichen Rezession. Diese löste in der Bundesrepublik, deren Selbstbewußtsein weitgehend auf dem »Wirtschaftswunder« aufbaute, bis in die Reihen der Regierung tiefe Krisen- und Unsicherheitsgefühle aus.[11]

Die Arbeitslosigkeit erreichte in dieser Rezessionsphase erst im Februar 1967 mit 637 572 Erwerbslosen ihren Höhepunkt. Aber bereits zu Beginn der krisenhaften Entwicklung reagierten die Wähler. Bei den Landtagswahlen in Nordrhein-Westfalen, deren Wichtigkeit Erhard selber hervorgehoben hatte, verlor die CDU zum ersten Mal die Führung. Sie wurde von den Sozialdemokraten geschlagen, die 99 von 200 Mandaten gewannen. Die Absatzkrise des Bergbaus an der Ruhr – die Kohle wurde immer mehr vom Erdöl verdrängt – gab den Krisenerscheinungen eine besondere regionale Komponente.

Erhard mußte im Gefolge dieser Wirtschaftskrise nicht nur als Bundeskanzler zurücktreten, auch sein wirtschaftsliberales Konzept wurde durch neue Tendenzen überholt. Die Bundesregierung hatte sich während seiner Amtsperioden als Kanzler und Wirtschaftsminister als Vertreterin der freien Marktwirtschaft betrachtet. Sie stand dabei in Gegensatz zu den Tendenzen in den meisten anderen westlichen Ländern, in denen staatliche Planung unter verschiedenen Bezeichnungen (»planification«, »mixed economy«) zum Selbstverständnis gehörte.[12] Mit dem Zusammenschluß in der EWG wurde derartiges Denken auf einem legitimen institutionellen Weg auch nach Deutschland transportiert, und Erhard machte nach langem Widerstand in der letzten Phase seiner Amtszeit Konzessionen. Zwar wollte er nach wie vor Anfängen »planwirtschaftlicher und rechenhafter Vorstellungen« wehren[13], stimmte aber schließlich einem Stabilitätsgesetz zu, das eine Erweiterung des konjunkturpolitischen Instrumentariums bringen sollte.

3.4. Neue politische Anstöße: »Bildungskatastrophe« und »Vergangenheitsbewältigung«

Erst mit dieser Krise erhielten jene Diskussionsanstöße eine Durchsetzungschance in der Politik, die während der Regierungszeit Erhards für Aufsehen gesorgt hatten. Für sie alle ist bezeichnend, daß sie festgefügte Strukturen und Tabus der Adenauerzeit sprengten und in einer Situation, in der die Parteien sich auf ein unpolitisches Gemeinschaftsdenken zurückgezogen hatten, kontroverse Positionen beinhalteten. Die Spannungsarmut in der Parteipolitik dieser Zeit sicherte solchen Ansätzen, die weder von Parteien noch von Politikern vorgebracht wurden, hohe Aufmerksamkeit.

In besonderer Weise galt das für das Thema Bildungsreform. 1964

erschien in der konservativen Wochenzeitung *Christ und Welt*
Georg Pichts Serie *Die deutsche Bildungskatastrophe*.[14] Picht legte
dar, daß die Bundesrepublik im internationalen Wettbewerb hoffnungslos zurückfallen werde, wenn nicht eine entscheidende Aus-
weitung des Bildungssektors sofort in Angriff genommen werde.
Allein um die notwendigen Lehrerstellen besetzen zu können,
waren nach Pichts Berechnungen die Abiturientenzahlen zu klein.
Nachdem der »Sputnik-Schock«, das Erschrecken über den Start
des ersten sowjetischen Satelliten 1957, zunächst einen Impuls für
Bildungsexpansion in den USA gegeben hatte und von Kennedy
immer wieder akzentuiert worden war, wurde das Thema auch in
Deutschland diskutiert. Die Bildungsexpansion und -reform setzte
sich nur langsam in der Öffentlichkeit durch. Zu eng war der zeit-
liche Zusammenhang mit den Auseinandersetzungen um die Bildungsreform in der Nachkriegszeit, in der die SPD und die ihr
nahestehenden Kräfte mit ähnlichen Thesen eine deutliche Niederlage erlitten hatten. Geändert hatte sich jedoch die Begründung:
nicht soziale Gerechtigkeit, sondern nationale Konkurrenzfähig-
keit waren nun die maßgeblichen Faktoren. Chancengleichheit
wurde erst in einem späteren Stadium als Argument für die Bildungsreform hinzugefügt, ebenfalls immer im Zusammenhang der
»Ausschöpfung aller Bildungsreserven« zugunsten einer optimalen
Behauptung der bundesdeutschen Wirtschaft. In der Diskussion,
die sich in der Folge in den großen Wochenzeitungen jahrelang anschloß, wurde auch dem Phänomen des »brain drain«, der Abwanderung deutscher Spitzenwissenschaftler in die USA, besondere
Aufmerksamkeit geschenkt. Auch hier stand das nationale Konkur-
renzdenken im Vordergrund. Die Auseinandersetzung um die Bildungsreform wurde in den sechziger Jahren in einer Weise in der
Bundesrepublik durchgesetzt, die sich mit dem herrschenden
»Wirtschaftswunder«-Denken vereinbaren ließ.[15]

Ebenfalls nicht von einer Partei oder einem Politiker, sondern von
der Evangelischen Kirche ging ein Anstoß aus, der langfristig große
Bedeutung für die Entspannungspolitik gewann, zunächst jedoch
wütende Proteste auslöste. Eine Kammer der EKD plädierte entgegen dem bis dahin bestehenden allgemeinen Konsens dafür, die
»abwartende Haltung« gegenüber den östlichen Nachbarn aufzugeben und in bezug auf die Oder-Neiße-Grenze »Opfer« zu bringen. Zugleich wurden die reale Lage in den ehemaligen deutschen
Ostgebieten und die Interessen der dort lebenden polnischen Be-

völkerung beschrieben, die man in der Bundesrepublik bis dahin kaum zur Kenntnis genommen hatte.[16]

Obwohl die Denkschrift nicht explizit Schlußfolgerungen zog, forderte sie dazu auf, sich mit den Gegebenheiten abzufinden. Trotz heftiger Kontroversen wurde damit besonders im protestantischen Bereich ein Umdenkungsprozeß eingeleitet. In der Folge kam es auch zu einem Briefwechsel zwischen den deutschen und polnischen katholischen Bischöfen, bei dem die deutsche Seite aber bei unverbindlichen Formulierungen blieb.[17]

Ein weiterer Anstoß, der das öffentliche Klima veränderte, kam aus dem Literaturbetrieb sowie von den Universitäten. 1963 veröffentlichte Rolf Hochhuth das Stück *Der Stellvertreter,* das in der Folge von vielen Bühnen aufgeführt wurde und heftige Kontroversen auslöste. Er gab darin Papst Pius XII. eine Mitverantwortung an der Vernichtung der jüdischen Bevölkerung Europas während des NS-Regimes, weil er geschwiegen habe. Mochte damit auch eher ein Randthema sensationell aufgemacht worden sein, kam damit doch die moralische Problematik der nationalsozialistischen Politik der Öffentlichkeit erneut zum Bewußtsein. Über den zwischen 1963 und 1965 stattfindenden großen »Auschwitz-Prozeß« gegen SS-Mannschaften aus diesem Konzentrationslager berichteten die bundesdeutschen Zeitungen in breitem Maße. An den Universitäten begannen Studenten, nicht nur nach der Vergangenheit der Gesellschaft im allgemeinen, sondern auch nach der Rolle der Universität im »Dritten Reich« zu fragen. Vielerorts kamen Ringvorlesungen zu diesem Thema zustande. Neben die Verdrängung, die bei der Mehrheit andauerte, trat die »Aufarbeitung der Vergangenheit« (Adorno), die vorerst nur von einer Minderheit in Angriff genommen wurde.

Auch die politischen Entscheidungsinstanzen waren in dieser Zeit gezwungen, sich mit diesem Thema zu beschäftigen. Nach den damals geltenden Gesetzen verjährte Mord nach 20 Jahren. Alle nationalsozialistischen Gewaltverbrechen hätten daher, soweit noch keine Ermittlungen eingeleitet waren, nach dem 8. Mai 1965 nicht mehr verfolgt werden dürfen. Die Justiz hatte erst nach der Schaffung einer zentralen Ermittlungsstelle in Ludwigsburg 1958 systematisch mit der Verfolgung der nationalsozialistischen Gewaltverbrechen begonnen, die sich wegen des langen Zeitabstandes und des Überlebens nur weniger Zeugen schwierig gestaltete. Trotz eines Appells der Bundesregierung, belastende Akten bis 1965 bereitzustellen, wurde schnell deutlich, daß bis zu diesem Zeitpunkt nicht alle Ermittlungen in Angriff genommen werden konnten. Das Problem wurde im Bundestag debattiert, die Bundesregierung gab keine Empfehlung. Nicht nur die SPD-Fraktion, sondern auch eine Gruppe aus der CDU-Fraktion unter Führung des Abgeordneten Benda stellten Anträge, welche auf die Aufhebung der Verjährung für Mord zielten. Der Justizminister sprach sich »persönlich« dagegen aus und trat anschließend zurück.

Die Debatte wurde zu einer hochsymbolischen Auseinandersetzung. Trotz aller Beteuerungen, man sei nur dem eigenen Gewissen verantwortlich, bildete der Druck aus dem Ausland einen entscheidenden Faktor. Abgeordnete fanden zu einem persönlichen Bekenntnis über die Verantwortlichkeit und das Schweigen während der Vernichtung der Juden. Durchbrochen wurde durch diese Debatte die Verdrängung der Vergangenheit. Die schließlich mit den Stimmen der SPD und des größten Teils der CDU gegen die FDP gefundene Lösung, den Verjährungstermin um vier Jahre hinauszuschieben und erst mit der Gründung der Bundesrepublik beginnen zu lassen, war nicht dauerhaft. Das Parlament mußte das Problem noch zweimal aufgreifen. Es verlängerte 1969 die Verjährungsfrist auf 30 Jahre und hob sie schließlich 1979 ganz auf.[18] Immer wieder holte die Vergangenheit die Entscheidungsträger ein.

Im Zusammenhang mit diesen moralischen Auseinandersetzungen wurde in den sechziger Jahren nicht nur eine neue radikale Kritik an der Vergangenheit, sondern auch an bundesrepublikanischen Zuständen generell laut. Die Erschütterung über die Verbrechen des Nationalsozialismus und die in diesen Jahren immer wieder diskutierte Verwicklung von Politikern oder Verwaltungsbeamten, die auch in der Bundesrepublik noch führende Ämter bekleideten, förderten eine neue moralische Rigorosität auch im Hinblick auf die westdeutschen Zustände. Sie prägten politische Grundhaltungen, die von anderer Art waren als der sonst vorherrschende Antikommunismus und die Zufriedenheit mit dem Wiederaufbau. Eine erste radikale Kritik an der Bundesrepublik übte der Philosoph Karl Jaspers, die er in seinem Band *Wohin treibt die Bundesrepublik?* zum Ausdruck brachte.[19]

Diese Studie zeigte nicht immer eine genaue Kenntnis der politischen Strukturen. Jaspers hatte erst als Professor in der Schweiz davon Kenntnis genommen, daß politische Parteien Ortsvereine hatten, Willensbildung von unten legitimiert war. Er hielt dieses

Verfahren den deutschen Parteien als Muster vor und mußte sich von seinem ehemaligen Schüler Erhard Eppler belehren lassen, daß das in der Bundesrepublik nicht anders sei. Immerhin identifizierte sich hier ein großer Philosoph in radikaler Weise mit der Demokratie und gab ihr – weithin gelesen – ein moralisches Gewicht, das in der deutschen Tradition lange verschüttet gewesen war. Seine Schrift war Vorbote einer Welle radikaldemokratischer Kritik, die das politische Klima in den nächsten Jahren grundlegend veränderte. Die Durchsetzung blieb aber der Großen Koalition vorbehalten.

4. Krise, Protest, Große Koalition und stabilisierende Reformen 1966–1969

4.1. Krise und Große Koalition

Die tiefe Verunsicherung, welche die Rezession und das Ende der Regierung Erhard in der Bevölkerung ausgelöst hatten, ist unter der Großen Koalition rasch wieder beseitigt worden, als erneut ein wirtschaftlicher Aufschwung zu verzeichnen war. Die Krise half gleichzeitig, Widerstände gegen Reformen auszuräumen, die bis dahin unüberwindlich gewesen waren. Indem sich durch die Koalition von CDU/CSU und SPD breite parlamentarische Mehrheiten ergaben, wurden tiefgreifende Reformen auch politisch durchsetzbar. Wenn die Große Koalition zwischen 1966 und 1969 unter diesem Aspekt die Bundesrepublik stabilisierte, muß sie gleichzeitig auch als Quelle neuer politischer Instabilität gelten. Die zeitweilige Unterbrechung des offenen politischen Konflikts zwischen den beiden großen politischen Lagern nahm dem demokratischen System die Integrationswirkung, die es sonst in der bundesrepublikanischen Geschichte gehabt hat. An den Rändern des politischen Spektrums lösten sich größere Gruppen ab. Rechts- und linksradikale Ideologien hatten neue Chancen. Als im Vorfeld der Bundestagswahl von 1969 die konkurrenzdemokratischen Mechanismen wieder zu wirken begannen und populäre CDU/CSU- und SPD-Politiker sich mit entgegengesetzten Meinungen profilierten, war der Erfolg der rechts- und linksradikalen Gruppen rasch zu Ende.

Während die Krise der Regierung Erhard noch im Sommer 1966

der SPD als parlamentarischer Opposition zugute gekommen war, war bei den Landtagswahlen in Hessen und Bayern im November 1966 die Nationaldemokratische Partei Deutschlands (NPD) der eigentliche Gewinner. Mit 7,9% bzw. 7,4% zog sie in beide Landtage ein. Seit der Gründung der Bundesrepublik war das der bedeutendste Erfolg von Rechtsradikalen, das einschneidendste Krisensymptom der bundesdeutschen Demokratie. Trotz ihres »angepaßten Faschismus«[1], ihres ostentativen Bekenntnisses zum Grundgesetz und zur Demokratie, das sie vor einem Verbot schützen sollte, war die NPD offensichtlich eine rechtsradikale Partei. Ihre Programmatik und Propaganda vereinigten noch einmal die Klischees, die für die NSDAP typisch gewesen waren. Auch ihre Wählerstruktur ähnelte derjenigen der NSDAP, mit dem einzigen Unterschied, daß die NSDAP eine Partei der Jugend gewesen war, während die Wählerschaft der NPD überaltert blieb; auch war der sog. »Mittelstand« unterrepräsentiert. Der Zusammenhang zwischen Wirtschaftskrise und rechtsradikalem Erfolg entsprach der Situation der frühen dreißiger Jahre, wenn auch in sehr viel schwächerem Ausmaß. Angesichts der Vergangenheit machte der Erfolg der NPD betroffen. War die Bundesrepublik, wurde im In- und Ausland besorgt gefragt, nur eine Schönwetterdemokratie?

Trotz des Rücktritts der FDP-Minister hielt Bundeskanzler Erhard zunächst an seinem Amt fest. Da das Grundgesetz nur das konstruktive Mißtrauensvotum vorsieht, konnten SPD und FDP ihn nicht gemeinsam stürzen, solange sie sich nicht auf einen Nachfolgekandidaten geeinigt hatten. Eine von den beiden Parteien im Bundestag durchgesetzte Aufforderung, der Bundeskanzler möge die Vertrauensfrage stellen, klärte zwar die Situation weiter, zwang Erhard aber nicht zum Rücktritt. Erst die Nachfolge-Diskussion in der CDU/CSU veranlaßte ihn schließlich dazu.

Die eigentliche politische Alternative zu der gescheiterten bürgerlichen Koalition wäre eine SPD-FDP-Koalition gewesen. Dafür sprachen außenpolitische Gemeinsamkeiten, die Zerstrittenheit und Handlungsunfähigkeit der CDU/CSU in dieser Beziehung, der Gedanke des demokratischen Wechsels und die Wahlerfolge der SPD. Solange Erhard noch an seinem Amt festhielt und die CDU/CSU deshalb nicht offen über die Nachfolge verhandeln konnte, wurde diese Möglichkeit ins Auge gefaßt. Der SPD-Vorsitzende Brandt bemühte sich sogar, das Stimmrecht der Berliner Abgeordneten bei der Kanzlerwahl ins Spiel zu bringen. Das hätte die

Stimmverhältnisse für die SPD verbessert. Aufgrund von Vorbehalten der Westalliierten gelang dies jedoch nicht, da sie in der kritischen Berlin-Situation Experimenten abgeneigt waren. Ohne die Berliner Abgeordneten aber hätte eine derartige Koalition eine Mehrheit von drei Stimmen besessen, eine sehr schmale Grundlage. Die FDP galt zudem als wenig homogene und sprunghafte Größe. Helmut Schmidt klassifizierte sie 1966 als »parlamentarischen Klub«, nicht als »Partei«.[2]

»Zwar waren die politischen Barrieren, die 1961 und 1965 ein Zusammengehen mit der SPD verhindert hatten, bei der Mehrzahl der FDP-Abgeordneten weitgehend abgebaut. Die marktwirtschaftliche Haltung der SPD war inzwischen glaubwürdig geworden, beide Parteien hatten außenpolitische Berührungspunkte und der Dauerkonflikt mit der CDU/CSU hatte dieser gegenüber Barrieren geschaffen.«[3]

Jedoch erklärten einige Abgeordnete der FDP, nicht für Brandt stimmen zu wollen. Für die SPD-Führung schied daher diese Möglichkeit schließlich als »lebensgefährlich« aus.[4]

Obwohl CDU/CSU und FDP innenpolitisch immer noch weitreichende Gemeinsamkeiten besaßen, kam auch diese Verbindung nicht zustande. Zwar wurde sie von Kiesinger, dem neuen Kanzlerkandidaten der CDU/CSU, zunächst favorisiert. Er hatte vorher als Ministerpräsident in Baden-Württemberg eine entsprechende Koalitionsregierung geführt. Aber von 1961 bis 1966 waren zuviele Streitigkeiten aufgetreten, so daß man sich eine gemeinsame bessere Perspektive kaum noch vorstellen konnte. Die Koalitionsgespräche verliefen dementsprechend negativ. Seit 1961 hatte sich die CDU zudem schrittweise an den Gedanken der Großen Koalition gewöhnt. Der Arbeitnehmerflügel favorisierte ihn aus sozialpolitischen Gründen, da er ständig mit der FDP als »sozialpolitischem Bremser« konfrontiert gewesen war. Die CDU hoffte ferner langfristig auf eine Ausschaltung der FDP durch ein Mehrheitswahlrecht, das sie mit der SPD vereinbaren wollte. Der CSU-Vorsitzende Strauß strebte erneut ein Ministeramt an und wollte die politische Satisfaktionsfähigkeit wiedergewinnen. Die Krise hatte so viel Verunsicherung in die CDU/CSU gebracht, daß sie bereit war, auf SPD-Forderungen einzugehen.

Das ungeliebte, aber als notwendig erachtete Bündnis stellte die SPD vor eine Zerreißprobe. Sobald der Gedanke, mit der großen Gegenpartei eine Koalition einzugehen, publik wurde, häuften sich Proteste der Parteibasis. Da die CDU/CSU sich offenbar in einer Krise befand, widersprach es dem Selbstverständnis der SPD-Anhänger, sie »zu retten«. Auch die Fraktion konnte nur langsam von der Parteiführung überzeugt werden. Entscheidend war die fehlende Alternative – eine fortdauernde Oppositionsrolle wurde nur von einer kleinen Minderheit ins Auge gefaßt – sowie der Wunsch, durch die Regierungsbeteiligung in den Augen des bundesdeutschen Publikums respektabel zu werden. Die Oppositionsrolle über einen Zeitraum von 17 Jahren hatte zu dem Schluß geführt, daß eine Koalition unter bundesrepublikanischen Verhältnissen der realistischste Weg zur Regierungsverantwortung war.[5] Besonders Wehner, der immer wieder von der CDU/CSU wegen seiner KPD-Zugehörigkeit vor 1945 denunzierte und verleumdete Politiker der SPD, verfocht diesen Kurs.[6]

4.2. Regierungsprogramm und technokratische Reformen

Programm und personelle Besetzung der Großen Koalition, die schließlich im Dezember 1966 gebildet wurde, stellten Kompromisse zwischen den beiden großen Parteien dar. Die Regierungserklärung begann mit einem Hinweis auf die »lange schwelende Krise« und schloß das Bekenntnis zu einem zeitlich begrenzten Charakter der Großen Koalition ein, der durch ein »Mehrheitswahlrecht« garantiert werden sollte, das automatisch der einen oder der anderen Partei eine Mehrheit geben sollte.

Außenpolitisch erklärte die neue Regierung ihre Bereitschaft, »das ungelöste Problem der deutschen Teilung« in eine Gewaltverzicht-Abmachung mit den Ostblockstaaten einzubeziehen. Das bedeutete trotz aller Verklausulierung einen Schritt in Richtung De-facto-Anerkennung der DDR als eines zweiten deutschen Staates. Zugleich wurden Kontakte »mit den Behörden im anderen Teil Deutschlands« zur Lösung menschlicher Probleme und im Hinblick auf eine »Politik der Entspannung« angestrebt. Der Alleinvertretungsanspruch der Bundesregierung als einziger frei gewählter deutscher Regierung blieb aber bestehen. Kontakte sollten keine Anerkennung bedeuten. Mit den osteuropäischen Staaten sollten Beziehungen aufgenommen, außerhalb Osteuropas aber die Anerkennung der DDR verhindert werden.

Innenpolitisch einigte sich die neue Koalition auf eine keynesianische Politik der staatlichen Förderung des Wirtschaftsaufschwungs. Angesichts des Wirtschaftseinbruchs hatte sich dieser Gedanke, den vor allem der neue Wirtschaftsminister Schiller vertrat, inzwischen allgemein durchgesetzt. Um die Steuerungsfunktionen des Staates in Zukunft aktiv wahrnehmen zu können, sollten Änderungen im Steuer- und Finanzsystem vorgenommen werden, auch unter Einbeziehung der Länder. Die »Gemeinschaftsaufgaben« der SPD, besonders der Ausbau des Bildungssystems, fanden sich in der Regierungserklärung ebenfalls wieder. Andererseits war die SPD bereit, eine »Notstandsverfassung« einschließlich einer Änderung des Grundgesetzes mitzutragen. Frühere Regierungsentwürfe, die von einer Machtübertragung an die Regierung im Fall des kriegerischen oder sonstigen Notstandes ausgingen, hatte sie verhindert. Die Einfügung von Notstandsbestimmungen in das Grundgesetz wurde auf der einen Seite gefordert, um die Bundesrepublik in Krisensituationen aktionsfähig zu halten. Ein Argument lautete, daß nach dem damals geltenden Recht die drei ehemaligen Besatzungsmächte noch über Notstandsvollmachten verfügten und dies durch eine eigene deutsche Notstandsgesetzgebung abgelöst werden müsse. Gegner (Teile der SPD, Gewerkschaften, Studentenbewegung) lehnten dieses Vorhaben dagegen mit dem Hinweis auf den Mißbrauch ab, der mit Sondervollmachten in der deutschen Geschichte, insbesondere in der NS-Zeit, getrieben worden war. Hier herrschte Besorgnis vor einem schleichenden Übergang in eine Diktatur.

Insgesamt hatte sich die SPD in den Koalitionsverhandlungen programmatisch stärker durchgesetzt, die CDU/CSU sicherte sich dagegen personalpolitische Vorteile. Der Kanzler, Kurt-Georg Kiesinger, wurde ohnehin von ihr gestellt. Er stand im Blickpunkt der Öffentlichkeit und wurde rasch populär. Daß der CSU-Vorsitzende Strauß ins Kabinett zurückkehrte, diesmal als Finanzminister, löste in der SPD-Mitgliedschaft tiefe Unzufriedenheit aus. Schließlich besetzte die CDU/CSU elf Ministerien gegenüber neun der SPD.

Das innenpolitische Programm der Regierung ist im wesentlichen verwirklicht worden. Die Krisenstimmung mäßigte sich, sobald der wirtschaftliche Aufschwung erkennbar wurde. Mehrere Konjunkturprogramme förderten die Nachfrage, zusätzlich ergab sich eine Belebung des Exports. Schon 1967 war Wirtschaftsminister Schiller, der die Politik realisierte und publikumswirksam dazustellen verstand, sehr populär. Nach zweieinhalb Jahren Großer Koalition, im Juli 1969, war sogar eine Mehrheit der CDU-Anhänger der Meinung, der Eintritt der SPD in die Regierung sei notwendig gewesen, um die Krise zu bewältigen. Mehrheitlich meinten die Bürger, die SPD habe mehr geleistet als die CDU.[7] Beide Einschätzungen wurden insbesondere von den Jungwählern vertreten. Insofern war das Kalkül der SPD-Führung aufgegangen.

Außer der Konjunktursteuerung nahm die Große Koalition verschiedene Gesetzes- und Verfassungsänderungen zur Effektivierung der staatlichen Infrastruktur vor. Als »Gemeinschaftsaufgaben« von Bund und Ländern wurden der Neubau von Hochschulen, die Verbesserung regionaler Wirtschaftsstrukturen, der Agrarstruktur und des Küstenschutzes eingeführt. Diese Verflechtung von Bundes- und Länderverantwortlichkeiten schrieb eine Art permanente Große Koalition in diesen Bereichen unter Verwischung der Zuständigkeiten fest. Gleichgültig, wie in Zukunft die Wahlergebnisse in Bund und Ländern ausfielen, sie waren in diesen Bereichen zur Zusammenarbeit gezwungen.[8]

Die Länder leiteten in dieser Zeit die kommunale Gebietsreform ein, die ebenfalls die Effektivität der öffentlichen Verwaltung steigern sollte. Auf den unteren Ebenen wurde sie Mitte der siebziger Jahre Schritt für Schritt in allen Ländern verwirklicht. Die Gebietsabgrenzung der Kommunen wurde den gewandelten Siedlungs- und Lebensräumen angepaßt. Gleichzeitig bedeutete das aber eine erhebliche Verstärkung der Zentralisierung, die vor allem im ländlichen Bereich die Distanz zwischen Bevölkerung und politischen Instanzen vergrößerte.

Auf regionaler Ebene fand in allen nach 1945 aus verschiedenen Gebietsteilen neu geschaffenen Ländern eine Bereinigung der Abgrenzungen der Mittelinstanzen statt, die Regierungspräsidien in Aurich, Aachen, Hildesheim, Mainz, Montabaur, Osnabrück, Stade und Wiesbaden wurden aufgelöst.

Auf der Länderebene aber scheiterte die Neugliederung. Hier waren die Strukturen bedroht, in denen die Entscheidungsmacher selber saßen. Zugleich konnte jede Neugliederung dazu führen, daß sich über veränderte Mehrheiten im Bundesrat die Gewichte in der Bundespolitik verschoben. Die Debatte orientierte sich jedoch auch in den Ländern an Effektivitätsvorstellungen, die auf bürokratisch organisierter Zentralisierung beruhten.[9] Eine derartige Reform hätte den Typ des »unitarischen Bundesstaats«[10] noch mehr in zentralistischer Richtung verändert, die politische Substanz der

Länder weiter ausgehöhlt und gleichzeitig noch stärker als bisher jede Landtagswahl zu einer Teil-Bundeswahl gemacht.

An Interessen der Entscheidungsträger scheiterte auch die zweite Reform, die in die Machtstrukturen eingegriffen hätte: die Wahlrechtsreform. Was in den Nachkriegsjahren das Hobby einiger gutmeinender Wissenschaftler gewesen war, die sich von einer Imitation des angloamerikanischen Wahlsystems auch die Übertragung der dortigen stabilen Demokratien versprochen hatten – ohne dabei die ebenfalls funktionierenden politischen Systeme Skandinaviens oder der Benelux-Systeme mit ihrem Verhältniswahlrecht in ihre Überlegungen einzubeziehen –, wurde nun in harte Machtpolitik umgesetzt. Die verschiedenen theoretischen Begründungen dienten dabei eher dem politischen Machtkalkül.[11]

Nach dem Stand von 1956 hätte ein Mehrheitswahlrecht der CDU/CSU die unumschränkte Mehrheit im Bundestag beschert. Nach dem Stand von 1966 konnten sich sowohl CDU/CSU wie auch SPD gute Chancen ausrechnen. Als aber 1968 einige Landtagswahlen für die SPD negative Ergebnisse zeigten, zog sie sich auf ihrem Nürnberger Parteitag im selben Jahr von dem Projekt zurück. Ironischerweise stellte sich zwar 1969 heraus, daß die SPD trotz geringerer Stimmenzahl mehr Wahlkreise als die CDU/CSU errungen hatte. Die große Koalition hatte mit dieser Haltung der SPD eine gemeinsame Verständigungsbasis verloren. Um so mehr war die FDP aber für die Rettung dankbar, denn die Einführung eines Mehrheitswahlrechts hätte für kleine Parteien den Ausschluß aus den Parlamenten bedeutet.

4.3. Wandel in der Bildungspolitik

Während alles bisher Genannte Reform von oben mit eher technokratischem Charakter war, kam es in der Bildungspolitik in diesen Jahren zu einer allgemeinen Neuordnung des bisherigen Volksschulbereichs unter breiter Beteiligung und Einbeziehung der Bevölkerung. Besonders eindrucksvoll lief der politische Prozeß in Bayern ab, das bis dahin eine Hochburg der von der CSU und der Katholischen Kirche getragenen Konfessionsschulen gewesen war. Hier wurde bis 1967 die Lehrerausbildung für die Volksschulen ausschließlich konfessionell getrennt betrieben, bis hin zur »katholischen« und »evangelischen« Biologie- und Sportausbildung.

Nach den Veröffentlichungen Pichts und Dahrendorfs war die Verbesserung der Ausbildung ein allgemeines Diskussionsthema geworden, bis hinein in den Bayerischen Bauernverband und die Katholische Kirche, in der das katholische »Bildungsdefizit« debattiert wurde, etwa auf dem Katholikentag von 1964. An die Stelle des Schreckbildes der »roten Schule« aus der Nachkriegszeit war der Wettbewerbsvorsprung des Ostens getreten (»Sputnikschock«).

Da die mit absoluter Mehrheit regierende CSU sich nur zu minimalen Reformen bereitfand (konfessionelle Verbandsschulen verteilt auf mehrere Dörfer statt Mittelpunktschulen), initiierte die FDP 1967 in Bayern ein Volksbegehren zur Einführung der Gemeinschaftsschule als Regelschule. Wegen ihrer geringen politischen Breitenwirkung scheiterte diese Initiative knapp unterhalb der Schwelle von 10% der Wahlberechtigten, welche die Bayerische Verfassung verlangt. Ein weitergehendes Volksbegehren der SPD überschritt dann jedoch die 10%-Marke. Eine Weile sah es so aus, als werde die CSU in offener Auseinandersetzung unterliegen. Sie leitete zunächst ein weiteres Volksbegehren ein, einigte sich aber schließlich nach einer Intervention von Strauß mit den anderen Parteien auf die Abschaffung der Bekenntnisschule. Auch in allen anderen gleichartigen Bundesländern kam es zu entsprechenden Reformen. Die 1945 restaurierte Konfessionalisierung brach zusammen. Nur in Nordrhein-Westfalen blieb sie in einem Teil der Grundschulen bestehen. Hier sah die CDU, inzwischen in der Opposition, keinen Grund, einer Verfassungsänderung zuzustimmen.[12]

4.4. Sozialer Wandel, Konsumgesellschaft, Jugendkultur

Am Beispiel der Bildungspolitik läßt sich zeigen, wie sich gesellschaftliche Einstellungen seit der Nachkriegszeit weitgehend verändert hatten. Das kam auch in anderen Bereichen zum Ausdruck. Der Kirchenbesuch, die formalisierte Religiosität, nahm ab. Jahrhundertelang bestehende Tabus wurden mit der »sexuellen Revolution« abgebaut, die freilich einen stark kommerziellen Charakter besaß und keinesfalls nur als »Befreiung« angesehen werden kann. Vielfach wurde versucht, dagegen Bürgerzorn zu mobilisieren, etwa in der »Aktion saubere Leinwand«. Das Leben hatte sich gegenüber der Nachkriegszeit in vielerlei Weise gewandelt. Der Wohlstand nahm von Jahr zu Jahr zu, die ständige Verbesserung der materiellen Lage wurde zur Gewohnheit. Mit der Automobilisierung lösten sich die engen Lebensverhältnisse auf, man wurde beweglicher und unabhängiger. Obwohl sich schon Ende der sechziger Jahre die negativen Folgen der Automobil-Gesellschaft andeuteten, nahm der Motorisierungsgrad von Jahr zu Jahr zu. In den großen Einfamilien- und Hochhaus-Siedlungen, die in dieser Zeit gebaut wurden, entwickelte sich trotz großer Status- und Einkommensunterschiede ein äußerlich einheitlicher Lebensstil und demonstrativer Konsum. Immer stärker setzte sich auch eine besondere, kommerziell geprägte Jugendkultur durch, die gesellschaftliche Leitfunktionen übernahm, z.B. in der Populärmusik. In diesen Jahren gewannen die »Beatles«, die »Rolling Stones« und andere weltweit rezipierte Musikgruppen und -stile ihren Nimbus. All das waren aber Bewegungen, die politisch wenig Auswirkungen zeigten.

4.5. Der Studentenprotest und seine Folgewirkungen

Unmittelbar politisch war jedoch in der Zeit der Großen Koalition der Studentenprotest, der 1968 in der Springer-Blockade kulminierte. Er berührte sich in vielfältiger und unterschiedlicher Weise mit den Einstellungen und dem Selbstverständnis von Künstlern und Schriftstellern, die ihre Rolle neu zu definieren versuchten, bis hin zur These vom »Ende der Literatur«. Der Eintritt der SPD in die Große Koalition nahm vielen Anhängern die Identifikationsmöglichkeit. Günter Grass hatte das in einem Brief an Brandt vom 30. November 1966 antizipiert:

»20 Jahre verfehlte Außenpolitik werden durch Ihr Eintreten in eine solche Regierung bemäntelt sein ... Die allgemeine Anpassung wird endgültig das Verhalten von Staat und Gesellschaft bestimmen. Die Jugend unseres Landes wird sich nach links und rechts verrennen, sobald diese miese Ehe beschlossen sein wird.«[13]

Brandts Antwort: »Nach sehr ernster Prüfung und (vor) dem Hintergrund der dürren Zahlen im Bundestag und angesichts der Aufgaben im Inneren und nach außen habe ich zu dem Ergebnis kommen müssen, daß der andere Weg nicht gangbar war.« Damit blieb jedoch das Bedürfnis nach Identifikation, nach klar sichtbaren politischen Symbolen unbefriedigt.

Wie stark das für einige spezielle Bevölkerungsgruppen galt, machte eine Umfrage vom Dezember 1967 deutlich, in der einerseits Absolventen höherer Schulen, andrerseits NPD-Anhänger sich besonders kritisch zeigten.

Sind Sie für die Große Koalition oder halten Sie es für besser, wenn eine der großen Parteien in der Regierung sitzt und die andere ist in der Opposition?

	Für Große Koalition	Besser eine in der Opposition	Unentschieden, kein Urteil
Gesamtergebnis	40	42	18
16–20 Jahre	34	48	18
60 Jahre und älter	42	33	25
Volksschule	42	37	21
Höhere Schule	32	59	9
NPD-Anhänger	27	73	–

Quelle: Jahrbuch der öffentlichen Meinung 1968–1973, 272.

Die Mehrheit der Deutschen hatte sich inzwischen an das Nebeneinander von Regierung und Opposition gewöhnt. Ganz im Gegensatz zur Situation 1949 zeigte diese Umfrage Verständnis für die Oppositionsfunktion. Die Bildung der Großen Koalition war jedoch keineswegs der einzige Schock für die politisch interessierte Jugend. Das amerikanische Engagement in Vietnam und die Berichte über Brutalität, Flächenbombardierung, Tötung unschuldiger Menschen, Verteidigung eines korrupten und von der Bevölkerung Südvietnams kaum unterstützten Regimes, auf die man tagtäglich im Fernsehen und in der Presse stieß, widersprachen allen westlich-demokratischen Idealen, mit denen sich die Jugend zu identifizieren gelernt hatte. Amerika war bis in die sechziger Jahre hinein das große Leitbild gewesen, an dem sich gerade auch die Jugend orientierte. Noch bei der Ermordung Präsident Kennedys war es zu großen spontanen Solidaritätskundgebungen in Universitätsstädten gekommen, meist von linken politischen Studentengruppen organisiert. Der Beginn der amerikanischen Vietnam-Intervention unter Kennedy 1961/62 ist in der Bundesrepublik kaum kritisiert worden. Sie wurde eher als Parallele zur

Behauptung Berlins gegenüber dem Ostblock gesehen.[14] Dahrendorf hat die Stimmung dieser Jahre treffend charakterisiert, indem er sein Amerika-Buch *Die angewandte Aufklärung* nannte. In seinem vielgelesenen Band *Gesellschaft und Demokratie in Deutschland* bezog er seine Musterkategorien ebenfalls aus den offenen Konfliktstrukturen der angloamerikanischen Gesellschaften.[15]

In der sozialwissenschaftlichen Literatur der fünfziger und sechziger Jahre war es üblich, die bundesrepublikanische Gesellschaft an dem amerikanischen Vorbild zu messen, das wegen seines Reichtums ohnehin Faszination ausstrahlte. Negative Seiten, wie etwa die Armut oder die Diskriminierung der Schwarzen, sind wenig beachtet worden. Mitte der sechziger Jahre traten bei Menschen, die gegenüber Problemen sozialer Ungerechtigkeit sensibel waren, diese Fragen in den Vordergrund. Auch die Gettoaufstände und -brände in den amerikanischen Großstädten, generell die Gewalt im amerikanischen Leben hatte man angesichts der Amerika-Fixierung der deutschen Medien ständig vor Augen. All das führte vor allem bei Studenten allmählich zu einem negativen Amerika-Bild. Bewunderung schlug in Antipathie um. Gerade weil man sich betroffen fühlte, demonstrierte man, wollte man seinen Unwillen öffentlich machen. Zur Identifikation mit den Opfern – Vietnamesen, Schwarzen, usw. – kam der Mangel an Identifikationsmöglichkeiten in der eigenen Gesellschaft. Die SPD, in deren Gliederungen diese Probleme durchaus mitempfunden wurden und deren Mitglieder, wie der spätere Berliner Landesvorsitzende Ristock, an den Aktionen teilnahmen, kam als derartige Orientierungsmöglichkeit kaum mehr in Frage. Ihre Führung bildete eine gemeinsame Regierung mit CDU/CSU, und nur bei genauem Hinsehen ließen sich noch politische Differenzen feststellen. Außenpolitisch bemühte sich die SPD-Führung immer noch, mit Hilfe der amerikanischen Regierung gegen den Widerstand der deutschen Konservativen ihre Entspannungspolitik durchzusetzen. Das waren verwickelte Strukturen, die den moralischen Ansprüchen soeben »politisierter« Studenten und ihrem Bedürfnis nach eindeutigen Positiv- und Negativbildern nicht genügten.

Als alternative Leitfiguren wurden daher idealisierte Exponenten des Widerstands in der Dritten Welt entdeckt. Che Guevara, der revolutionäre »Reinheit« verkörperte, Ho Chi Minh und Mao Tse Tung wurden als glaubwürdig empfunden. Der studentische Protest in den USA und der Widerstandskampf der Schwarzen prägten auch die Formen des deutschen Protests: »sit ins«, »go ins«, »teach ins« wurden gängige Begriffe an den Universitäten, eine Amerikanisierung des deutschen Protests. Da der Kommunismus sowjetischer Machart hoffnungslos diskreditiert war, kam es nicht nur zu einer Idealisierung von Dritte-Welt-Bewegungen und des Maoismus, sondern auch zu einer Wiederbelebung anarchistischen Gedankenguts, das in Deutschland seit 1933 keine Tradition mehr besessen hatte. »Antiautoritär« wurde das neue Schlüsselwort. In den Universitäten, dem zentralen gesellschaftlichen Ort des Protests, wurde diese Stimmung in der Kritik am »Muff unter den Talaren«, der Ordinarienherrschaft und den überkommenen akademischen Formen, ausgedrückt. Schrittweise griff sie auf den übrigen Bildungsbereich über, dehnte sich zunächst aber nicht auf andere gesellschaftliche Bereiche aus, auch deswegen nicht, weil sich rasch eine neue hermetische Sprache herausbildete, eine elitäre Mischung aus marxistischen und psychoanalytischen Begriffen und schwer verständlichen Anglizismen.

In der Gesellschaft staute sich Aggression gegen den studentischen Protest. Zum einen war das eine direkte Folge des Proteststils und -inhalts, die beide provozierend angelegt waren. Autorität und etablierte Verhältnisse sollten »hinterfragt«, »Regelverletzungen« begangen werden. Zum anderen wurde Aggression durch die Medien erzeugt, besonders demagogisch durch die Zeitungen des Springer-Konzerns, aber auch durch andere, die ihrer Neigung zur Hervorhebung von Sensationen folgten. Schließlich beteiligten sich auch Politiker, die auf die Emotionen der Mehrheit setzten, an diesem Spiel.

Besonders brisant war die Situation in Berlin: Die Freie Universität, die zu Beginn des »Kalten Krieges« im amerikanischen Sektor als Reaktion auf politischen Druck an der Ostberliner Humboldt-Universität im amerikanischen Sektor gegründet worden war, erlebte jetzt eine Studentengeneration, die ihr Selbstverständnis im Protest gegen die »Schutzmacht« Amerika ausbildete. Berlin wurde zum Zentrum der Protestbewegung. Die Bevölkerung verstand ihre Stadt jedoch mehrheitlich noch immer als Insel westlicher Freiheit und reagierte deswegen aggressiv etwa auf Demonstranten unter roten Fahnen gegen die amerikanische Intervention in Vietnam. Der SPD-geführte Senat selber organisierte 1968 eine Gegendemonstration unter dem Motto »Berlin steht für Frieden und Freiheit«. Schon hier kam es zu jener Gewalttätigkeit, die Beobachter wie Grass vorausgesagt hatten.[16]

In Berlin ereigneten sich auch die beiden Gewalttaten, welche die innenpolitische Spannung auf den Höhepunkt trieben: 1967 die Erschießung des Studenten und harmlosen Demonstrationsbeobachters Benno Ohnesorg durch einen Polizisten, die als Folge eines verfehlten und brutalen Konzepts der Polizeiführung angesehen werden muß (der Berliner Polizeipräsident verglich die Demonstration mit einer Wurst, auf die man von beiden Seiten drücken müsse). Am Gründonnerstag 1968 folgte dann das Attentat auf Rudi Dutschke, den bekanntesten Exponenten der »Außerparlamentarischen Opposition« (APO). Der »Sozialistische Deutsche Studentenbund« (SDS) reagierte darauf mit einer Blockade der Springer-Verlagshäuser in der ganzen Bundesrepublik. Die Kampagnen der Springer-Zeitungen wurden für die psychische Vorbereitung des Anschlags verantwortlich gemacht. Die SDS-Führung wollte gleichzeitig die Betroffenheit, die der Anschlag auslöste, zu einer »direkten Aktion« ausnutzen.

Manipulation durch Medien war in dieser Zeit ein Zentralthema der Studentenbewegung. Dutzende von Büchern wurden dazu geschrieben, Hunderte von »teach-ins« abgehalten. Im Zentrum stand die Macht des Springer-Konzerns, der damals (wie heute) etwa ein Drittel der gesamten Zeitungsauflage der Bundesrepublik kontrollierte und – da der Konzernherr in den sechziger Jahren seine Berufung zur Politik entdeckt hatte – in die politische Auseinandersetzung massiv eingriff. Die Studentenbewegung schaffte es, dieses Thema zu problematisieren und der Öffentlichkeit ins Bewußtsein zu rücken. Das beste Zeugnis für die Reichweite dieses Problembewußtseins ist das Berliner Programm der CDU von 1968, in dem sogar diese Partei, die von den Springer-Zeitungen immer mehr begünstigt wurde, forderte: »Pressekonzentration darf nicht dazu führen, daß die Mannigfaltigkeit der politischen Auffassung sich nicht mehr wirksam ausdrücken kann. Wir fordern ein Bundespressegesetz, das Rechte und Pflichten der Verleger und der Redakteure festlegt…«[17]

Letztlich hat die Studentenbewegung aber in diesem Punkt keinen politischen Erfolg erzielt. Sie war erfolgreich in der Mobilisierung des Protests, solange die Große Koalition bestand. Nach deren Ende zerfiel sie. Auch die damals radikalste Organisation, der SDS, brach etwa ein halbes Jahr nach Bildung der Regierung

Brandt/Scheel auseinander. Ohnehin war die Studentenbewegung keine einheitliche Größe. Neben dem SDS, der seit 1967 eine anti-parlamentarische Linie vertrat, standen andere Gruppen wie der »Sozialdemokratische Hochschulbund« (SHB), der linksliberale »Liberale Studentenbund Deutschlands« (LSD) oder die Evangelischen Studentengemeinden. Größere Gruppen von Studenten wurden ohnehin nur aktiv, wenn spektakuläre Aktionen anstanden oder die Ereignisse besondere Betroffenheit auslösten: bei Demonstrationen aus Anlaß der Notstandsgesetze, des Vietnam-Kriegs, des Schah-Besuchs, des Tods von Ohnesorg in Berlin oder lokaler inneruniversitärer Ereignisse. Im einzelnen waren die theoretischen Ansichten häufig unklar, die praktischen Aktionen spontaneistisch und wenig kontinuierlich.

Trotzdem hat die Studentenbewegung bleibenden Einfluß auf die Entwicklung der Bundesrepublik gehabt. Hier wurde eine oppositionelle Ideologie geprägt, die weitergewirkt hat. Radikale Demokratieansätze, theoretisch häufig vage (Räte-Gedanke, direkte Demokratie, Rotation), wurden bekanntgemacht, antikapitalistisches Denken und Sympathie für die Befreiungsbewegungen der Dritten Welt erlebten einen breiten Durchbruch. In den fünfziger und sechziger Jahren waren derartige Gedanken nur von kleinen, eher verborgenen Minderheiten vertreten worden.[18] Neu war schließlich die Politisierung der Jugend, die weltweit Parallelen besaß und seither in der Bundesrepublik immer wieder politische Anstöße gegeben hat. Während das Repräsentativsystem in der Bundesrepublik der fünfziger und sechziger Jahre vielfach einen artifiziellen Eindruck machte und die Verankerung in der Bevölkerung unzureichend blieb – wie sich etwa an den geringen Mitgliederzahlen der Parteien ablesen läßt –, kam seit den späten sechziger Jahren ein Strom fundamentaldemokratischer Radikalität hinzu, der die etablierte Politik immer wieder in Frage stellte. Mag auch häufig »sterile Aufgeregtheit« und mangelnde politische Klarheit im Spiel gewesen sein – in der »etablierten« Politik wird das freilich nicht anders sein –, gewann das politische System doch eine stärkere demokratische Vitalität, die sich nach und nach auf alle politischen Bereiche ausdehnte, auch als Widerspruch und Antwort auf die Infragestellung lang akzeptierter Institutionen und Entscheidungen.

Zunächst jedoch bedeutete das Auftreten der APO einen Schock, der das politische System einer Belastungskrise unterwarf. Die

Bundesregierung erwog zeitweilig das Verbot des SDS – gleichzeitig mit dem der NPD, um die Parität zu wahren.

Wenige Wochen nach den studentischen Osterunruhen 1968 erreichte die NPD mit 9,8% in Baden-Württemberg ihr bestes Ergebnis bei Landtagswahlen überhaupt. In einem Lande, in dem die NSDAP unterdurchschnittlich vertreten gewesen war, das solide liberale und demokratische Traditionen bewahrt hatte und eine katholische Bevölkerungsmehrheit besaß, war dieses Ereignis besonders schwerwiegend. Denn rechtsradikale Parteien hatten ihre Wählerstimmen bisher hauptsächlich in den protestantischen Landgebieten vor allem Norddeutschlands rekrutiert.

Die NPD konnte ihren Erfolg allem Anschein nach unter den Bedingungen der Großen Koalition stabilisieren, auch als der Rezessionsschock von 1966/67 überwunden war. Mit erstaunlicher Schnelligkeit verlor sie jedoch ihre Bedeutung, als nach den Bundestagswahlen 1969 die Konfrontation zwischen den beiden großen Parteien wieder einsetzte und die CDU/CSU sich erneut auf einen traditionell antikommunistischen Kurs zurückzog. Schon die Auseinandersetzung zwischen CDU/CSU und SPD im Vorfeld der Wahlen von 1969 reichte anscheinend aus, um oppositionelle Strömungen zurückzudrängen.

4.6. Konflikte innerhalb der Großen Koalition und die FDP

Wie bei einer so heterogenen und breit angelegten Koalition nicht anders zu erwarten, waren Unterschiede innerhalb der Regierungskoalition während der gesamten Regierungszeit sichtbar. Bei den Beratungen der Spitzenpolitiker im »Kressbronner Kreis« gelang es aber immer wieder, durch »Ausklammern« zwischen den gegensätzlichen Positionen auszugleichen. Angesichts der breiten Stimmenmehrheit der Koalition war es für andersdenkende Abgeordnete der Regierungsparteien möglich, der offiziellen Regierungspolitik ihre Zustimmung zu versagen, wie z.B. bei der Wahl des Kanzlers. Eine große Zahl von SPD-Abgeordneten sprach sich gegen die Notstandsverfassung aus, aus den Reihen der CDU/CSU kam Widerstand gegen die außenpolitischen Veränderungen. Die Wirtschaftspolitk bot ein besonderes, aber schließlich wahlentscheidendes Kuriosum. Monatelang kämpfte Wirtschaftsminister Schiller 1969 für eine Aufwertung der D-Mark angesichts der inflationären Entwicklung bei den wichtigsten Außenhandelspartnern und des Aufwertungsdrucks auf den Geldmärkten. Finanzminister Strauß widersprach ihm im Einklang mit der exportorientierten Wirtschaft, dieser Meinung schloß sich auch Kanzler Kiesinger an. Die Frage beherrschte vor der Wahl die Schlagzeilen und war der offenste Dissens zwischen den Koalitionspartnern. Schiller und die SPD waren glaubwürdiger, da der Wirtschaftsminister in einer derart speziellen Fachfrage als Autorität galt. Ihn hielt man in dieser Frage für kompetent, ein Vertrauen, das Erhard schnell verloren hatte.[19]

Nach den vorliegenden Untersuchungen hat dieser Konflikt auch der FDP viele Wähler entzogen. Sie war in dieser Kontroverse (ebenso wie die NPD) wenig sichtbar und hatte keine fachliche Autorität anzubieten. Obwohl die FDP im Bundestag die einzige Oppositionspartei stellte, gelang es ihr nicht, aus der Antipathie gegen die Große Koalition Nutzen zu ziehen. Das Ansehen ihres Vorsitzenden Mende war gering, er schnitt in Meinungsumfragen schlechter ab als alle anderen Spitzenpolitiker.[20] 1968 wurde er durch Walter Scheel abgelöst. Gleichzeitig setzte sich auf dem Freiburger Parteitag der progressive Parteiflügel mit einem Programm durch, das über weite Strecken Berührungspunkte mit der SPD, besonders in der Außenpolitik, aufwies. Zwar legte sich die FDP vor der Bundestagswahl nicht explizit auf eine Koalition mit der SPD fest, Scheels Aussagen wiesen aber deutlich auf diese Möglichkeit. Weniger als andere Parteien hatte die FDP Berührungsängste gegenüber der APO. Der frischgebackene FDP-Politiker Dahrendorf diskutierte z.B. beim Freiburger Parteitag vor dem Tagungslokal öffentlich mit Dutschke.

Zum entscheidenden Test der Koalitionsmöglichkeiten zwischen SPD und FDP wurden die Bundespräsidentenwahlen von 1969. Sie fanden vorzeitig im März statt, da Bundespräsident Lübke nach den vielen gegen ihn gerichteten Angriffen und wegen der zunehmenden Alterserscheinungen seinen Rücktritt mit der Begründung angekündigt hatte, die Wahl seines Nachfolgers solle nicht mit der Bundestagswahl zusammenfallen. Die SPD hatte früh ihren Anspruch angemeldet, nach FDP und CDU den Bundespräsidenten zu stellen. Nach verschiedenen Vorgesprächen entschied sich die SPD-Spitze für die Kandidatur von Justizminister Heinemann. Er war Mitbegründer der CDU und bis 1950 Innenminister im Kabinett Adenauer gewesen, hatte sich dann wegen der Wiederaufrüstungspolitik von der CDU getrennt, die »Gesamtdeutsche Volkspartei« (GVP) gegründet und war erst 1957 zur SPD gestoßen. Als Justizminister hatte er begonnen, liberale Rechtsreformen einzuleiten. Hervorgetreten war er während der Studentenunruhen nach dem Anschlag auf Dutschke. Hier hatte er – ganz im Gegensatz zu Kiesingers Rede vom selben Tag – eine versöhnende Einstellung eingenommen und die ältere Generation an ihre Mitverantwortung erinnert: Wer mit dem Finger anklagend auf andere zeige, solle bedenken, daß drei andere Finger auf ihn selber zurückweisen.[21]

Seitdem galt Heinemann als eine Persönlichkeit, die auch ein gutes Verhältnis zur Jugend herstellen könne, als eine Integrationsfigur über die Generationen hinweg. Die CDU/CSU stellte Verteidigungsminister Schröder als Kandidaten auf. Die FDP-Spitze hatte sich lange vor der Wahl auf Heinemann festgelegt. Nach ihrer Ansicht hing die Überlebensfähigkeit der FDP davon ab, daß sie beweise, nicht nur mit der CDU, sondern auch mit der SPD koalieren zu können. Eine möglichst einheitliche Stimmabgabe war dafür Bedingung, denn die SPD verfügte über weniger Stimmen als die CDU/CSU, der – rechnerisch befriedigend, aber politisch ein Handikap – auch die 22 Stimmen der NPD zufallen würden. Heinemann wurde schließlich im dritten Wahlgang mit den Stimmen der FDP gewählt – der erste Bundespräsident, der gegen die Stimmen der CDU/CSU ins Amt kam. Er sprach – zur Empörung dieser Parteien – anschließend in einem Interview davon, dies sei ein »Stück Machtwechsel«. Es war in der Tat die Probe aufs Exempel.

4.7. Wandel und Zögern in der Ostpolitik

In ihren außenpolitischen Vorstellungen stimmten SPD und FDP seit langem tendenziell überein. Während der Zeit der Großen Koalition trug die FDP entsprechende neue Gedanken deutlicher vor als die SPD, die durch Koalition und Regierungsverantwortung gebunden war. Die FDP präsentierte 1969 den Entwurf eines »Generalvertrages« mit der DDR. Kiesinger bezeichnete die FDP und ihre publizistischen Verbündeten als »Anerkennungspartei«. Zwar hatte er selber der DDR Kontakte angeboten, aber stets unter der Prämisse der Wahrung der Nichtanerkennung. Die Große Koalition nahm 1967 diplomatische Beziehungen mit Rumänien, 1968 wieder mit Jugoslawien auf. Mit der ČSSR kam es zum Austausch von Handelsmissionen. Weitere Fortschritte aber wurden von der Sowjetunion blockiert, die um den Zusammenhalt ihres Einflußbereiches fürchtete und die Bundesrepublik als Sündenbock für ihre Propaganda benötigte. 1968 wurde die Intervention gegen die liberalkommunistische Dubček-Regierung in der Tschechoslowakei mit einer angeblichen Aggressionsabsicht der Bundesrepublik begründet. Die Politik eines »Wandels durch Annäherung« barg für die Sowjetunion die Gefahr schleichender Veränderungen in den Warschauer-Pakt-Staaten, der sie mit der »Breschnew-Doktrin« von der »Sozialistischen Staatengemeinschaft« entgegentrat. Für Verhandlungen mit der Bundesrepublik stellte der Ostblock Vorbedingungen wie die völkerrechtliche Anerkennung der DDR und West-Berlins als besonderer politischer Einheit, die für die Bundesrepublik nicht annehmbar waren.

Dennoch hatte die Bundesregierung die Initiative zurückgewonnen. Waren zuvor Gesprächsangebote der DDR unbeantwortet geblieben, geriet nun die DDR in die Lage, entsprechende Vorschläge der Bundesrepublik zurückzuweisen. Der erste derartige »Rückzieher«, der Schwäche offenbarte, kam 1966 noch vor der Bildung der Großen Koalition zustande. Die SPD hatte das Angebot eines Redneraustausches zwischen SPD und SED mit Fernsehübertragung angenommen. In Chemnitz und Hannover sollten die Spitzen der beiden Parteien aufeinander treffen. Kurz vor den geplanten Veranstaltungen nahm die SED ein dafür geschaffenes Gesetz zur Freistellung ihrer Politiker von bundesrepublikanischer Strafverfolgung zum Anlaß, die Veranstaltung abzusagen. Zwei Jahre später beendete die DDR-Führung auch den Briefwechsel mit Kiesinger über eine Verbesserung der gegenseitigen Beziehungen. Während die westdeutsche Seite im Sinn der »Politik der kleinen Schritte« praktische Verbesserungen und Verhandlungen zu Sachthemen verlangte, zielte die DDR-Führung auf Anerkennung.

Die alten Koalitionspartner, die sich im Vorfeld des Wahlkampfs ohnehin immer feindlicher gegenüberstanden, zogen aus dieser außenpolitischen Lage unterschiedliche Schlüsse.

»Quer durch die CDU zog sich jetzt wieder die eigentliche Front, die, wie schon zu Zeiten Gerhard Schröders, der Frage galt, wie eine deutsche Ostpolitik eigentlich auszusehen habe. Das Kernproblem war ein-

mal mehr, ob rechtliche Fixierungen, wenn reale Prozesse dies recht-
fertigten, auch von den Auffassungen der fünfziger Jahre abweichen
könnten.«[22]

Am klarsten vertrat die CSU die traditionellen Auffassungen des
»Kalten Krieges«, obwohl ihr Vorsitzender Strauß durchaus auf
die Unwahrscheinlichkeit einer Wiedervereinigung hinwies. Je
näher der Wahlkampf kam, desto mehr schlossen sich die Reihen der CDU/CSU. Der Abstand zur SPD, aber auch zur FDP
wuchs.

Außenminister Brandt profilierte sich dagegen mit einer weitreichenden Konzeption.[23] Er sprach beim SPD-Parteitag in Nürn-
berg von einer Respektierung der bestehenden Grenzen in Europa,
besonders der polnischen Westgrenze und versuchte, die Anerkennung der bestehenden Tatsachen (an denen die Bundesrepublik ohnehin, wie seit Jahren erwiesen, nichts ändern konnte) mit östlichen Garantien für die Freiheit Berlins und seiner Zugangswege
sowie mit Verbesserungen im deutsch-deutschen Verhältnis zu ver-
knüpfen. Hier zeichnete sich schon die Politik ab, welche die SPD-
FDP-Koalition nach den Wahlen von 1969 vertreten sollte. Die östliche Seite setzte nach der Sicherung ihres Herrschaftsbereichs
1968 ebenfalls entsprechende Zeichen. Sie machte ihre Forderungen nicht mehr zu Vorbedingungen, sondern zu Verhandlungs-
punkten.

Die Modifizierung der sowjetischen Position wurde aber von der
Großen Koalition nicht mehr aufgenommen. Sie war wegen des
Bundestagswahlkampfes handlungsunfähig geworden. Statt dessen
kam es noch einmal zum Streit um die Hallstein-Doktrin. Als das
neutrale Kambodscha noch unter der Führung Prinz Sihanuks die
DDR anerkannte, wollte die CDU/CSU nach altem Muster mit
dem Abbruch der Beziehungen reagieren, obwohl die Bundesregierung diesen Entschluß in bezug auf Jugoslawien kurz zuvor
revidiert hatte. Im Kabinett überstimmten die CDU/CSU- die
SPD-Minister. Schließlich einigten sie sich auf ein »Einfrieren« der
Beziehungen anstatt auf den Abbruch. Die Große Koalition war
bewegungsunfähig geworden. Die Neuwahlen mußten zeigen, wer
sich durchsetzen konnte.

5. Die Regierung Brandt–Scheel und die neue Ostpolitik

5.1. Ausgangslage und innenpolitischer Zusammenhang

Die Bildung der sozialliberalen Koalition im Jahre 1969 war ein Wagnis. Zwar hatten die Sozialdemokraten bei den Wahlen 3,4% hinzugewonnen und den Abstand zur CDU/CSU halbiert (vgl. Tab. 1 S. 227). Allgemein wurde dieser Erfolg Wirtschaftsminister Schiller zugeschrieben, der seine Partei durch die Debatte über die Aufwertung in einen Konflikt mit der CDU/CSU hineingeführt hatte, in dem Schiller selber als kompetente Autorität galt. Andrerseits mußte die FDP mit 5,8% ihr schlechtestes Ergebnis bei Bundestagswahlen überhaupt hinnehmen und übersprang nur knapp die 5%-Hürde. Nach den Wahlanalysen war sie in dem beherrschenden Konflikt der beiden großen Parteien immer weniger sichtbar gewesen, zumal sie in der Frage der DM-Aufwertung zwar Stellung bezog, aber keine Persönlichkeit anbieten konnte, der die Wähler in dieser Frage, die das Beurteilungsvermögen der meisten überschritt, ihr Vertrauen schenken konnten. Zusammen besaßen SPD und FDP zwölf Mandate mehr als die CDU/CSU (vgl. zur Fraktionsstärke Tab. 1.2, S. 228).

Wenn nur sechs Abgeordnete bei der Kanzlerwahl nicht mitstimmten, würde sie nicht zustandekommen – ein Desaster. Sechs Abgeordnete, welche die Fronten wechselten, konnten die Koalition auch später zu Fall bringen. Das war zum einen deswegen besonders gravierend, weil es immer noch eine Gruppe von FDP-Abgeordneten gab, die starke Vorbehalte gegen die SPD und ihren Vorsitzenden Brandt hatte; zum anderen weil die CDU sofort mit der Abwerbung einschließlich finanzieller Versprechungen begann. Sie tat dies zunächst jedoch so plump, daß dieses Vorgehen die neue Koalition eher stärkte.[1] Von der »Qualität« der Vorurteile zeugte ein ungültiger Stimmzettel bei der Kanzlerwahl am 21. Oktober 1969 mit der Bemerkung »Frahm nein«. (Frahm war der Geburtsname Brandts gewesen, den er bei seiner Emigration nach Norwegen 1933 aus Tarnungsgründen abgelegt hatte.)[2]

Übereinstimmung zwischen SPD und FDP bestand in der Ost- und Deutschlandpolitik. Im November 1969 wurde der Nichtverbreitungs-Vertrag über Kernwaffen unterzeichnet, über den sich die Große Koalition nicht hatte einigen können. Die Regierungserklärung vom 28. Oktober setzte ein Zeichen: Hier wurde zum ersten Mal von »zwei Staaten in Deutschland« gesprochen, die zu einem Miteinander kommen müßten, um das Auseinanderleben der deutschen Nation zu verhindern und um die menschlichen Probleme zu lösen. Die neue Bonner Regierung versuchte, ihr Verhandlungs- und Verständigungskonzept in eine westliche Gesamtstrategie einzufügen. Die NATO machte die vom Ostblock angestrebten Vorbereitungen zu einer Europäischen Sicherheitskonferenz abhängig von einem erfolgreichen Verlauf der deutsch-sowjetischen Verhandlungen und von Berlin-Gesprächen.

Andrerseits war der Spielraum der bundesdeutschen Seite bei den Verhandlungen nicht sehr groß. Die Hallstein-Doktrin, deren Aufgabe man anbieten konnte, war ohnehin brüchig. Es war fraglich, ob man die Nichtanerkennung der DDR wegen der Pressionsmöglichkeiten in Berlin und wegen des wachsenden Selbstbewußtseins in der Dritten Welt weiter aufrechterhalten konnte. Schließlich war es angesichts der Insellage West-Berlins schwierig, relevante Garantien der östlichen Seite zu erreichen, die nicht nur Papier blieben.

Offensichtlich befand sich die bisherige Politik in einer Sackgasse. Sie trieb die Bundesrepublik

»zunehmend in Konflikte mit ihren Verbündeten und den neutralen Staaten... Bonn hätte sich, wenn es diesen Kurs weiterverfolgt hätte, unter Umständen in einer Krise mit dem Osten praktisch allein gesehen. Es war Brandts historisches Verdienst, daß er die Deutschland aufgezwungenen Belastungen und Ängste auf sich genommen hat«,

resümierte der damalige amerikanische Sicherheitsbeauftragte Kissinger in seinen Memoiren.[3] Diese »Belastungen und Ängste« wogen innenpolitisch jedoch sehr schwer. Jahrzehntelang war an der Illusion festgehalten worden, man werde die Wiedervereinigung unter westlichem Vorzeichen erreichen, die Vertriebenen könnten in die alte Heimat zurückkehren.

Auch der Oppositionsführung, vor allem ihrem Vorsitzenden Barzel, war bewußt, daß es zu einer neuen Ostpolitik keine Alternative gab.[4] Die CSU und weite Teile der CDU wollten dieser Ansicht aber noch nicht folgen. Strauß äußerte sich erst 1983 im Sinn einer realistischen Ostpolitik und löste auch dann, 14 Jahre später, noch Irritation in seiner Partei aus. In der Öffentlichkeit ließ sich gegen die Aufgabe langgehegter Positionen trefflich polemisieren.

5.2. Die Verhandlungen mit der UdSSR, der DDR und Polen. Die Viermächteverhandlungen über Berlin

Die Verhandlungen mit der Sowjetunion begannen schon im Dezember 1969 zwischen Außenminister Gromyko und Botschafter Allardt. Im Januar 1970 wurde Egon Bahr, inzwischen Staatssekretär im Bundeskanzleramt, zu »erkundenden Vorgesprächen« nach Moskau entsandt. Bis zum Mai 1970 hatte er sich mit Gromyko über einen Entwurf geeinigt, der den Kern eines Vertrages darstellte. Die Bundesrepublik verpflichtete sich darin, die bestehenden Grenzen als unverletzlich zu betrachten, einschließlich der Oder-Neiße-Linie und der Grenzen zur DDR. Die Sowjetunion gab andrerseits ihr Interventionsrecht aufgrund der UNO-Charta auf. Bonn ließ ferner seine Absicht erkennen, entsprechende Verhandlungen mit Polen, der CSSR und der DDR zu führen. Schließlich erklärte die Bundesregierung, sie werde sich »im Zuge der Entspannung in Europa« für die Aufnahme beider deutscher Staaten in die Vereinten Nationen einsetzen, was praktisch die weltweite Anerkennung der DDR *nach* einem innerdeutschen Vertrag bedeutete.[5] Bahr hatte zusätzlich eine Koppelung mit einer befriedigenden Berlin-Lösung verlangt und einen gesamtdeutschen Vorbehalt erklärt. Die Anerkennung der Unverletzlichkeit der Grenzen bedeutete keinen Verzicht auf die Wiedervereinigung, so theoretisch diese Unterscheidung auf absehbare Zeit auch bleiben mußte.

Bewußt waren die Verhandlungen mit der östlichen Führungsmacht vorgezogen worden. Es galt, den aus der Erhard-Schröder-Zeit resultierenden Verdacht zu entkräften, die Bundesrepublik wolle die Staaten des Warschauer Pakts gegeneinander ausspielen und die DDR oder die UdSSR isolieren. Im Februar 1970 wurden Gespräche mit Polen aufgenommen, in denen die Bundesregierung die seit inzwischen 25 Jahren bestehende Oder-Neiße-Linie als polnische Westgrenze, ebenfalls mit einem gesamtdeutschen Vorbehalt, anerkannte. In einer zweiten Phase, während der Außenminister Scheel selber in Warschau verhandelte, kam im Gegenzug eine Rote-Kreuz-Vereinbarung zustande, mit der deutschen Aussiedlern aus Polen der Weg in die Bundesrepublik geöffnet wurde.[6] In Moskau paraphierte der Außenminister anschließend den Vertrag mit der Sowjetunion. Schwierig gestalteten sich die Verhandlungen mit der DDR, die zunächst auf einer völkerrechtlichen Anerkennung beharrte und jeden Hinweis auf die Existenz einer deutschen Nation tilgen wollte, zu der sie sich in ihren Verfassungen von 1949 und 1968 noch feierlich bekannt hatte. Bis zum Sturz Ulbrichts im Jahre 1971 blockierte die DDR auch Kompromisse bei den Viermächteverhandlungen in Berlin, welche die Situation in der Stadt regeln sollten. Diese Verhandlungen hatten parallel zu denen der Bundesregierung ebenfalls 1970 begonnen. Sie führten schließlich im September 1971 zu einer Einigung, die sich der Regelung der praktischen Probleme zuwandte, während man die Status- und Definitionsfragen aus dem Dokument ausschloß. Diplomatisch ist in dem Abkommen nur von dem »betreffenden Gebiet« die Rede. Der Westen verstand darunter Gesamt-Berlin, der Osten nur West-Berlin.

Für die westliche Seite war das Berlin-Abkommen der wesentliche Erfolg im Gesamtkomplex der Vertragsabschlüsse. Zwar wurden die westlichen Rechtspositionen nicht durchgesetzt, aber die »essentials«, die Kennedy mehr als zehn Jahre zuvor formuliert hatte, konnten vertraglich abgesichert werden. Am wichtigsten waren dabei die Sicherung der Zugangswege und die westliche Militärpräsenz in West-Berlin. Darüber hinaus wurden »Bindungen« (nach östlicher Lesart »Verbindungen«) zwischen West-Berlin und der Bundesrepublik anerkannt, andrerseits aber wurde auch bestätigt und festgeschrieben, daß West-Berlin kein konstituierender Bestandteil der Bundesrepublik ist. Nach der Paraphierung dieses Abkommens reiste Brandt zu einem Besuch in die Sowjetunion. Das Kommuniqué über seine Gespräche mit Breschnew auf der Krim spiegelt einen Höhepunkt des ostpolitischen Optimismus wider. Es spricht von einer »entscheidenden Wende« in den Beziehungen zwischen beiden Staaten, der Vorbereitung einer Europäischen Sicherheitskonferenz unter Beteiligung der USA und Kanadas und weist auf eine Übereinstimmung über eine beiderseitige Truppen- und Rüstungsverminderung hin.[7]

Zwei Treffen von Bundeskanzler Brandt mit DDR-Ministerpräsident Stoph 1970 in Erfurt und Kassel haben die Nation bewegt. Die »Willy«-Rufe in Erfurt, die Brandt eher zu beschwichtigen versuchte, waren ein Hinweis auf den geringen Legitimitätsgrad, den die DDR immer noch bei ihrer eigenen Bevölkerung besaß. Die Aggression in Kassel, wo Rechtsradikale eine DDR-Fahne verbrannten, zeigten dagegen, welche Emotionen in Teilen der westdeutschen Bevölkerung aufgewühlt wurden.

Erst nach dem Abschluß des Berlin-Abkommens kamen die Verhandlungen mit der DDR in Gang. Zunächst wurde im Auftrag der vier Mächte ein Transit- und ein Verkehrsabkommen beschlossen, die diese Probleme im einzelnen im Rahmen des Viermächteabkommens regelten. Erst Ende 1972, zehn Tage vor der »bitter umkämpften Bundestagswahl«[8] konnte der »Vertrag über die Grundlagen der Beziehungen zwischen der Bundesrepublik Deutschland und der Deutschen Demokratischen Republik« paraphiert werden. Dieser Vertrag ist nach Richard Löwenthals Urteil das »am wenigsten befriedigende Ergebnis der neuen Politik des Ausgleichs im Herzen Europas«.[9] Er enthält die gegenseitige Anerkennung, aber nicht im strikten völkerrechtlichen Sinn. Zur Nation wird in der Präambel nur gesagt, daß in dieser Frage keine Einigkeit bestehe. Ebenso ist das Problem der Staatsangehörigkeit ungeklärt geblieben. Zwischen beiden Staaten wurde die Errichtung von »Ständigen Vertretungen« vereinbart, nicht aber von Botschaften, wie die DDR sie anstrebte. Es entstand aber auch kein engeres Sonderverhältnis, wie es die Bundesrepublik wollte.

Die gegenseitigen Hoheitsgebiete und die Unabhängigkeit beider Staaten wurden anerkannt, außerdem wurde eine lange Reihe konkreter Punkte aufgelistet, über die in der Folgezeit Einzelabkommen geschlossen werden sollten. Das betraf die praktischen und humanitären Fragen, die der Bundesregierung besonders wichtig waren. Von ihnen konnte ein großer Teil in den folgenden Jahren geregelt werden. »Mauer«, Stacheldraht und die Abtrennung aber blieben. Bahrs Ausspruch, man habe früher gar keine Beziehungen mit der DDR gehabt, jetzt gebe es immerhin schlechte Beziehungen, gibt das Ausmaß des Fortschritts treffend wieder.[10] Bis heute ist man bei der Klärung der offenen Streitfragen wenig weitergekommen. Dagegen sind die Verträge von Warschau und Moskau weithin akzeptiert worden.

5.3. Ergebnis der Verhandlungen

Die Verträge wurden später noch durch ein Abkommen mit der Tschechoslowakei und die Aufnahme diplomatischer Beziehungen mit Ungarn und Bulgarien ergänzt. Insgesamt stellten sie ein zusammenhängendes Geflecht von Leistung und Gegenleistung dar. Die wesentlichen Aktiva für die Bundesrepublik lagen in der Regelung der Berlin-Frage. Die Stadt ist seit 1972 von den Pressionen verschont geblieben, die das Leben in den sechziger Jahren schwer belastet hatten: Schikanen auf den Zugangswegen, östliche Drohungen gegen die westliche Präsenz und die Bindung an die Bundesrepublik, bis hin zu der Behauptung, Berlin liege »auf dem Territorium der DDR« – eine Bemerkung, die eine Annexionsabsicht befürchten ließ. Auch zum umliegenden Hinterland konnte West-Berlin durch die Besuchsregelungen wieder Kontakte gewinnen.

Ebenso wurden die Verbindungen zwischen den beiden deutschen Staaten spürbar verbessert. Besonders gilt das für den erleichterten Besuchsverkehr im grenznahen Gebiet. Die Bundesrepublik erkannte als Gegenleistung die bestehenden Grenzen an. Der gesamtdeutsche Vorbehalt, an dem die Bundesregierung festhielt, ist in bezug auf die Oder-Neiße-Linie von eher theoretischem Interesse. Wichtiger ist das Beharren auf dem Streben nach Wiedervereinigung gegenüber der DDR. Auch dabei ist auf absehbare Zeit sicher nicht mit einer Veränderung der bestehenden Situation zu rechnen.

Langfristig war die Nichtanerkennung ohnehin nicht aufrechtzuerhalten. Schon der Zeitablauf legitimierte bestehende Grenzen. Das »Heimatrecht«, das die bundesdeutsche Seite so lange für die Oder-Neiße-Gebiete verlangt hatte, wurde immer mehr gegenstandslos, auch wenn nach dem geltenden abstrusen Bundesrecht die Kinder von Heimatvertriebenen diese Eigenschaft erbten, so daß sich die Zahl der Heimatvertriebenen statistisch ständig vergrößerte. Gleichzeitig wurden Schlesien, Pommern und Ostpreußen mit jedem Jahr mehr zur Heimat der dort lebenden polnischen Bevölkerung. Ohnehin war, inzwischen seit Jahrzehnten, kein Weg mehr sichtbar geworden, der eine Veränderung der bestehenden Lage erlaubt hätte. Die Bundesrepublik hatte sich durch ihre Fixierung auf unrealisierbare juristische Positionen im Gegenteil selber ihrer Handlungsfreiheit beraubt. Die folgenden Jahre zeigten, daß der Bewegungsspielraum bundesdeutscher Politik nach der Normalisierung der Beziehungen zu den Ostblockstaaten größer wurde.

Die Bundesrepublik war seit 1969 nicht mehr Hindernis, sondern treibende Kraft des Entspannungsprozesses zwischen Ost und West. Parallel zu der deutschen Aktivität fanden Abrüstungsverhandlungen zwischen den Großmächten statt. In diesen Jahren beiderseitiger Verständigungsbereitschaft wurden erste Erfolge erzielt und die Perspektive von Rüstungsbeschränkungen eröffnet. Für die Bundesrepublik, die an der hochgerüsteten Nahtstelle zwischen den beiden Paktsystemen liegt, war das besonders wichtig, nicht nur aufgrund der immer wieder diskutierten Pläne für einen einseitigen Abzug amerikanischer Truppen aus Europa, der die westliche Position geschwächt hätte. Irritation zwischen den USA und der Bundesrepublik ergab sich aber gelegentlich aus der Tatsache, daß die deutsche Seite ein erhöhtes Selbstbewußtsein zeigte und trotz enger Abstimmung mit den westlichen Verbündeten beanspruchte, selbständig Entscheidungen zu treffen.[11]

5.4. Westeuropa-Politik der Regierung Brandt–Scheel

Bei aller Konzentration auf die Ostpolitik konnte die Bundesregierung in derselben Zeit auch wichtige Erfolge in der Europapolitik erzielen. Im Juni 1969 war nach dem Rücktritt de Gaulles, der den britischen EWG-Beitritt blockiert hatte, George Pompidou zum neuen französischen Staatspräsidenten gewählt worden. Schon auf dem Treffen der Staats- und Regierungschefs der EWG im Dezember 1969 in Den Haag wurde Einvernehmen darüber erzielt, mit Großbritannien, Irland und Dänemark Beitrittsverhandlungen aufzunehmen, die schließlich auch zum Erfolg führten. Alle wesentlichen Industriestaaten Westeuropas waren damit in der EWG vereinigt, sie wurde der bedeutendste Handelsraum der Welt. Auch die innere Kohärenz der EWG konnte gestärkt werden, obwohl die neu beitretenden Länder die Gemeinschaft eher als Zollunion ansahen. 1970 begann die organisierte außenpolitische Zusammenarbeit der EWG-Staaten, die seitdem eine miteinander abgestimmte Haltung zu vielen weltpolitischen Problemen erbracht hat und das Gewicht Westeuropas stärkt. Der dritte Punkt der Haager Erklärung, die Weiterentwicklung der EWG zu einer Währungsunion, scheiterte aber in der Folgezeit an währungspolitischen Turbulenzen in der westlichen Welt im Zusammenhang mit einer über Jahre anhaltenden Dollar-Schwäche. In diser Situation war es schon ein Erfolg, die Gemeinschaft vor den desintegrierenden Tendenzen der Währungskrise zu schützen.

5.5. Innenpolitischer Konflikt und gescheitertes Mißtrauensvotum

Während die bundesrepublikanischen Parteien in Fragen der Europapolitik übereinstimmten, waren die Ostverträge über Jahre das umstrittenste Thema der Innenpolitik. Durch die Springer-Presse und die im politisch ähnlich orientierten Bauer-Verlag erscheinende Illustrierte *Quick* wurden immer wieder geheime Verhandlungsunterlagen an die Öffentlichkeit gebracht mit der Absicht, die Verhandlungen zu diskreditieren und der Bundesregierung »Verrat« an deutschen Interessen vorzuwerfen. Dramatische Effekte, die das Interesse der Öffentlichkeit auf sich zogen, ergaben sich auch aus der Abwerbung und dem Absprung von Mitgliedern der FDP und der SPD, welche die Ostpolitik nicht unterstützen wollten oder sich aus anderen Gründen der CDU/CSU zuwandten. Die eh schon knappe Mehrheit der Koalitionsparteien wurde damit zusehends geringer. Der ehemalige Kanzler Kiesinger hatte bereits 1969 erklärt, die FDP solle aus den Landtagen »hinauskatapultiert« werden. Auch finanziell war die FDP in einer schwierigen Lage. Als ihr Stimmenanteil in den Landtagswahlen 1970/1971 in Niedersachsen, im Saarland und in Schleswig-Holstein unter die 5%-Grenze sank, verstärkte das bundespolitisch die Krise.

Dabei war nach allen Umfragen offensichtlich, daß die Mehrheit der Bevölkerung bis weit in die Kreise der CDU-Wählerschaft die Ostpolitik bejahte. Auch die CDU-Führung war von der Notwendigkeit der Verträge überzeugt. Der CDU/CSU-Fraktionsvorsitzende Barzel und einflußreiche Politiker wie v. Weizsäcker und Blüm setzten sich für ein Ja bei den Abstimmungen ein. Dagegen wehrte sich aber wie schon seit 1962 eine stark antikommunistisch orientierte Gruppe, innerhalb derer der geschlossene Block der CSU dominierte. Die CDU-Führung stand vor dem Dilemma, die Partei in einer Situation zusammenhalten zu müssen, in der die Ansichten in einer Kardinalfrage weit auseinandergingen. Der Öffentlichkeit sollte ein Bild der Geschlossenheit und Kompetenz geboten werden. Parteipolitische Konfrontation schien dafür eine geeignete Strategie zu sein. Während im Bundestag eher differenzierte Positionen vertreten wurden, griffen Oppositionspolitiker bei Versammlungen immer wieder tief in die »antikommunistische Propagandakiste« und beschuldigten die Regierung der Kapitulation vor Moskau.[12]

Das Abbröckeln der Regierungsmehrheit schien der CDU-Führung gleichzeitig die Chance zu bieten, während der laufenden Legislaturperiode an die Macht zu gelangen. Auch dabei ergab sich ein Dilemma. Die Parteiwechsler waren zum großen Teil durch ihre Ablehnung der Ostpolitik motiviert, am deutlichsten der Vorsitzende der Schlesischen Landsmannschaft, Herbert Hupka, der von der SPD zur CDU überlief. Auch wenn die CDU-Führung im Grunde entschlossen war, die Ostpolitik nach einer Regierungsübernahme fortzusetzen, konnte sie diese Überlegungen bis zur Erlangung der parlamentarischen Mehrheit nicht öffentlich vertreten. Die Position der CDU erschien aufgrund dieser Unklarheit weniger glaubwürdig als in den fünfziger Jahren.

Wenig positiv wirkten auf die Öffentlichkeit auch einige Parteiübertritte unter Mitnahme der Mandate sowie Hinweise, es sei dabei auch finanziell »nachgeholfen« worden. In der Öffentlichkeit entstand deshalb eine ungeheure Spannung und Erregung, als die CDU nach dem Übertritt des FDP-Abgeordneten Helms, der im Bundestag ein Stimmenverhältnis von 247:249 herbeiführte und der CDU/CSU rechnerisch eine Mehrheit versprach, einen konstruktiven Mißtrauensantrag stellte.[13] In vielen Betrieben reagierten die Belegschaften spontan mit Warnstreiks, Demonstrationen fanden statt, Proteste gegen das Vorgehen der CDU und Sympathietelegramme für die Bundesregierung wurden nach Bonn geschickt. An Stelle Brandts sollte der CDU-Vorsitzende Barzel zum Bundeskanzler gewählt werden. Einen Tag vor diesem Mißtrauensantrag am 24. April 1972 hatte die CDU in Baden-Württemberg zum ersten Mal die absolute Mehrheit gewonnen, sie hatte allen Anlaß zum Optimismus. Die Art des versuchten »kalten« Regierungswechsels auf Bundesebene ohne Wahlen war zweifellos legal, sie stützte sich auf das freie und nur dem Gewissen verpflichtete Mandat des Abgeordneten nach Artikel 38 des Grundgesetzes. Die Gewissensentscheidung wirkte aber wenig legitim, denn die Abgeordneten hatten auf Parteilisten kandidiert, aufgrund von Programmen, welche die künftige Regierungspolitik ankündigten.

Außerdem war das Bild, das sich die Öffentlichkeit von Brandt und Barzel machte, sehr unterschiedlich. Barzel hatte seit dem »Königsmord« an Erhard 1966, bei dem seinem Bekenntnis zum »Vater des Wirtschaftswunders« sehr schnell das Streben nach der Nominierung als Kanzlerkandidat folgte, ein negatives Image in der Öffentlichkeit. Während der Großen Koalition hatte er zwar an Ansehen gewonnen. Das Ergebnis des konstruktiven Mißtrauensvotums aber schien die bestehende negative Beurteilung voll zu bestätigen.

Im Gegensatz dazu war Brandt 1972 auf dem Gipfel seiner Popularität. Mochten 1970 noch Zweifel bestanden haben, so waren doch 1972 die positiven Ergebnisse der Ostpolitik weithin sichtbar, vor allem in Berlin. Die Besuche Brandts in der Sowjetunion und die enge Zusammenarbeit mit den Westmächten in der Ostpolitik stärkten seine Stellung in der Öffentlichkeit weiter. Sie machten auch Anklagen der Opposition, die Bundesrepublik werde von der Sowjetunion abhängig, unglaubwürdig. Seit er am 7. Dezember 1970 vor dem Denkmal im Warschauer Getto niedergekniet war, um dort der vom NS-Regime Vernichteten zu gedenken, und seit er 1971 den Friedens-Nobelpreis erhalten hatte, der seine Aussöhnungspolitik würdigen sollte, umgab ihn eine Aura moralischer Auszeichnung. Diese Form der Anerkennung kam einem tiefen Bedürfnis der Mehrheit der Deutschen entgegen, nach den Jahrzehnten des Schreckens, dessen man sich nach der Verdrängung in den fünfziger Jahren nun erinnerte, ein positives Verhältnis zu den Nachbarvölkern zu finden. Wie Brandt es in der Regierungserklärung 1969 ausgedrückt hatte: »Wir wollen ein Volk der guten Nachbarn sein und werden, im Inneren und nach außen.«

Barzel konnte unter Einschluß eines kooperationswilligen FDP-Abgeordneten im Bundestag mit 250 Stimmen rechnen, einer mehr als nötig. Bei der Abstimmung über das Mißtrauensvotum erhielt er aber nur 247 Stimmen. Es gab drei Enthaltungen aus sehr unterschiedlichen Gründen[14], die in bezug auf den Antrag wie Nein-Stimmen wirkten. Für die Koalition war das ein Triumph, an den kaum einer mehr geglaubt hatte. Sie stellte weiterhin die Regierung. Barzel war in Zukunft in der Öffentlichkeit mit dem Makel belastet, mit Hilfe von Überläufern erfolglos den Kanzlersturz versucht zu haben.

5.6. Die Bundestagswahl 1972 und die Bestätigung der Ostpolitik

Nicht nur Barzel hatte keine Mehrheit gefunden, sondern auch Brandt und Scheel besaßen sie nicht mehr. Die Abstimmung über den Kanzlerhaushalt kurze Zeit später endete mit 247:247 Stimmen, einem Patt. Der Haushalt war damit abgelehnt. Die anstehende Ratifizierung des Warschauer und des Moskauer Vertrages, von dem die UdSSR auch das Inkrafttreten der Berlin-Vereinbarung abhängig machte, war gefährdet, ganz abgesehen von der seit dem 23. April 1972 bestehenden CDU/CSU-Mehrheit im Bundesrat. Deswegen wurde von beiden Seiten versucht, einen Weg zur Ratifizierung zu finden. Eine gemeinsame Resolution des Bundestages wurde ausgearbeitet und einstimmig angenommen. Sie war zwar nicht Bestandteil des Vertrages, und der sowjetische Botschafter, der bei der Ausarbeitung konsultiert wurde, wies sofort darauf hin; sie sollte aber der CDU/CSU die Zustimmung erleichtern.

Trotzdem scheiterte Barzel in seiner Fraktion mit dem Vorschlag, den Verträgen zuzustimmen, vor allem am Widerstand der CSU. Schließlich enthielt sich die CDU-Fraktion der Stimme, einige wenige Abgeordnete votierten mit Nein. Für die kommenden Neuwahlen freilich bot die Enthaltung bei einer Lebensfrage der Nation kein überzeugendes Bild. Die Unglaubwürdigkeit der CDU wurde noch verstärkt, als sie in der letzten Sitzung vor der Auflösung des Parlaments schließlich dem Verkehrsvertrag mit der DDR zustimmte. Den Grundlagenvertrag mit der DDR, der am 8. November 1972, elf Tage vor der vorgezogenen Bundestagswahl, von der Bundesregierung veröffentlicht wurde – er sollte erst nach den Wahlen unterzeichnet und ratifiziert werden –, lehnte der Oppositionsführer wiederum ab. Er stellte die Bedingung, gleichzeitig müsse der Schießbefehl an der Grenze zur Bundesrepublik aufgehoben werden – eine Forderung, deren Verwirklichung nicht in der Macht der Bundesregierung lag.

Im September 1972 wurde der Bundestag aufgelöst, um die Patt-Situation zu beenden. Da das Grundgesetz die Auflösung von einem Mißtrauensvotum abhängig macht, entschloß sich Bundeskanzler Brandt, die Vertrauensfrage zu stellen, gleichzeitig aber mit seinem Kabinett nicht an der Abstimmung teilzunehmen. Der Bundespräsident löste daraufhin das Parlament auf. Die Wahl wurde zu einem Plebiszit über die Ost- und Deutschlandpolitik. Alle anderen Fragen, so gravierend sie waren, traten dahinter zurück.

Die innenpolitische Polarisierung führte zu einem einheitlichen Bild der Koalitionsparteien. Monatelang hörten die Wähler nichts von aufmüpfigen Jungsozialisten und Jungdemokraten. Die Wahl wurde, ähnlich der von 1953, zu einer außenpolitischen Abstimmung, in der die Koalition ein klares Profil bot. Sie trat für die Aussöhnung mit dem Osten, für Entspannung und Abrüstung ein, und zwar im Einklang mit den Westmächten. Sie konnte Ergebnisse vorweisen und versprach zugleich die Fortsetzung dieser Politik mit der Ratifizierung des Grundlagenvertrages mit der DDR. Außenminister Scheel fügte diesem Gesamtbild einen weiteren Aspekt hinzu, als er am 16. November bekanntgab, daß NATO- und Warschauer-Pakt-Staaten Vorgespräche über beiderseitige und ausgewogene Truppen- und Rüstungsverminderungen in Europa (MBFR) aufnehmen wollten.[15]

Der Wahlkampf wurde mit beispiellos breiter Beteiligung der Öffentlichkeit geführt. Besonders auf der »sozialliberalen« Seite – SPD und FDP erreichten in diesem Wahlkampf den höchsten Grad an Zusammengehörigkeit – entwickelte sich eine Flut von Zustimmungserklärungen, Unterschriftensammlungen und anderen Bürgeraktivitäten. Der CDU/CSU-Wahlkampf andrerseits wurde von – aus Unternehmerkreisen finanzierten – Parallelkampagnen begleitet, die ihre Diffamierung so weit überzogen, daß sie der CDU/CSU mehr geschadet als genutzt haben.[16] Die Polarisierung und Zuspitzung des Wahlkampfes führte zu einer tiefreichenden politischen Mobilisierung und schließlich zu einer äußerst hohen Wahlbeteiligung von 91 % der Stimmberechtigten. Die großen Parteien erreichten zusammen 99 % der Stimmen. Die NPD sank in dieser Konfrontation zur Splitterpartei herab (0,6 %); auch die DKP verlor mit 0,3 % die Hälfte ihres ohnehin geringen Anteils.

Die Koalition trug einen klaren Sieg davon. Die SPD war mit 45,8 % der Stimmen zum ersten und bis heute einzigen Mal bei einer Bundestagswahl stärker als die CDU/CSU. Der Anteil der CDU/CSU sank auf 44,9 %, ihr schlechtestes Ergebnis seit 1953. Die FDP konnte mit einem Stimmenanteil von 8,4 % wieder deutlich die 5%-Grenze überschreiten, ein Ergebnis, das angesichts ihres Verschwindens aus mehreren Landtagen keine Selbstverständlichkeit war (vgl. Tabelle 1, S. 227).

Die Ostpolitik der sozialliberalen Koalition war damit von einem eindrucksvollen Wählervotum sanktioniert worden.

6. Innere Reformen bis zum Ölschock 1974

6.1. Die Reformen und ihre Finanzierung

Die Regierungserklärung Willy Brandts 1969 enthielt zwei innenpolitische Leitgedanken:
– ein Bekenntnis zur Fortführung der Schillerschen Wirtschaftspolitik, zu »gesunden Finanzen«, Wachstum, »Stabilisierung ohne
Stagnation«;
– die Ankündigung von »Reformen«, dem Sammelbegriff für einen
Katalog innenpolitischer Maßnahmen von der Bundeswehr bis
zum Umweltschutz. Diese Reformen zielten z.T. auf die Modernisierung der Gesellschaft, z.T. auf die Erweiterung der Bürgerrechte
und auf den Ausbau sozialer Leistungen. Versprochen wurde damit
einerseits effektivere Verwaltung, andrerseits »mehr Demokratie«,
mehr Partizipation. »Wir stehen nicht am Ende unserer Demokratie, wir fangen erst richtig an«, lautete das zusammenfassende
Leitwort.

Beide Bestandteile der Regierungserklärung fügten sich im Bewußtsein von 1969 gut zusammen. Die Erfolge Schillers bei der
Überwindung der Wirtschaftskrise 1969 hatten den Eindruck erweckt, Wirtschaft sei lenkbar, Wachstum machbar, Konjunktur
beherrschbar. Der Wirtschaftszauberer Schiller – Erfinder vieler ein-
gängiger und in dieser wissenschaftsgläubigen Zeit rasch rezipier-
ter Schlagworte wie »aufgeklärte Marktwirtschaft« (statt Erhards
sozialer), »konzertierte Aktion« (abgestimmte Politik zwischen
Staat, Unternehmerverbänden, Gewerkschaften und anderen
Gruppen), »soziale Symmetrie« (zwischen Zuwächsen bei Arbeit-
nehmer- und Arbeitgebereinkommen) – hatte den Gipfel seines
Ansehens erklommen. Die Aufwertung der D-Mark, sofort nach
der Wahl vorgenommen, bestätigte seinen Ruf noch einmal.

Mit dieser Zuversicht verband sich das Vertrauen, das staatliche
»Füllhorn« reiche aus, um viele Aufgaben zu erfüllen. »Reformen«
wurden weithin als Ausschüttung von Wohltaten verstanden.
Wachstum, das man unbegrenzt erwartete, werde die Finanzierung
erlauben. Dies hatte die Regierung zwar nicht gesagt, ganz im Gegenteil: Nicht nur Finanzminister Möller hatte von Anfang an »solide« Finanzen als sein Hauptziel bezeichnet. Auch Bundeskanzler
Brandt verwies mehrmals auf den Zusammenhang zwischen Finanzierung und Staatsaufgaben – Erklärungen, die von der Öffentlich-

keit kaum wahrgenommen wurden. Und die angespannte Situation, die Konfrontation und Auseinandersetzung mit der CDU/CSU, begünstigte die Neigung, durch populäre Mehrausgaben politische Erfolge zu suchen. Vor Wahlen hatten auch CDU-Regierungen sich oft in diese Richtung »verirrt«.

Die Minister wetteiferten, wie es politischem Ehrgeiz entspricht, um den Verteilungskuchen. Am erfolgreichsten war dabei Verteidigungsminister Helmut Schmidt, der politisch einflußreichste SPD-Minister. Grundsätzlich wurde die Bundeswehr während der sozialliberalen Zeit finanziell besser ausgestattet als je zuvor – schon um dem Eindruck entgegenzuwirken, man sei »lasch« gegenüber dem Osten. Aber auch andere Ministerien entwickelten einen schier unbegrenzten Bedarf: Ausbau der Straßen und Autobahnen, Förderung der Forschung und der Schlüsseltechnologien, Hochschulbau, sozialpolitische Programme – all das waren Schwerpunkte, die mit allgemeinem Konsens rechnen konnten. Auf der Länderebene vollzog sich gleichzeitig ein lebhafter Ausbau des Bildungswesens und der Polizeikräfte, auf der Gemeindeebene wurde die Verwirklichung der Infrastrukturmaßnahmen wie Schulen, Hallenbäder, Mehrzweckhallen, Müll- und Abwasseranlagen in Angriff genommen.

Damit drohten die Staatsausgaben den inflationären Druck zu verstärken, der ohnehin bestand. Die in den Vietnamkrieg verstrickten USA exportierten Milliarden Dollar, ihre Währung verlor immer mehr an Wert. Ähnlich war es in wichtigen westeuropäischen Ländern. Auch die Aufwertung der DM von 8,5% im Jahr 1969 konnte diese Entwicklung nicht stoppen. Kurze Zeit später entschloß sich die Bundesregierung deshalb, den Kurs der Mark freizugeben (»floating«). Die Inflationsraten waren zwar beträchtlich niedriger als in anderen Ländern, der Druck aber blieb. Finanzminister Möller trat deshalb anläßlich von Konflikten bei der Vorbereitung des Haushalts 1972 im Sommer 1971 zurück, um ein Zeichen zugunsten einer Mäßigung der staatlichen Haushaltspolitik zu setzen und einem Nachfolger die Chance der Sanierung zu geben.[1]

Sein Nachfolger wurde Schiller, der ein Jahr lang ein »Superministerium« aus Finanzen und Wirtschaft führte, wie man es auch in Frankreich kannte. Er hatte bald mit den gleichen Problemen zu kämpfen. In der Öffentlichkeit war sein Ansehen ohnehin gesunken, denn die Inflation war höher als man erwartet hatte. Schiller trat 1972 zurück. Freilich resultierten seine Schwierigkeiten mehr aus seinem ausgeprägten Ehrgeiz als aus sachlichen Divergenzen. Bei den Bundestagswahlen rief er schließlich – nur einige Monate nach seinem Rücktritt – zur Wahl der CDU auf, gemeinsam mit Ludwig Erhard, seinem Vorgänger als wirtschaftspolitischer Vertrauensfigur.

6.2. Wahlgeschenke statt Umverteilung

Wie verbreitet die Neigung zu unverantwortlichem Geldausgeben war, bewies aber in diesen Wochen gerade die CDU/CSU. Bei der anstehenden Anpassung der Renten kurz vor der Auflösung des Parlaments stellte sie den Antrag, die Anpassung für ein halbes Jahr rückwirkend zu beschließen. Alle Rentner kämen so in den Genuß einer beträchtlichen Nachzahlung: Es ging immerhin um 9,5%. Mit der Mehrheit von einer Stimme, die ihr die Überläufer gebracht hatten, setzte sich die CDU/CSU durch. Ausgerechnet der verärgerte Karl Schiller machte es durch sein Fernbleiben bei der Abstimmung möglich.[2]

Das war ein Wahlgeschenk, das die Rentenkassen schwer belastete und die Inflation anheizte, politisch aber wie 1957 den breitesten Publikumserfolg zu bringen versprach. In derselben Sitzung wurde der Regierungsentwurf zur Anrechnung eines Baby-Jahres für berufstätige Frauen in der Rentenversicherung abgelehnt.[3] Eine strukturelle Reform war damit zugunsten des Gießkannenprinzips gescheitert. Immerhin wurden gleichzeitig die flexible Altersgrenze, die Mindestrente für Kleinverdiener (zu 80% Frauen) und die Öffnung der Rentenkassen für Selbständige einstimmig beschlossen – Maßnahmen, die das »soziale Netz« dichter machten. Da die Selbständigen aber bei geringen Beiträgen von der Versicherungsgemeinschaft alimentiert wurden, den »flexibel« Ausgeschiedenen auf Antrag der CDU/CSU gleichzeitig Zeitverdienste zugestanden wurden, verwirrte man die Systematik der Alterssicherung insgesamt noch mehr. Daß Umverteilung für sozial Schwächere zugunsten der Ausschüttung an alle scheitert, ist in westlichen Demokratien ein immer wieder feststellbarer Politikverlauf.[4]. Er entspricht der Artikulationsstärke der Ober- und Mittelschichten und den gängigen Ideologien und Argumenten.

In bezug auf das Rentensystem, Zentralstück deutscher Sozialpolitik, wurde 1972 generell die Entscheidung von 1957 bestätigt:

Erhöhung der Leistung statt Durchsetzung einer konzeptionell durchdachten Gesamtreform. Nur die Mindestrente war eine soziale Korrektur. Wegen der vielen Fälle, in denen eine Person mehrere Renten bezieht, war sie jedoch in ihrer Verteilungswirkung problematisch. Nach der gewonnenen Wahl 1972 hätte die Koalition theoretisch ihr altes Konzept wiederherstellen können. Politisch aber war das nicht durchsetzbar, da dies für alle Rentner eine Mindereinnahme, einen Eingriff in den Besitzstand, bedeutet hätte. Andrerseits waren Milliarden, die zur Verfügung gestanden hatten, aufgebraucht, die ehemals vollen Kassen leer. Außerdem waren die Positionen zur Sozialpolitik innerhalb der Koalition ohnehin sehr heterogen. Seit ihrer Ablehnung der Rentenreform von 1957 hatte die FDP zwar ihre Haltung geändert, ihre Wähler- und Mitgliederschaft war aber sozial immer noch grundlegend anders zusammengesetzt als die der SPD.

Auch in der Krankenversicherung wurden die Leistungen verbessert. Landwirte und Studenten wurden einbezogen und Rechtsansprüche bei der Früherkennung von Krankheiten eingeführt. Die »Aussteuerung«, d.h. die Einstellung der Leistungen der Krankenkasse nach längerer Krankheit, die bis dahin bestanden hatte, wurde abgeschafft.[5]

Ebenso wurden im Bildungsbereich Reformen eingeführt. Erstmals wurden mit dem »Bundesausbildungs-Förderungs-Gesetz« (BAFöG) von 1971 nicht mehr nur Studenten gefördert, sondern es entstand ein allgemeines Förderungsgesetz für jede Vollzeit-Ausbildung, sofern Bedürftigkeit vorlag. Besonders hervorgehoben hatte Brandts Regierungserklärung das Bildungswesen, die Wissenschaft und die Forschung, die »an der Spitze der Reformen« stehen sollten. Der Bund besaß hier nur in Teilbereichen Kompetenzen, u.a. beim Hochschulbau. Ein Hochschulrahmengesetz konnte lange nicht verabschiedet werden, da Bundestag und Bundesrat, Koalition und Opposition sich nicht einigten. Strukturelle Reformen im Bildungswesen blieben generell schwierig, andrerseits dehnte es sich in diesen Jahren quantitativ äußerst schnell aus.

Die besondere Verankerung der sozialliberalen Koalition bei der jüngeren Generation kam in der Herabsetzung des Wahlalters und des Volljährigkeitsalters von 21 auf 18 Jahre zum Ausdruck. Bei den Wahlen hatten SPD und FDP bei den 18- bis 30jährigen den größten Erfolg, Jungsozialisten und Jungdemokraten gehörten zu den engagiertesten Vertretern der Reformpolitik.

Einige kleinere Reformgesetze vervollkommneten das Bild: Nach dem Strafverfolgungsentschädigungsgesetz erhielten unrechtmäßig von Staatsorganen Verfolgte einen Entschädigungsanspruch; nach dem Opferentschädigungsgesetz hatten Opfer von Gewalttaten einen Anspruch auf staatliche Beihilfen. Das Staatshaftungsgesetz, nach dem Bürgern bei Versagen staatlicher Stellen ein Entschädigungsanspruch zustand (z.B. bei falsch funktionierenden Verkehrsampeln) wurde ein Jahrzehnt später auf Antrag von fünf Unions-Ländern für ungültig erklärt, zur gleichen Zeit, zu der die nachfolgende CDU/CSU-FDP-Koalition das Schüler-BAFöG abschaffte.

6.3. Reformen und ihre institutionellen Grenzen

Strukturelle Reformen stießen aber auf institutionelle Grenzen. Zum einen wurde der Bundesrat seit 1972 durch die Unionsländer dominiert. Zustimmungspflichtigen Gesetzen – und das waren die meisten Reformgesetze, vor allem wenn sie finanzielle Konsequenzen hatten – mußten Kompromisse zugrunde liegen. Das nahm der sozialliberalen Politik ihr Profil. Andrerseits wäre die Regierung ohne Bereitschaft zu Konzessionen handlungsunfähig gewesen.

Zu einer Art »dritter Kammer« entwickelte sich in diesen Jahren das Bundesverfassungsgericht. Zum ersten Mal stand hier eine politisch konträr gesinnte Richtermehrheit der Bundesregierung gegenüber. Die Bundesverfassungsrichter haben lange Amtszeiten, mehrere stammten noch aus der Zeit der CDU/CSU-Dominanz, und die starke Position der CDU/CSU in Bundesrat und Bundestag erlaubte es nicht, diese Mehrheit zu verändern. Die Opposition oder die Oppositionsländer riefen das Gericht verständlicherweise immer dann an, wenn sie eine Chance sahen – und sie hatten häufig Erfolg.

Das Bundesverfassungsgericht fällte in diesen Jahren wichtige, regierungskritische Urteile:
– Zu den Ostverträgen traf es interpretierende Feststellungen. Unter anderem verkündete es, die Grenze mit der DDR habe einen ähnlichen Rechtscharakter wie die zwischen bundesdeutschen Ländern. Indem es seine sämtlichen Urteilsgründe als verbindlich erklärte, versuchte es, der weiteren Deutschlandpolitik Schranken aufzulegen und setzte den juristischen Fiktionalismus fort, den die Ostverträge gerade zugunsten der Lösung realer Probleme zurückgestellt hatten.

– Die Fristenlösung bei der Schwangerschaftsunterbrechung, die der Bundestag 1974 verabschiedet hatte, erklärte das Gericht in einer einstweiligen Verfügung für verfassungswidrig. Diese Lösung war auch in einer Reihe andrer europäischer Staaten eingeführt worden.

– Das Reformgesetz zur Kriegsdienstverweigerung, das die »Gewissensprüfung« abschaffen sollte, wurde ebenfalls für verfassungswidrig erklärt. Das Gericht gab hier Hinweise auf die Ausgestaltung des Ersatzdienstes als »lästige« Alternative und – im Widerspruch zum klaren Wortlaut des Grundgesetzes – zur längeren Dienstzeit des Ersatzdienstes im Vergleich zum Wehrdienst.

– Im Hinblick auf den »Extremistenbeschluß« führte das Bundesverfassungsgericht neben dem Begriff der »Verfassungswidrigkeit«, den das Grundgesetz kennt, den weiteren, juristisch weniger abgegrenzten Begriff der »Verfassungsfeindlichkeit« ein.

– In einem Urteil zum niedersächsischen Hochschulgesetz lehnte das Gericht die »Drittelparität« zwischen Hochschullehrern, akademischem Mittelbau und Studenten ab und schrieb in Forschungs- und Lehrangelegenheiten eine Mehrheit der Hochschullehrer vor.

Für die politische Auseinandersetzung bedeutete das, stets mögliche verfassungsrechtliche Bedenken einbeziehen und Gesetze »verfassungsgerichtsfest« machen zu müssen. Während das Bundesverfassungsgericht sich zu anderen Zeiten nach dem amerikanischen Grundsatz der juristischen Zurückhaltung in politischen Fragen (»judicial self restraint«) nur in klar aus der Verfassung ableitbaren Fragen geäußert hatte, griff es nun stark in politische Fragen ein.[6] Angesichts des hohen Ansehens des Gerichts, an dessen Urteilen die Bundesregierung ohnehin nichts ändern konnte, war es schwierig, energisch Kritik zu üben. Sie hätte nur die öffentliche Meinung gegen sich mobilisiert.

6.4. Pragmatiker und neue Linke in den Koalitionsparteien

Es wäre aber verfehlt, derartige Begrenzungen der Reformen nur institutionellen Ursachen zur Last legen zu wollen. Bundesrat und Bundesverfassungsgericht waren z.B. selber als Ergebnis politischer Willensbildungsprozesse zustande gekommen. Bei den Landtagswahlen Mitte der siebziger Jahre (vgl. Tab. 2, S. 229 ff.), die für die Zusammensetzung des Bundesrates entscheidend waren, mußte die Koalition Verluste hinnehmen. Besonders betroffen war die FDP, die einen großen Teil ihrer traditionellen Wählerschaft im selbständigen Mittelstand verlor. Aber auch die Ergebnisse der SPD stagnierten stark, am deutlichsten in der ersten Wahl nach ihrem Erfolg bei den Bundestagswahlen von 1972. 1974 büßte sie in Hamburg 10% der Stimmen und damit ihre absolute Mehrheit ein, die sie seit 1957 besessen hatte. Nach dem Erfolg von 1972 war die Partei zunächst euphorisch gewesen, hatte an den großen Durchbruch zur Veränderung der Gesellschaft geglaubt und weithin gemeint, sie werde über kurz oder lang auch die absolute Mehrheit im Bundestag erringen. In der Bundestagsfraktion bildete sich ein linker Flügel, und in der Partei, besonders bei den Jungsozialisten, brach ein »antikapitalistischer Frühling« aus.

Die Mitgliederstruktur der SPD veränderte sich in diesen Jahren. Die SPD gewann sehr viele junge Mitglieder und erhöhte ihre Mitgliederzahl auf fast eine Million. Viele von ihnen waren Jungakademiker und brachten Ideen aus der Zeit von 1968 mit. Andrerseits waren alte sozialdemokratische Traditionen verschüttet. Die Anpassungspolitik zwischen 1958 und 1968 hatte aus der SPD eine sehr pragmatische Partei gemacht. Die jüngeren Mitglieder benutzten, um sich davon abzusetzen, vielfach die hermetische APO-Sprache und pflegten ihre revolutionäre Romantik. In Universitätsstädten, vor allem in München, kam es zu harten Auseinandersetzungen zwischen politischen Pragmatikern und neuen Linken, die das Bild der Partei in der Öffentlichkeit verschwimmen ließen.[7] Nach einer radikal-reformistischen Phase gaben sich die Fraktionen der Jungsozialisten die kuriosen Bezeichnungen »Antirevisionisten« und »Stamokap«. Als Beispiel für die Politik jener Zeit sei erwähnt, daß auf dem Hannoveraner Parteitag der SPD 1973 ein Beschluß gefaßt wurde, das Gewerbe des Maklers abzuschaffen – ein Beschluß, der weder praktikabel noch rechtlich möglich war. Als die Preissteigerungen 1973/74 infolge der Ölkrise zunahmen, machte die SPD in einer Plakataktion den Handel dafür verantwortlich – eine offensichtlich unzureichende Erklärung, die aber geeignet war, auch den letzten Einzelhändler zu verschrecken.

Eine weitere Quelle von Schwierigkeiten entstand der SPD-FDP-Koalition aus der Verdächtigung, sie könne sich gegen Kommunisten nicht ausreichend abgrenzen. Die Große Koalition hatte 1968, als die rechtsradikale NPD in einigen Landtagen saß, die Gründung der »Deutschen Kommunistischen Partei« (DKP) zugelassen. Die Bundesrepublik war das einzige westlich-demokratische Land, in dem eine kommunistische Partei verboten war. Der Bundesregierung war klar gewesen, daß faktisch eine Nachfolgeorganisation der verbotenen KPD aufgebaut werde, hielt das aber nach den Erfahrungen der Bevölkerung mit dem diskreditierten DDR-System für politisch ungefährlich. Eher fürchtete sie die Aktivität des SDS, der schließlich 1970 in einen DKP-freundlichen und einen maoistischen Teil auseinanderbrach.[8]

Die SPD hatte, seitdem ihre Anhänger zuerst in der Sowjetischen Besatzungszone, dann in der DDR im Gefängnis saßen und sie zum Hauptträger der Selbstbehauptung Berlins geworden war, ein feindliches Verhältnis zum Kommunismus. Diese Ablehnung war so tief verwurzelt, daß während der ersten Jahre der Ostpolitik einige Abgeordnete zur CDU übertraten, um ihren rigiden Antikommunismus beibehalten zu können. Angesichts der ersten Schritte in der Ostpolitik fand es die Parteispitze nötig, noch einmal zu dokumentieren, daß außenpolitische Realpolitik, d.h. Verständigung mit dem Osten, keinesfalls identisch mit einem besseren inneren Verhältnis zu Kommunisten sei. Bei jüngeren Anhängern, welche die Nachkriegsgeschichte nicht miterlebt hatten und aus der aufgrund des Vietnam-Krieges amerikakritisch denkenden 68er-Bewegung stammten, schien es nötig, derartigen Mißverständnissen vorzubeugen. Die SPD-Führung faßte deshalb nach der Rückkehr des Bundeskanzlers von der Unterzeichnung des Moskauer Vertrages am 14. November 1970 einen Abgrenzungsbeschluß gegenüber jeder Zusammenarbeit mit Kommunisten[9], der sich nicht nur an die eigenen Anhänger richtete, sondern selbstverständlich sowohl auf die Öffentlichkeit im geteilten Deutschland wie auch auf die CDU zielte, deren zentrale Propaganda darin bestand, die SPD des »Ausverkaufs« und der Zusammenarbeit mit Kommunisten zu bezichtigen.

Nach der Gründung der DKP konzentrierte sich die Union auf ein anderes Problem: »Extremisten im öffentlichen Dienst«.

Dutschkes Wort vom notwendigen »Marsch durch die Institutionen« zitierend, beschwor sie eine Unterwanderung. Angesichts der Zahlenverhältnisse war diese Behauptung absurd, machte aber Eindruck. Die sozialliberale Regierung wurde durch ständiges Vortragen dieses Themas unter Druck gesetzt. Es gab aber auch SPD- und FDP-Politiker, die ein »Durchgreifen« für wichtig hielten. Der erste neue Extremisten-Beschluß (die in der Adenauer-Zeit erlassenen galten fort) wurde im sozialliberal regierten Hamburg erlassen, wo die SPD-Spitze auch eine Unterwanderung der eigenen Partei fürchtete. In Bonn hatte man Bedenken. Herbert Wehner sah schon 1972 »Gesinnungsschnüffelei« voraus und in dem angestrebten »Schutz« der »freiheitlichen Grundordnung« einen ersten Schritt zu ihrer Beseitigung«.[10] Trotzdem wurde im Januar 1972 von allen Ministerpräsidenten und von Bundeskanzler Brandt ein Grundsatzbeschluß gefaßt, der die Übernahme ins Beamtenverhältnis von der »Gewähr« abhängig machte, daß der Bewerber »jederzeit für die freiheitlich demokratische Grundordnung« eintrete. Mitgliedschaft in verfassungsfeindlichen Organisationen sollte ausreichen, um entsprechende Zweifel zu begründen. Damit war zunächst nur die nach herrschender Meinung bestehende Rechtslage wiedergegeben und das aus taktischen Gründen von der Union verlangte Verbot der DKP abgewehrt. Aus der Bürokratisierung dieses Prinzips, d.h. der »Regelanfrage« beim Verfassungsschutz, sollten sich aber später schwerwiegende Folgewirkungen ergeben, die weit über die DKP hinausgingen, dieser Partei eine Märtyrerrolle verschafften und innerhalb der SPD und FDP bittere Auseinandersetzungen um die innere Liberalität verursachten. Für die SPD- und FDP-Führung hatte der Beschluß zunächst die Funktion gehabt, die Ratifizierung der Ostverträge innenpolitisch abzusichern.[11]

Eine weit schwerere Belastung für die Regierung war der Terrorismus, der Anfang der siebziger Jahre von der »Roten-Armee-Fraktion« (RAF), in der Öffentlichkeit »Baader-Meinhof-Bande« genannt, ausgeübt wurde. Der spektakuläre Charakter der Gewalttaten, die sich gegen amerikanische Militäreinrichtungen, führende Richter, Manager und Politiker richteten, riefen in der Öffentlichkeit Verunsicherung und Besorgnis hervor.

Für die CDU/CSU waren die terroristischen Anschläge eine Möglichkeit, sich publikumswirksam darzustellen. In der Öffentlichkeit entstand eine Psychose – ähnlich der Reaktion, welche die »RAF« herbeiführen wollte. Sie war der Ansicht, hinter dem Verfassungsstaat gebe es den Zwangsstaat, den man hervorlocken müsse. Die politische Atmosphäre veränderte sich aber im Zuge dieser Gewalttaten in verhängnisvoller Weise. Sie schränkte die Reformbereitschaft der Bevölkerung ein, da diese eine gewisse Angstfreiheit voraussetzt.

6.6. Die Ölkrise 1973/74, das Ende des Reformklimas und der Rücktritt Willy Brandts

Die entscheidende Krise der Reformpolitik setzte Ende 1973, ein Jahr nach dem triumphalen Wahlsieg der sozialliberalen Koalition ein. Die arabischen Ölstaaten verhängten, als die USA im dritten Nahostkrieg massiv Israel unterstützten, u.a. auch durch Flüge von deutschem Boden aus, Sanktionen gegen den Westen, welche die Ölpreise sprunghaft nach oben trieben. Allein von 1973 bis 1974 kletterte der Ölpreis um 172 %. Daraufhin stagnierte 1974 die bundesdeutsche Wirtschaft mit einem Wachstum von nur 0,4 %, 1975 schrumpfte die Produktion sogar um 3,4 %. Als Folge zählte man 1974 600 000, 1975 1,1 Millionen Arbeitslose. Schon bevor die wirtschaftlichen Konsequenzen deutlich wurden, entstand in der Bevölkerung eine tiefe Verunsicherung, ein Gefühl des Ausgeliefertseins an fremde Mächte im Nahen Osten.

Parteifreunde rieten Bundeskanzler Brandt in dieser Situation, eine »Blut-, Schweiß- und Tränen-Rede« zu halten (so Finanzminister Schmidt) oder auf die Notwendigkeit einer neuen Einstellung zu Wachstum und Lebensqualität hinzuweisen (so Entwicklungsminister Eppler), um die Probleme aktiv in den Griff zu bekommen. Das gelang jedoch nicht. Statt dessen konnte sich die Bundesregierung in dem folgenden Tarifkonflikt mit der Gewerkschaft ÖTV nicht durchsetzen. Nach dem Nachgeben der Länder und Gemeinden schloß sie mit 11 % ab, einer absolut stabilitätswidrigen Lohnerhöhung. Das Prestige des Kanzlers sank unter diesen Bedingungen zusammen mit dem der SPD. Die Affäre Guillaume, bei der ein Referent des Bundeskanzlers als DDR-Spion entlarvt wurde, lieferte dann den äußeren Anlaß zum Rücktritt.[12]

Mit der schon zu diesem Zeitpunkt bemerkenswert populären Führungsfigur Helmut Schmidt, dem der Ruf des Wirtschaftsfachmanns vorausging, entwickelte sich zum dritten Mal in der Geschichte der Bundesrepublik eine dominante positive Personalisierung eines führenden Politikers als Garanten der ökonomischen Prosperität. Der Wechsel von Spitzenpolitikern hat den Vorzug, daß die Bürger gescheiterte Hoffnungen vergessen und den ausgeschiedenen Politiker als Sündenbock benutzen können. Ein Führungswechsel kann daher die Übernahme der Regierung durch eine andere Partei psychologisch ersetzen. Schon Brandt und seine Berater hatte Ende 1973 konstatiert, daß eine großzügige Reformpolitik verbunden mit der Verteilung großer Geldsummen unrealistisch geworden sei.[13] In Zukunft würden Reformen sich an Null-Summen-Spiele anlehnen müssen: Wenn etwas gegeben werde, müsse auch etwas genommen werden. Obwohl sich die Bundesrepublik in der sich in Zyklen entwickelnden wirtschaftlichen Krise der folgenden Jahre im internationalen Vergleich gut behaupten konnte und zeitweilig wieder ein erhebliches Wirtschaftswachstum erzielte, war mit dieser ökonomischen Entwicklung dem Reformzeitalter die Grundlage genommen. Die Bundesrepublik mußte sich nach einer langen Entwicklung, die ihren Bürgern als »Wirtschaftswunder« erschien, wieder in den »normalen« kapitalistischen Zyklus mit seinen konjunkturellen Schwankungen fügen.[14] Die Bereitschaft zur »Reform«, die bis 1973 so verbreitet gewesen war, daß auch die Oppositionspartei diesen Terminus immer wieder aufgegriffen hatte (der RCDS in den Hochschulen lebte hauptsächlich von diesem Schlagwort[15]), flaute ab. In der Folgezeit wurde »Reform« bei Konservativen zum politischen Schimpfwort. Rezipiert wurde in derselben Zeit – zunächst noch in kleinen, aber meinungsbildenden Kreisen – daß es »Grenzen des Wachstums« gebe, d.h., daß bei weiterem Wirtschaftswachstum auf der bisherigen Grundlage die Umwelt gefährdet sei.

III. Regieren gegen Krisen 1974–1986

1. »Kontinuität und Konzentration« –
Die Ära Helmut Schmidt 1974–1982

1.1. Sozialpartnerschaft und parteipolitische Polemik

Das Leitwort der Regierungserklärung Helmut Schmidts am 17. Mai 1974 war »Kontinuität und Konzentration«. Karl Carstens, seit Barzels Rücktritt Vorsitzender der CDU/CSU-Fraktion, wies schon in seiner Antwort auf die Regierungserklärung darauf hin, daß dieses Leitwort in einem Spannungsverhältnis zu dem ebenfalls in der Regierungserklärung enthaltenen Bekenntnis zur Weiterführung der Reformen stehe, die von der Regierung Brandt/Scheel Anfang 1973 angekündigt worden waren.

Die erste SPD-Kommission zum *Orientierungsrahmen '85,* die im Sommer 1973 unter Schmidts Vorsitz ihren Bericht zu den Perspektiven sozialdemokratischer Reformpolitik veröffentlicht hatte, war noch von einem durchschnittlichen Wachstum von 4,5 % pro Jahr und von einer Erweiterung des Staatsanteils von 27 % auf 34 % ausgegangen. Reform war danach mit Verteilung verbunden. Der SPD-Parteitag in Hannover verwarf jedoch diesen Entwurf, statt dessen beschloß die Partei auf dem Mannheimer Parteitag von 1975, für ein differenziertes, qualitatives Wachstum einzutreten.[1] Für die praktische Politik spielte der *Orientierungsrahmen '85* keine Rolle. Angesichts der wirtschaftlichen Krise und der Arbeitslosigkeit, die sich während der nächsten Jahre auf einem »Sockel« von etwa einer Million stabilisierte, war die Bundesregierung zufrieden, wenn überhaupt wirtschaftliches Wachstum erzielt werden konnte, ohne daß die Stabilität der Finanzen gefährdet wurde.

In der Krise breitete sich – psychologisch verständlich – eine grundsätzlich reformfeindliche Stimmung aus. Die Parolen der Opposition, für die Krise sei die »unsolide« Reformpolitik verantwortlich, fielen auf fruchtbaren Boden. Das galt auch für die Landespolitik. In Hessen tat sich nach dem Scheitern der Regierung Oswald der neue Ministerpräsident Holger Börner mit dem Wort vom »Ende der Fahnenstange« hervor. Das war ein Versuch, die Angriffe der CDU abzuwehren und sich als solider Bewahrer des Bestehenden darzustellen. Schmidt stand in ähnlicher Weise für seine Politik, er war Garant wirtschaftlicher und politischer Stabilität. Angesichts der Konkurrenz von Oppositionspolitikern, die wenig oder negativ profiliert waren – 1976 kandidierte Helmut Kohl, 1980 Franz-Josef Strauß – konnte er sein politisches Ansehen immer weiter ausbauen; in der Krise war wieder eine Vertrauensperson gefragt. Schmidts positives Image überlebte sogar das Scheitern seiner Regierung 1982.

Der amerikanische Historiker Fritz Stern hat geurteilt, daß angesichts weltweiter ökonomischer Kontraktion, Stagflation, der Ölpreisexplosion und erhöhten internationalen Wettbewerbs der erneute Aufschwung der westdeutschen Wirtschaft in den siebziger Jahren erstaunlicher sei als der in den fünfzigern, als der Weltmarkt günstige Rahmenbedingungen bereitstellte.[2] In der Tat wurde die Bundesrepublik zu einer Insel der Stabilität, eine Sicht, die Schmidt der Bevölkerung immer wieder nahebrachte. Die Bundesrepublik brachte dafür gute strukturelle Grundlagen mit. Die Leistung der Regierung bestand darin, Programme zur Ankurbelung der Wirtschaft einzusetzen und in engem Kontakt mit den »Sozialpartnern« die Wirtschaftspolitik zu koordinieren und abzustützen. Die Raten der tariflichen Lohnerhöhungen wurden gesenkt, das Anspruchsniveau der Bevölkerung wurde geringer. Es gelang mit Hilfe dieses abgestimmten Verhaltens aber auch, die Inflationsrate zu reduzieren – ganz im Gegensatz zur Situation in den meisten anderen Ländern. Insofern knüpfte Schmidt, obwohl er sich persönlich anders darstellte, ganz an die Schillersche Wirtschaftspolitik der Konzertierten Aktion und der Globalsteuerung an. Die Aufrechterhaltung guter Beziehungen sowohl zu den Gewerkschaften als auch zu Unternehmern war ein Charakteristikum seiner Regierungsweise.

Nach wie vor bestand aber eine starke parteipolitische Konfrontation. Zwar hätte die Opposition keine grundlegend andere Politik machen können. Verglichen mit den Jahren der Regierung Brandt waren die sachlichen Differenzen sehr reduziert. Die innenpolitischen Konflikte aber wurden immer wieder angestachelt. Am deutlichsten wurde das in der Sonthofener Rede des CSU-Vorsitzenden Strauß formuliert, in der er jeder konstruktiven Beteiligung der Opposition eine Absage erteilte und die Konfrontation in jeder Beziehung forderte. Strauß konnte jedoch diese Linie innerhalb der Union nicht völlig durchsetzen. Im Bundesrat war eine glatte Verweigerung schon angesichts der Eigeninteressen der Länder nicht durchzuhalten. Die CDU/CSU selber war zudem durch vielfältige innere Meinungs- und Interessensunterschiede zerrissen. Strauß setzte als Druckmittel immer wieder die Drohung der Trennung von CSU und CDU ein (Kreuther Beschluß nach der Bundestagswahl 1976), er ließ »Freundeskreise« in anderen Bundesländern organisieren, bis er schließlich 1980 Spitzenkandidat der Union wurde und mit einer eklatanten Wahlniederlage sein Prestige und sein Drohpotential verspielte.

1.2. Wirtschaftliche Anpassung und blockierte politische Reformen

In dieser politischen Atmosphäre gelang es nicht, strukturelle Veränderungen vorzunehmen, welche die Anpassungsfähigkeit der Wirtschaft weiter gestärkt hätten. Zwar reagierte der Markt auf die beiden »Ölpreisschocks« 1973/74 und 1979/80 mit geringerem Verbrauch und der Umstellung auf andere Energien, zu einem gewissen Grad wurde das auch staatlich unterützt. Die Einsparungen gehen aus den folgenden Zahlen deutlich hervor.

Importe von Erdöl und Mineralprodukten: Preise und Mengen

1972	1974	1979	1980	1983
Menge in Millionen Tonnen				
140	140	148	134	107
Preise in Milliarden DM				
10,8	32,8	49,0	64,8	64,6

Quelle: Institut der Deutschen Wirtschaft, Zahlen zur wirtschaftlichen Entwicklung der Bundesrepublik Deutschland, Köln 1983, 71.

Die Bundesrepublik ist aber das einzige Land, in dem es bis heute nicht gelang, eine allgemeine Geschwindigkeitsbeschränkung herbeizuführen, mit der Energieeinsparungen erzielt, die Umwelt entlastet[3] und zudem die Unfallrate gesenkt würden. Der ADAC startete gegen diese Vorstellungen eine Kampagne »Freie Fahrt für freie Bürger«, die CDU/CSU nahm den billigen Slogan auf, die Verabschiedung eines entsprechenden Gesetzes scheiterte im Bundesrat. Weitergehende Konzepte wie das von Bundesfinanzminister Matthöfer, der über eine größere Anhebung der Benzinsteuern ähnliche Effekte erreichen und den Staat wieder handlungsfähig machen wollte, fanden schon innerhalb der Koalition keine Zustimmung.[4]

Andere Gesetze zur strukturellen Anpassung der Wirtschaft blieben wegen der Widerstände aus der Unternehmerschaft und der im

Bundesrat dominierenden Opposition bruchstückhaft. Die Berufs-
bildungsreform scheiterte 1975 nach einem Ultimatum der Spit-
zenverbände der Wirtschaft, die mit einem Lehrstellen-Boykott
drohten. Ursprünglich hatte die Regierung ein Umlagesystem vorgesehen, mit dem ausbildende Unternehmen unterstützt, nicht
ausbildende Firmen dagegen finanziell belastet werden sollten.
Gleichzeitig war geplant, die Qualität der Ausbildung anzuheben
und Auszubildende in Berufsgruppen zu leiten, deren Zukunfts-
chancen als positiv beurteilt wurden. In der verwässerten Form, in
der das Gesetz schließlich verabschiedet wurde, erfüllte es diese
Ziele nicht. Wenige Jahre später mußte beklagt werden, daß Lehr-
stellen fehlten und zu wenig qualifizierte Facharbeiter ausgebildet
worden waren.

Torso blieben auch die Programme der Bundesregierung zur Was-
ser- und Luftreinhaltung. Beim Abwassergesetz wurden die Aus-
gleichsgebühren, mit denen Umweltbelastungen auf marktwirtschaftliche Weise unattraktiv gemacht werden sollten, im Laufe der
politischen Beratungen so weit herabgesetzt, daß es billiger blieb,
umweltbelastend zu »sündigen«.[5] Unter größten Schwierigkeiten
wurde das »Benzin-Blei-Gesetz« verabschiedet, das den Bleigehalt
im Benzin begrenzte. Es rief heftigen Widerstand der Automobil-
unternehmen hervor, von denen der Ruin von Millionen von Kraft-
fahrzeugen prophezeit wurde. Die Grenzwerte waren – im Gegensatz zu den in diesen Jahren in Japan und den USA verabschiedeten –
aber nicht niedrig genug, um Umweltschäden entscheidend zu
verringern.

Auch eine Neuorientierung in der Sozialpolitik erwies sich als unmöglich. Neue Schwerpunkte hätten Einsparungen an anderer
Stelle vorausgesetzt, die in der Parteikonkurrenz nicht durchsetz-
bar waren. Als einziger großer Fortschritt ist die Neuordnung des
Kindergeldes zu verzeichnen, die gleiche Kindergeldbeträge an die
Stelle steuerlicher Vergünstigungen setzte. Das Kindergeld für
zweite, dritte und weitere Kinder wurde mehrfach erhöht. Bei der
Steuerreform 1980 mußte auf Drängen der CDU/CSU aber wie-
der ein Schritt zurück gemacht werden: Ein »Kinderbetreuungs-
Freibetrag« wurde eingeführt. Dieses Beispiel macht auch die
Schwierigkeiten deutlich, in einer Situation mit unterschiedlichen
Bundestags- und Bundesratsmehrheiten die politischen Verant-
wortlichkeiten sichtbar zu machen und politische Prioritäten zu
setzen. Die starke Stellung des Bundesrates erzwang immer wieder

Kompromisse, die dann der Regierungspolitik zugeordnet wurden. Bei Gesetzesvorhaben, an denen die Beteiligung des Bundesrates strittig war, kam es regelmäßig zu Klagen vor dem Bundesverfassungsgericht, bei denen oft einzelne Aspekte von Gesetzen für ungültig erklärt wurden, so daß jeweils das gesamte Regierungsprogramm scheiterte.

1.3. Terrorismus und die Reaktion des Staates

Ein besonderer Punkt öffentlicher Aufmerksamkeit waren in den späten siebziger Jahren terroristische Anschläge, die sich publikumswirksam gegen amerikanische Militäreinrichtungen und gegen hohe Politiker und Unternehmer richteten. 1973/74 führten die gefangenen RAF-Mitglieder Hungerstreiks durch. Einen Tag nach dem Tod von Holger Meins am 9. November 1974 wurde der Präsident des Berliner Kammergerichts v. Drenckmann bei einem Entführungsversuch erschossen. Mit der Entführung des Berliner CDU-Landesvorsitzenden Lorenz gelang es, sechs Terroristen freizupressen. Fünf von ihnen wurden, begleitet von Pastor Heinrich Albertz, in den Süd-Jemen ausgeflogen, der sechste, Horst Mahler, lehnte dies ab. Zwei Monate später wurde die deutsche Botschaft in Stockholm überfallen, um ebenfalls Gefangene freizupressen. Die Aktion mißlang, zwei Terroristen wurden dabei erschossen. Deutsche Terroristen waren auch an dem Anschlag gegen die OPEC-Ölminister am 21. Dezember 1975 und bei der Entführung einer »Air France«-Maschine, bei der 103 jüdische Passagiere festgehalten wurden, im Juni 1976 beteiligt. 1977 wurden Generalbundesanwalt Buback und der Sprecher der Dresdner Bank Jürgen Ponto erschossen, im September desselben Jahres der Vorsitzende des BDI und des BDA Hanns-Martin Schleyer entführt. Die Entführer verlangten die Freilassung von Andreas Baader, Gudrun Ensslin und anderer wichtiger RAF-Mitglieder. Am 13. Oktober 1977 wurde in Verbindung mit der Schleyer-Entführung eine deutsche Passagiermaschine gekidnappt, die nach tagelangem Irrflug in Mogadischu von der deutschen Anti-Terror-Einheit GSG 9 befreit wurde. Am 18. Oktober 1977 verübten Jan-Carl Raspe, Gudrun Ensslin und Andreas Baader Selbstmord, am 19. Oktober wurde die Leiche von Hanns-Martin Schleyer im Elsaß gefunden.

Der Terrorismus beherrschte in diesen Jahren immer wieder die

Schlagzeilen. Die RAF fand in der Bevölkerung so gut wie keine Unterstützung. Da sie aber immer wieder spektakuläre Aktionen durchführte, gelang es ihr, das öffentliche Klima in der Bundesrepublik zu beeinflussen. Die politischen Führungsspitzen des Landes nahmen in einer improvisierten Allparteien-Koalition die Entscheidung in die Hand. Um staatliche Festigkeit zu demonstrieren, kam es dabei auch zu Überreaktionen. Als Antwort auf die Anschläge und auf die immer wieder demonstrierte Fähigkeit der Terroristen, ihre Kommunikation auch im Gefängnis aufrechtzuerhalten, wurden die Aufgaben des Verfassungsschutzes erweitert, der Polizeiapparat großzügig ausgebaut, das Strafverfahrensrecht und das Strafgesetzbuch verändert. Drei SPD-Abgeordnete, die der Einführung der Strafgesetzparagraphen 88a und 130a aus rechtlichen Bedenken nicht zustimmten, fanden sich in der Öffentlichkeit verleumdet und wurden als »Sympathisanten« der RAF verdächtigt – ein Begriff, der in dieser Zeit Mode wurde und mit dem man freigiebig umging. Während der Schleyer-Krise und der gemeinsamen Beratungen der Politiker aller Parteien veröffentlichte CDU-Generalsekretär Geißler eine »Zitatensammlung«, mit der er SPD- und FDP-Politiker bis hin zum Präsidenten des Bundeskriminalamtes des »Sympathisantentums« verdächtigte. Das führte zu einer Vergiftung des politischen Klimas, andrerseits bei liberalen Politikern zu der Furcht, in dieser Weise angegriffen zu werden. In gewisser Weise hatten die Terroristen ein Ziel, zumindest teilweise doch noch, erreicht.[6] Für liberale Rechtsformen blieb in einer derartigen Atmosphäre zeitweilig kaum Platz.

Der Terrorismus war immer wieder ein Thema der innenpolitischen Auseinandersetzungen, auch als er nach 1977 abflaute. Der »Extremismus« spielte für die CDU/CSU eine ähnliche Rolle. In den Wahlkämpfen von 1976 und 1980 wurde versucht, das politische Klima durch Schlagworte und Denunziationen entsprechend aufzuputschen. »Freiheit oder Sozialismus« oder »Freiheit statt Sozialismus« waren die Wahlparolen von CSU und CDU 1976. An der Figur von Schmidt prallte derartige Polemik ab. Mehr Erfolg hatten sie gegenüber der Sozialdemokratie als Partei, die keineswegs politisch geschlossen ihren Kanzler stützte.

Diese mangelnde Geschlossenheit der SPD war ein Grund für den großen Wahlerfolg der FDP bei der »Strauß-Wahl« 1980. Die FDP bot die Alternative, für Schmidt und gegen Strauß zu stimmen, ohne der SPD die Mehrheit zu verschaffen.[7] Diese Konfrontation und die zitierten öffentlichen Themen gaben aber dem Parteiensystem dieser Jahre eine eigentümliche Abgehobenheit, eine große Distanz zu den anstehenden Problemen. Daß die sozialliberale Koalition in diesen Jahren bestehen blieb, ist ebenso der Persönlichkeit von Schmidt zu verdanken wie der Radikalität und taktischen Unflexibilität der CDU/CSU-Führung, die sich erst nach dem Regierungswechsel von 1982 in den wesentlichen Fragen auf die Basis der Reformen der frühen siebziger Jahre stellte.

2. Die neue weltpolitische Rolle 1974–1982

Ein wesentliches Element der Führungsrolle Schmidts war die außenpolitische und außenwirtschaftspolitische Kompetenz, die er verkörperte. Die Jahre seit der »Watergate«-Krise, die zum Rücktritt des amerikanischen Präsidenten Nixon führte, waren durch die Diskontinuität der amerikanischen Politik gekennzeichnet.

Die Außenpolitik wechselte nicht nur von Präsident zu Präsident, sondern war auch von den wachsenden innenpolitischen Schwierigkeiten abhängig. Die Weltmärkte wurden immer wieder von neuem durch die amerikanische Wirtschaftspolitik destabilisiert. Bis 1980 fiel der Dollar stetig und löste immer neue Währungskrisen aus. Nach 1980 ergab sich das merkwürdige Phänomen eines steilen Dollar-Anstiegs auf »Pump«, der wiederum weltwirtschaftliche Krisen herbeiführte. All das bedeutete eine existentielle Gefahr für die deutsche Wirtschaft, die von Exporten und weltwirtschaftlicher Verflechtung stark abhängt, wie auch für die Europäische Gemeinschaft, den wichtigsten Markt für die bundesdeutsche Wirtschaft. Wegen des unabgeschlossenen Ausbaus der Gemeinschaft konnte sie durch Währungskrisen und infolge unterschiedlicher Inflationsraten bedroht werden.

Schmidt machte in dieser Lage das deutsch-französische Sonderverhältnis, das schon Adenauer zu begründen versucht hatte, effektiv. Wegen der Schwerfälligkeit der EG-Organe und der Sonderinteressen einiger Mitglieder wurde die Stabilisierung hauptsächlich zwischen den beiden stärksten Industrienationen Westeuropas betrieben. Die relative französische wirtschaftliche Unterlegenheit wurde dabei ostentativ im Hintergrund gehalten. Bis 1981 beruhte das deutsch-französische Sonderverhältnis zusätzlich auf der persönlichen Beziehung zwischen Schmidt und dem französischen

Präsidenten Giscard d'Estaing. Daß dieser aber eine strukturelle Notwendigkeit zugrunde lag, zeigte sich nach der Wahl Mitterands 1981. Auch mit ihm wurde das Sonderverhältnis zelebriert – ebenfalls mit öffentlich sichtbaren Privatbesuchen im Hamburger Reihenhaus Schmidts und im Wochenendhaus Mitterands in Latché; es funktioniert heute ebenso zwischen Kohl und Mitterand. Es erstreckte sich, horribile dictu, sogar auf Beziehungen zwischen dem CSU-Verkehrsminister Dollinger und dem KPF-Minister Fiterman.

Das zentrale ökonomische Problem bestand zunächst in einer Stabilisierung der Währungsrelationen. Erst nach langen Bemühungen konnte 1979 ein Europäisches Währungssystem geschaffen werden, das die EG währungspolitisch harmonisiert und stabilisiert. Die meisten EG-Währungen mit Ausnahme des britischen Pfunds bewegen sich seither koordiniert gegenüber dem Dollar und den anderen Währungen der Welt. Der gemeinsame Markt kann deshalb mit festen Austauschrelationen – bei einer geringen Schwankungsbreite – rechnen. Insbesondere der Agrarmarkt mit seinen EG-weit administrierten Preisen konnte nur so funktionieren. In den Jahren zuvor hatte man längere Zeit in dieser Richtung experimentiert. Die Koordination war aber immer wieder wegen der höheren Inflationsraten des Franc gegenüber der Mark unmöglich geworden. Das zwang Frankreich zum Ausscheiden aus der »Währungsschlange«, die deswegen jahrelang faktisch eine »DM-Zone« wurde, zusammen mit den ebenfalls stabilen Währungen der kleineren Nachbarländer. Auch hier war die Bundesregierung bestrebt, das Phänomen ihrer neuen Leitrolle zu bagatellisieren. Auch in bezug auf weltwirtschaftliche Entscheidungen spielte die Bundesrepublik in diesen Jahren eine wichtige Rolle, symbolisiert durch die sog. Weltwirtschaftsgipfel, auf denen der Bundeskanzler eine zentrale Figur war. Wirtschaftspolitisch wurde die Bundesrepublik in diesen Jahren ohnehin als Musterland betrachtet, das zusammen mit Japan die Ölkrise am besten bewältigt hatte.

Über ihre wirtschaftliche Rolle erhielt die Bundesrepublik auch eine wichtige weltpolitische Funktion. Deutlich wurde das z.B. bei der Türkei-Hilfe der westlichen Welt, welche von der Bundesrepublik koordiniert wurde. Trotz faktisch höherer Zahlungen bestand die Bundesrepublik darauf, nicht höher als die USA ausgewiesen zu werden. Sie nahm in dieser Hinsicht erstmals Führungsfunktionen in der westlichen Welt wahr. Auch außerhalb der Weltwirtschaftsgipfel gehörte sie zu den dominierenden Nationen. Während es in der Nachkriegszeit regelmäßig Drei-Mächte-Treffen gegeben hatte, trat auf dem Gipfel von Guadeloupe 1979 wie selbstverständlich Schmidt zu Giscard, Carter und Callaghan hinzu.

Das Gewicht des Kanzlers erstreckte sich aber auch auf die Ost-West-Verhandlungen. Zwar hatte sich nach Brandts Rücktritt eine gewisse Abkühlung des deutsch-sowjetischen Verhältnisses ergeben. Und bereits zu Brandts Regierungszeit hatte die DDR ihre Abgrenzungspolitik wieder stärker praktiziert. Die wachsende Zahl westdeutscher Besuche und der intensivierten Kontakte scheint der DDR-Führung als Faktor der Instabilität gegolten zu haben. Deswegen wurden 1974 überraschend die Mindestumtauschsätze für Reisende in die DDR und nach Ost-Berlin erhöht. Immerhin wurden in den siebziger Jahren trotz der Sprunghaftigkeit der amerikanischen Politik die West-Ost-Verhandlungen kontinuierlich auf verschiedenen Ebenen fortgesetzt. Die »Konferenz für Sicherheit und Zusammenarbeit« (KSZE) in Helsinki wurde 1975 mit einem Abkommen abgeschlossen, das Fragen der Sicherheit und Zusammenarbeit, aber auch der Menschenrechte regeln sollte. Weitere Treffen wurden vereinbart, die dann in Belgrad und Madrid, allerdings ohne große Erfolge, stattgefunden haben. Die Verhandlungen über eine ausgewogene Truppenverminderung zwischen NATO und Warschauer Pakt in Wien wurden 1973 begonnen, sie konnten jedoch bis heute nicht erfolgreich abgeschlossen werden. Die SALT-Verhandlungen zwischen den Großmächten über die Begrenzung der strategischen Rüstung führten zu einem Abkommen (SALT II), das aber von den USA, in denen sich eine konservative Wende ankündigte, nicht ratifiziert wurde.

Die Bundesrepublik baute kontinuierlich ihren Handel mit den Ostblockstaaten aus. Die Stagnation in den Beziehungen zu Polen wurde 1975 durchbrochen, indem die Bundesrepublik einen Großkredit gewährte, als Gegenleistung wurden ihr erweiterte Möglichkeiten der Ausreise Deutscher zugestanden. Schmidt hatte noch als Finanzminister ein derartiges Geschäft abgelehnt.[8] Insgesamt gelang es auf diese Weise, die Beziehungen ständig zu intensivieren und gegenseitige Interessen an einem positiven Verhältnis materiell zu fundieren.

In der Frage des Rüstungsabbaus war Schmidt letztlich nicht erfolgreich. Mit wachsendem Unbehagen hatten die Europäer die ungeklärte Situation der nuklearen Mittelstreckenwaffen betrachtet, die in die bilateralen Verhandlungen der Supermächte nicht einbezogen wurden. Nicht zuletzt auf deutsche Anregung faßte die NATO deshalb 1979 den »Doppelbeschluß« über die »Nachrüstung«. Danach sollten neue Mittelstreckenwaffen im Westen stationiert werden, falls Verhandlungen mit der UdSSR über eine beidseitige Abrüstung nicht zum Erfolg führten. Dieses Konzept eines bedingten Aufrüstungsbeschlusses scheiterte in den folgenden Jahren, weil jeweils eine der beiden Weltmächte nicht verhandlungsbereit war. Zunächst lehnte die UdSSR Verhandlungen kategorisch ab. Schmidt konnte bei Gesprächen in Moskau im Sommer 1980 eine Lockerung der sowjetischen Haltung erreichen, nach der Wahl Reagans im Herbst des gleichen Jahres ergab sich jedoch eine neue Blockierung, da der neue Präsident zu Kompromissen mit der Sowjetunion nicht bereit war und auch die ausgehandelten SALT-Verträge nicht weiterverfolgte. Innenpolitisch kam es wegen des bedingten Aufrüstungsbeschlusses zu heftigen Kontroversen. Die Problematik wurde großen Teilen der Bevölkerung bewußt, schon die Vorankündigung wirkte politisch mobilisierend. Zudem setzte Reagan seit 1980 mit seiner entspannungsfeindlichen Rhetorik und den Überlegungen seiner Mitarbeiter über die Führbarkeit eines Atomkrieges in Mitteleuropa die Bevölkerung in Schrecken. Für die Regierung Schmidt wurde diese ost- und rüstungspolitische Linie zu einer schweren Belastung; sie spaltete auch die Parteien der Regierungskoalition.

3. Establishment und neuer Protest. Bürgerinitiativen. »Die Grünen«

3.1. Entfremdung der kritischen Jugend von den Parteien

In der Bundesrepublik hatte sich Ende der siebziger Jahre insgesamt eine Verschiebung der politischen Positionen nach rechts ergeben, die ihren Höhepunkt bei den Bundestagswahlen 1980 erreichte, als Strauß kandidierte und die Wahl zwar verlor, aber dennoch eine gewisse Veränderung des politischen Klimas erreichte. Das galt für die CDU, die Anfang der siebziger Jahre noch auf sozialliberale Positionen einzugehen schien, ebenso wie für die SPD und FDP. Mit der zweiten Welle der Ölpreiserhöhungen seit 1979 geriet die Regierung in noch größere Schwierigkeiten.

Die Kandidatur von Strauß – für viele Bürger eine negative Symbolfigur – war für die sozialliberale Koalition daher ein Glücksfall, die sie noch einmal »rettete«. Im politischen Spektrum entstand eine Lücke. Anfang der siebziger Jahre hatte sich in der SPD ein starker linker Flügel entwickelt, mit einem Schwerpunkt bei den Jungsozialisten, die eigene politische Positionen vertraten, sich als die »SPD der achtziger Jahre« fühlten und einen beträchtlichen Teil der Jugend banden. Die Wahlanalysen zeigten für 1972, daß der Anteil der SPD bei der Jugend stark gewachsen war, während die CDU in dieser Altersgruppe verlor.

Der Übergang von Brandt zu Schmidt hatte in dieser Beziehung den Charakter einer Zäsur, zumal Schmidt aus seiner Skepsis gegenüber dem jungsozialistischen Flügel seiner Partei ebenso wenig Hehl gemacht hatte wie aus seiner Skepsis gegenüber Jungakademikern in der Politik. Hatte es 1972 ein Identifikationsthema gegeben, so war das in den nächsten Jahren nicht mehr vorhanden. Die Ostpolitik löste sich in viele kleine, wenig attraktive Einzelprobleme und -verhandlungen auf, Rückschläge blieben nicht aus. Die Reformpolitik, soweit sie noch stattfand, besaß ebenfalls nur geringe Überzeugungskraft. Auch sie war von Rückschlägen begleitet. So hatte z.B. nach der negativen Entscheidung des Bundesverfassungsgerichts zur Fristenlösung die Koalition eine neue Regelung, die Indikationenlösung einschließlich der sozialen Indikation, beschlossen. Das war letztlich weder für die eine noch die andere Seite befriedigend.

Die Abwehrkämpfe der Koalition gegen die CDU/CSU konnten ebenfalls keine Begeisterung bei der Jugend wecken. Der ständige Streit um das »Berufsverbot«, der Ausbau der Sicherheitsorgane, der Skandal um die Lauschaktion gegen den Atommanager Traube, die Demonstration staatlicher Macht im Zusammenhang mit der Terroristenfahndung, all das rief nicht gerade Sympathien bei der kritischen Jugend hervor. Schmidts Hauptleistung und Sorge, die Erhaltung und Verbesserung der internationalen Wirtschaftsstrukturen und die Vermeidung eines Zusammenbruchs nach Art der Krise von 1929, stieß ebenfalls auf wenig Verständnis bei antikapitalistisch gestimmten Jugendlichen. Dann ergab sich eine Entfremdung eines Teils der Jugend von SPD und FDP. Die Jungsozialisten verloren an Bedeutung und waren Ende der siebziger Jahre keine wesentliche politische Kraft mehr.

Zunächst bot sich kein parteipolitischer Ersatz. Die DKP war wenig attraktiv. Sie vermochte durch geschickte Kaderarbeit zwar einige Positionen an Universitäten und in Betrieben zu besetzen und wurde in einige Stadträte gewählt (Bottrop, Marburg, Ahlen), aber immer wieder wurde sie durch ihre »großen Brüder« im Osten desavouiert. Ihr Agitationsstil war zudem zu unflexibel, um die kritische Jugend zu erfassen. Auch die maoistischen Gruppen hatten zahlenmäßig wenig Bedeutung. Sie gerieten zudem in eine Orientierungskrise, als in China die »Kulturrevolution« zu Ende ging und ein neuer, bald sogar pro-westlicher und pragmatischer Kurs eingeschlagen wurde.[9]

3.2. Protestbewegungen und Bürgerinitiativen

Die nächsten Jahre waren deshalb die »großen Jahre« der Bürgerinitiativen. Sie waren Anfang der siebziger Jahre entstanden und vertraten Themen, die auch in das sozialliberale Spektrum paßten: Umwelt, Verkehr, Stadtteilarbeit. Die Erfahrungen, die sie vielfach auch mit SPD-geleiteten Verwaltungen sammelten, machten sie aber generell skeptisch gegenüber dem »Establishment«, zumal dort, wo keine vermittelnden Kräfte existierten. 1972 wurde der »Bundesverband Bürgerinitiativen Umweltschutz« (BBU) gegründet. Er zählte zunächst 16 Initiativen, wuchs jedoch bis 1978 auf 1000 Initiativen mit ca. 300 000 Beteiligten an. Insgesamt wurde für 1979 geschätzt, daß 1,8 Millionen Bürger in Bürgerinitiativen aktiv waren, das waren etwa ebensoviele, wie die Parteien Mitglieder zählten.[10]

In den folgenden Jahren wuchs die Distanz zum etablierten System. Die Kritik wandte sich verstärkt gegen großtechnische Projekte, in bestimmten Regionen erfaßte sie auch Betroffene, die bis dahin der CDU nahegestanden hatten. Musterbeispiel für diese Entwicklung waren die Bauern der Gegend um Wyhl, die nach ersten Protesten gegen den Bau eines Atomkraftwerks 1975 von »ihrem« Ministerpräsidenten Filbinger als Anarchisten und als Kommunisten bezeichnet wurden. Der BBU als bundesweite Organisation machte große Demonstrationen möglich, die in diesen Jahren mit ungeheurem Einsatz betrieben wurden, vor allem gegen Atomkraftwerke wie Brokdorf 1976, Gorleben, Grohnde, Kalkar 1977. Mit den Demonstrationen und Bürgerinitiativen war Distanz zu Parteien, Parlamenten und Großorganisationen verbunden, eine spontaneistische Grundtendenz, gleichzeitig aber auch ein Glaube an die Kraft des Arguments, der Aktion, des Engagements, der auf die Bedingungen der Durchsetzung nicht realistisch einging.

Ideologisch war die Bewegung sehr heterogen, aber in ihren Anfängen personell mit SPD und FDP noch verbunden. Der gewaltsame Einsatz von Polizeikräften sowie Gruppen gewaltsamer Demonstranten entzogen diesem gutwillig-diskursgläubigen Protest den Boden. Beim Hauptstreitpunkt, den Kernkraftwerken, verhärteten sich 1977 zugleich die Positionen, als FDP und DGB sich eindeutig für die Kernenergie aussprachen und die SPD ihr Urteil noch offenhielt, faktisch aber ebenfalls den Weiterbau unterstützte. Kernkraftwerke wurden das erste zentrale Thema des ökologischen Protests.[11]

Im Gegensatz zu vielen Urteilen in der einschlägigen Literatur kann für die späten siebziger Jahre noch keine Rede von allgemeiner Parteienverdrossenheit sein – ein gewisses Maß davon gehört zum Konkurrenz-System und kann nur in Ausnahmefällen aufgehoben werden.

Sozialwissenschaftler wie Claus Offe, die der neuen Kritik verbunden waren, schlossen aus den Protestbewegungen auf Steuerungsschwächen und wachsende Legitimationsdefizite des politischen Systems. In der Bundesrepublik nahm im Gegensatz zu anderen westlichen Staaten 1974/1975 jedoch politische Unzufriedenheit ab.[12]

Auch in den folgenden Jahren kann von allgemeiner Parteien- oder Systemverdrossenheit keine Rede sein. Das zeigen etwa die Zahlen des Allensbacher Instituts:

Frage: Sind Sie enttäuscht von den drei Parteien CDU/CSU, SPD und FDP, oder würden Sie das nicht sagen?

	Juni 1978 insges.	Juni 1982 insges.	Altersgruppen 18–29	30–44	45–59	60 u.ä.
ja	25	30	31	31	28	25
nein	43	46	43	45	52	49
unentschieden	32	24	26	24	20	26

Quelle: Allensbacher Jahrbuch, 1978–1983, 267.

Wohl aber gab es Parteiverdrossenheit, »tiefverwurzelte emotionale Entfremdung gegenüber den bestehenden Verhältnissen hierzulande«[13] im »linken Spektrum«, vor allem bei Studenten und

Jungakademikern. Außer an der Diskussion um die Atomkraft ließ sich das Unbehagen an einer Reihe von anderen Punkten festmachen, auf welche die Medien und der Bonner politische Prozeß immer wieder hinwiesen: Überwachungsstaat, Gefährdung der natürlichen Umwelt in vielen Varianten, schließlich seit 1980 die »Nachrüstungs«-Frage.

3.3. »Die Grünen« als neue Protestpartei

Aufgrund der Organisationsfeindlichkeit und der Basisorientierung dieser Opposition dauerte es lange, bis sich in dieser politischen Lücke eine neue Partei etablierte, die politisches Gewicht erhielt. In der Bundesrepublik sind zudem in dieser Hinsicht zwei Handikaps zu überwinden: einmal die 5%-Klausel (an der sowohl die Bildung einer Strauß-orientierten »Vierten Partei« als auch bis heute linke Splittergruppen scheiterten) und die tiefe Abneigung der Bundesbürger gegenüber kommunistischen Bewegungen. Erst als 1978/79 lokal und regional bewiesen war, daß eine Umweltpartei die 5%-Grenze überspringen konnte, erst als eine neue Ideologie angeboten wurde, die mit vielen älteren deutschen Traditionen Berührungspunkte hat[14], war ein Wahlerfolg in greifbare Nähe gerückt. Das Feindbild Strauß als wirksames Negativsymbol verhinderte die Abspaltung eines Teils der Wähler von der sozialliberalen Koalition und eine Hinwendung zu den »Grünen« 1980 noch einmal. Bei der Bundestagswahl 1983 gelang ihnen dann aber der Sprung ins Parlament.

»Die Grünen« waren zunächst nur ein kleiner Zweig der »alternativen« Bewegung. Wegen der antiorganisatorisch-spontaneistischen Ideologie wurden sie, als sie Erfolg hatten, in Parlamente einzogen, eher mißtrauisch betrachtet, ja sie pflegen selber großes Mißtrauen gegenüber ihrem Erfolg und dessen Konsequenzen. Die Wahlerfolge nach 1980 und die tägliche Demonstration umweltpolitischen Desinteresses besonders der Regierung Kohl ließen sie aber immer mehr an Dynamik gewinnen. Die Europawahl und noch stärker die nordrhein-westfälische Kommunalwahl 1984 zeigten, daß die neue Partei Auftrieb hatte und sich nicht mehr nur aus dem akademischen Milieu rekrutierte. Überall, auch in Arbeiterstädten und in katholischen Landgebieten hatten »Die Grünen« in den letzten Jahren eine Chance. Die Tatsache, daß fast alle ihre

Wähler weniger als 35 Jahre alt sind, könnte ihre Aufwärtsentwicklung begünstigen, zumal Umweltthemen weiter an Bedeutung gewinnen. Ein entscheidendes Hindernis dabei kann aber die Basis- und Rotations-Ideologie bilden, aufgrund derer sie keine Führungspersönlichkeiten aufkommen lassen, die langfristig für Wähler Identifikationsmöglichkeiten bieten können; zudem verhindern sie auch den Aufbau organisatorischer Strukturen, ohne die die langfristige Stabilisierung einer Partei kaum denkbar erscheint.

Bisher haben »Die Grünen« hauptsächlich von der erwähnten fehlenden Glaubwürdigkeit der »Altparteien« profitiert. Die Landtagswahlen im Saarland und in Nordrhein-Westfalen 1985 zeigen, daß sie unter der 5%-Klausel bleiben, wenn insbesondere die SPD in dieser Hinsicht wieder attraktiv wird. Offensichtlich spielt dabei nicht nur das programmatische Angebot eine Rolle, sondern auch die Personalisierung. Alle Umfragen zeigen im übrigen, daß die große Mehrheit der »grünen« Wähler für eine Koalition mit der SPD eintritt und es ihr offensichtlich nicht auf Protest, sondern auf effektive Durchsetzung alternativer Politik ankommt. Je nach der Konstellation und ihrer jeweils konkreten Beurteilung orientieren sich daher große Wählergruppen von Wahl zu Wahl neu; taktisch bedingtes Wahlverhalten gewinnt ebenso wie zwischen CDU und FDP immer größere Bedeutung.

4. Koalitions-»Wende« und politische Kontinuität 1980–1986

Der Wahlsieg der Koalition 1980 (vgl. Tab. 1, S. 227) täuschte darüber hinweg, daß in dieser Zeit eine fundamental andere Wirtschaftspolitik eingeleitet wurde, die langfristig auch andere Politikbereiche erfassen mußte. 1979/80 kam es zu einem zweiten sprunghaften Anstieg der Ölpreise, der wiederum eine Krise in der deutschen Wirtschaft nach sich zog und zu Anpassungen zwang. Während bei der Ölpreiskrise 1974/75 mit einer Strategie des »deficit spending« und der Verständigung mit den Sozialpartnern die Krise entschärft werden konnte, erfolgten seit 1979/80 dagegen Einschnitte im Haushalt, die im Grunde den konjunkturellen Abschwung noch verstärkten und die Nachfrage schwächten. Die Bundesrepublik hatte als vergleichsweise starker und reaktionsfähiger Staat in dieser Situation durchaus noch Spielraum. Die Bundesregierung konnte sich aber nicht entschließen, ihn auszunutzen und etwa dem erwähnten Konzept Matthöfers zu folgen, das eine Kombination von strategisch verteilten Steuererhöhungen, Entlastungen und Investitionen vorsah. Statt dessen wurde von Jahr zu Jahr stärker gespart, wobei sich die Sparaktionen 1982 aufgrund von zu positiv gesetzten Daten häuften. Der Konflikt in der Koalition war in dieser Situation vorprogrammiert. Die FDP profilierte sich – wie 1966 – als Sparpartei. Sparen hieß jeweils, sozialpolitische Einschnitte vorzunehmen. Genscher benutzte in diesem Zusammenhang das Wort von der »sozialen Hängematte« [15], um anzudeuten, daß soziale Sicherung den Leistungswillen unterminiere.

Zudem wurden Steuerentlastungen vorgenommen, um den Unternehmen Erleichterungen zu gewähren – eine Konzession an den neuen weltweiten Trend in den Wirtschaftswissenschaften: die Angebotsorientierung. Unter den Bedingungen einer wachsenden Weltwirtschaft hätte sich dieser Kurs trotzdem positiv auswirken können, als exportfördernde Maßnahme zuungunsten der Handelspartner und Konkurrenten. In der Krise der achtziger Jahre reichten diese Effekte nicht mehr aus. Vielmehr schwächte der Staat damit selber den Konsum, durch die Kürzung von Sozialleistungen handelte er prozyklisch, er förderte im Gegensatz zu 1974/75 die Zunahme der Arbeitslosigkeit.[16] Am sichtbarsten wurde das an den Maßnahmen zur Kürzung staatlicher Stellen, denen sich auf die Dauer alle Gebietskörperschaften anschließen mußten.

Die FDP begann nach 1980, sich mit diesem Kurs mehr und mehr zu identifizieren, für die SPD brachte dagegen jeder Schritt größere Schwierigkeiten mit Basis und Anhängern. Die Umverteilung sozialer Leistungen über öffentliche Haushalte ist immer noch ein Kern des sozialen Verständnisses der SPD. Allerdings zielte die Politik der SPD, nachdem die FDP den wirtschaftspolitischen Kurs der Regierung verstärkt dominierte, immer mehr nur noch auf die Verhinderung von Streichungsentscheidungen. Die Kürzungen, die beschlossen wurden, verärgerten das Wählerpotential der SPD, da sich die SPD als Garant und Ausgestalter des Sozialstaates profiliert hatte. Einzelne Widerstandsaktionen der SPD-Fraktion, wie die Verhinderung von Streichungen beim BAFöG, konnten daran nichts Entscheidendes ändern. Die wachsende Arbeitslosigkeit bedrohte zugleich nicht nur das Prestige der SPD und der Regierung, sondern sorgte wiederum für mehr Staatsausgaben und weniger Einnahmen – ein sich selbst nährender Kreislauf.

Als Ergebnis sanken die Sympathie-Werte für die SPD stark ab – bis unter die 30%-Marke! Seit dem Sommer 1982 tendierten die Zahlen für die FDP ebenfalls nach unten. Die FDP, die zwischen 1980 und 1982 Umfragewerte um 10% hatte registrieren können, entschloß sich daraufhin, die »Wende«, den Koalitionswechsel, anzusteuern. Ihr Dilemma war dabei aber, daß sie dies den Anhängern und Wählern verständlich machen mußte und daß SPD-Exponenten wie Schmidt oder Börner sich nicht dazu eigneten, als sozialistische Übeltäter vorgezeigt zu werden. Zudem hatte die FDP den Wahlkampf 1980 auf Aussagen für Schmidt aufgebaut.

Die FDP-Spitze entschied sich deshalb zu einem schrittweisen Vorgehen. Zunächst sollte bei den Landtagswahlen in Hessen ein Test für den Koalitionswechsel stattfinden. Gerade das war den Wählern nicht plausibel zu machen. Die Rechtfertigung einer Koalition mit der CDU in Hessen zur Unterstützung der Bonner sozialliberalen Koalition überzeugte nicht, sondern machte auf die auch in Bonn angestrebte Wende aufmerksam. Nachdem die Intention des Koalitionswechsels deutlich wurde, verlangte Schmidt Garantien für eine Weiterführung der Koalition und entließ, als er sie nicht erhielt, die FDP-Minister. Daraufhin scheiterte die FDP in Hessen mit einem Ergebnis von nur 3,1% an der 5%-Hürde und gelangte später auch bei den Wahlen in Bayern und Hamburg nicht wieder in die Landesparlamente.

Ihre Verhandlungen mit der CDU/CSU, die schließlich eine Vereinbarung über den Sturz des Kanzlers und die Wahl von Helmut Kohl ergaben, mußte die FDP aus einer Position der Schwäche führen. Für die Aufgabe einer Reihe von Sachpositionen erreichte sie die Verschiebung der vorgezogenen Neuwahlen, die die beiden großen Parteien nicht fürchteten, vom Winter 1982 auf das Frühjahr 1983. Auf diese Weise erhielt sie Zeit, ihr Erscheinungsbild so weit zu verändern, daß sie Zweitstimmen von CDU-Anhängern gewann.

Ein Koalitionswechsel bedeutet für die FDP, seit sie als »Korrekturpartei« für eine der beiden großen Parteien gilt, jeweils eine schwere Krise, die mit einem Austausch von Wählern, Mitgliedern und Mandatsträgern zusammenfällt. Das war auch 1969 der Fall gewesen. Während aber 1969 der Übergang nach drei Jahren Opposition in offensiver Weise vollzogen wurde und sich über die Ostpolitik, die bei der Mehrheit der Bevölkerung Anklang fand, Identifikation bei neuen Wählergruppen erzielen ließ, fehlte 1982 eine derartige Botschaft. Die FDP hatte, wie das der FDP-Politiker Dahrendorf ausdrückte, »ihre Seele verloren«.[17]

Der Wechsel zu einer neuen Koalition ist für die FDP immer schwerer geworden, weil sie im Gegensatz zu den beiden großen Parteien in keinem gesellschaftlichen Bereich dominiert. Seit die CDU auch in protestantischen und in nichtkirchlichen Milieus Fuß gefaßt hat und die SPD in mittelständische Wählerschichten eindrang, hat die FDP im Gegensatz zur Frühzeit der Bundesrepublik keinen »exklusiven« Bereich mehr erhalten. Wie bereits an mehreren Beispielen ausgeführt, war sie deshalb gezwungen, sich jeweils als Partner einer »bürgerlichen« oder einer »sozialliberalen« Koalition zu verstehen. Bei Bundestagswahlen vertraute sie vielfach auf das »Splitting« zwischen der Erststimme für den Koalitionspartner und der Zweitstimme für die FDP. Wie sehr der Spielraum der FDP sich verkleinert hat, wird bei einer Aufstellung der Stimmenanteile deutlich, die sie bei den Landtagswahlen im Durchschnitt erzielt hat.

Stimmenanteile der FDP bei den Landtagswahlen im Durchschnitt (ohne Berlin)

1949–53	1953–57	1957–61	1961–65	1965–69	1969–72	1972–76
11,5%	11,1%	8,0%	8,6%	8,2%	6,4%	6,9%

1976–80	1980–84
6,0%	5,7%

Quelle: Ockenfels u. Wagner, Signale in die achtziger Jahre, 53; Statistisches Bundesamt; eigene Berechnungen.

Die Landtagswahlen sind von den Schwankungen der taktischen Wahlsituationen, welche die FDP bei Bundestagswahlen nutzen kann, relativ frei. Der Rückgang der »Stammwähler« – verschiedene Untersuchungen veranschlagten ihren Anteil in den letzten Jahren auf 3% – zwingt sie in besonderer Weise zur Orientierung an taktischen Konstellationen. Wenn sie in Gefahr ist, in die Nähe der 5%-Klausel zu geraten, muß sie schnell reagieren. Mit dem Eingehen einer neuen Koalition muß die FDP auch einen großen Teil ihrer Wählerschaft neu gewinnen. In großem Maße wird aufgrund dieser Zusammenhänge und der Existenz der 5%-Klausel taktisches Wahlverhalten bedeutend. Trotz einer relativ geringen Basis von »Stammwählern« kann die FDP aufgrund dieser Konstellation bis zu zweistellige Stimmenanteile erzielen. Die Stabilisierung der

FDP in den Landtagswahlen 1985 in Berlin, im Saarland und in Nordrhein-Westfalen ist mit derartigen situativen Faktoren erklärbar (vgl. Tab. 2, S. 231, 236, 237).[18]

Die »Wende« in der personellen Zusammensetzung der Regierung ist im Oktober 1982 eingetreten – kann man aber auch von einer Wende in der Politik sprechen? Insgesamt kann diese Frage für die Außenpolitik bisher verneint werden. Und in der Innenpolitik? Zwar sind zu Beginn der neuen Koalition einige radikale Streichungen bei den Sozialleistungen erfolgt, u.a. die fast völlige Aufhebung des Schüler-BAFöG. Weit eindrucksvoller ist aber die Umorientierung der CDU/CSU, seit sie die Regierung übernommen hat. Im Schatten des Nachrüstungsbeschlusses und um diesen innenpolitisch durchzusetzen, hat sie Positionen der sozialliberalen Ost- und Deutschlandpolitik übernommen, für die Barzel 1972 vergeblich gekämpft hatte. Selbst Strauß versteht es nun, sich als Verständigungspolitiker aufzuführen. Auch in anderen Politikbereichen gilt diese stillschweigende Veränderung. So war die Reduzierung der Ausländerzahl in der Bundesrepublik im Sommer 1982 eines der großen Themen der CDU/CSU. Es wird auch noch in der Regierungserklärung des ersten Kabinetts Kohl (1982) als eines von vier Hauptzielen genannt. Schon bei der zweiten Regierungserklärung ein halbes Jahr später (1983) wurde das Thema heruntergespielt, inzwischen ist es trotz vieler öffentlichkeitswirksamer Auseinandersetzungen zwischen CSU und FDP fast fallengelassen worden.[19]

Entsprechend ist die Umorientierung in Umweltfragen verlaufen. Der Wahlerfolg der »Grünen« 1983 hat zur Folge gehabt, daß alle anderen Parteien versucht haben, diese Themen zu »besetzen«. Auch die CDU/CSU, weite Teile der SPD und der Gewerkschaften, die bis 1980 umweltpolitisch wenig sensibel gewesen sind, bemühen sich inzwischen um diese Themen. Die Sichtbarkeit des Waldsterbens hat diesen aus taktischen Motiven notwendig werdenden Prozeß unterstützt.

Allzu durchsichtiges Taktieren in dieser Beziehung, wie Innenminister Zimmermann es als frischgebackener deutscher Kämpfer für die Einführung des Katalysators auf EG-Ebene versuchte, erweist sich dabei als langfristig wenig erfolgreich. Zimmermann hat sich auf diese Weise zwar zeitweilig erfolgreich darstellen können, verlor aber sein neugewonnenes Renommee, sobald es um die Tragfähigkeit und Durchsetzbarkeit seiner Lösungen ging. Er hatte eine zunächst EG-weite Einführung des Katalysators für alle Kraftfahrzeuge verlangt, mußte sich dann aber mit einer Lösung zufriedengeben, die weit weniger Umweltschutzeffekte bietet. Trotz geringer Fortschritte bei der Bekämpfung von Luftverschmutzung durch Kraftwerke hat die Bundesregierung in dieser Beziehung ein weniger kritisches Echo gehabt.

Obwohl insgesamt wenig an materiellen umweltpolitischen Fortschritten zu konstatieren ist, ist die Umwelt doch als politisches Thema in der Parteikonkurrenz etabliert. Keine Partei tritt mehr generell gegen eine strengere Umweltpolitik ein, diese wird auch kaum mehr generell gegen Arbeitsplätze oder Wirtschaftswachstum ausgespielt. In allen Parteien wird sie inzwischen auch programmatisch diskutiert.

Eine radikale Veränderung hat mit dem Regierungswechsel noch nicht stattgefunden, eine Wende ist vielleicht eher schon in den Jahren 1979/1980 oder – aufgrund der weltwirtschaftlichen Verlagerungen – bereits um 1974 zu suchen. Für die Regierung Kohl bedeutet das einerseits die Vermeidung vieler Schwierigkeiten, die mit bestimmten sozialen Gruppen hätten entstehen können, wenn sie noch stärker benachteiligt worden wären. Andrerseits wird sie von der Behauptung der übernommenen »Erblast«, mit der sie sich zu legitimieren sucht, nicht auf Dauer leben können.

Das wichtigste Ergebnis der Politik der letzten Jahre ist die Stabilisierung eines hohen Arbeitslosenniveaus. Im internationalen Vergleich unter den westlichen Industrieländern befindet sich die Bundesrepublik dabei heute auf einer mittleren Ebene zwischen Ländern wie Schweden und der Schweiz, in denen durch gezielte politische Maßnahmen die Arbeitslosigkeit sehr gering gehalten werden konnte, und Ländern wie Großbritannien, in denen die Wirtschaftspolitik für das starke Ansteigen der Arbeitslosenzahlen in besonderer Weise verantwortlich gemacht werden muß.[20] Besonders schwerwiegend ist für die Bundesrepublik die Tatsache, daß auch bei einem geringen Wirtschaftswachstum in den Jahren zwischen 1983 und 1985 kein relevanter Rückgang der Arbeitslosigkeit zu verzeichnen war.

Die politische Stabilität der Bundesrepublik ist durch die Arbeitslosigkeit von mehr als zwei Millionen Menschen noch nicht gefährdet worden. Es gibt keinerlei Anzeichen einer Radikalisierung antidemokratischer Art in größerem Ausmaß. Vielmehr hat sich anscheinend ein schlimmer Gewöhnungseffekt eingestellt. Das

Problem wird einerseits als nicht bedrohlich, andrerseits vielfach als nicht lösbar betrachtet. Darüber können auch die schon fast ritualisierten Bekenntnisse zur Bekämpfung der Arbeitslosigkeit nicht hinwegtäuschen.

Verschoben haben sich dadurch aber die Kräfteverhältnisse zwischen Gewerkschaften, Unternehmern und Staat. Die Gewerkschaften werden durch Mitgliederverluste geschwächt, zumal sie Arbeitslose bisher eher vernachlässigt haben. Die öffentliche Hand ist insbesondere durch die prekäre Lage der Sozialversicherungssysteme belastet, denen während der Zeiten des Wachstums und der Vollbeschäftigung viele Aufgaben aufgebürdet worden sind. Zugleich zeigt sich in bezug auf die Einkommensentwicklung eine wachsende Diskrepanz zwischen schwachen und starken Branchen, besser und schlechter verdienenden Beschäftigtengruppen. Das Zusammenspiel zwischen der positiven Wirkung der Vollbeschäftigung auf die Einkommen der untersten Lohngruppen und einer sozial ausgleichenden und moderat-verantwortungsbewußten Lohnpolitik der Gewerkschaften, das den sozialen Konsens in der Bundesrepublik jahrzehntelang geprägt hat, könnte in dieser Situation aufhören. Das gilt insbesondere dann, wenn Regierung und Unternehmerverbände bestrebt sind, die Schwächung der Gewerkschaften durch Veränderung von »Spielregeln« der Tarifauseinandersetzung oder durch Kompromißlosigkeit bei Tarifverhandlungen auszunutzen. Beispiele dafür waren in den Jahren 1984/85 die Einschaltung der Regierung in die Auseinandersetzungen um die Arbeitszeitverkürzung zugunsten der Arbeitgeber (Bundeskanzler Kohl nannte diese Forderung »dumm und töricht«) und die Versuche, die Leistungen der Bundesanstalt für Arbeit bei Arbeitskämpfen zu beschränken (§ 116 Arbeitsförderungsgesetz).

Eine derartige Politik kann die Gewerkschaften zu harten Kampfmaßnahmen zwingen, die dann immer weniger an gesamtgesellschaftlichen Zielen wie dem Abbau der Arbeitslosigkeit (etwa durch Arbeitszeitverkürzung) orientiert sein können, sondern sich der Ausnutzung von Möglichkeiten des Einkommenszuwachses in gut verdienenden Branchen zuwenden müssen. Derartige harte Auseinandersetzungen und die weitere Auseinanderentwicklung stärkerer und schwächerer Wirtschaftsbereiche würden wiederum die staatliche Sozialpolitik vor neue Aufgaben stellen und die Wettbewerbsposition der Bundesrepublik im internationalen Rahmen mindern, die zu einem großen Teil auf dem vielbeschworenen sozialen Konsens und der Abwesenheit offener fundamentaler sozialer Konflikte beruht. All das ist durchaus eine mögliche Entwicklungslinie. Die Konkurrenz mit der SPD könnte jedoch die Regierung gerade vor Wahlen immer wieder veranlassen, wie in der Adenauerzeit auch die Beziehungen zu den Gewerkschaften zu pflegen und im eigenen Interesse den Konsens zu suchen. Das wäre ein stabilisierender Effekt eines funktionierenden politischen Wettbewerbssystems.

IV. Ausblick:
Neue Herausforderungen, alte Antworten

Erfahrungen können im Leben von Menschen wie von Völkern eine Lernchance bieten, aber auch eine Last darstellen. Gerade wenn man die Geschichte der Bundesrepublik als eine »Erfolgsgeschichte«[1] begreift, kann die Orientierung an Erfolgen der Vergangenheit den Blick für die Entscheidungen der Gegenwart verstellen. Von daher kann das Bewußtsein über eine »Erfolgsgeschichte« sogar gefährlich werden und die Wahrnehmung gegenwärtige Probleme beeinträchtigen. Einige dieser Gefahren seien im folgenden genannt.

Erstens: Das aktuellste Problem, über das in der Presse täglich berichtet wird, ist zweifellos die Frage der Umweltzerstörung. Trotzdem scheint ihr Stellenwert manchen zentralen Entscheidungsträgern noch nicht vollständig bewußt geworden zu sein. Die Diskussion beschränkt sich zur Zeit überwiegend auf den Bereich des Waldsterbens, während erkennbare weitere wichtige Probleme wie die Gesundheit der Menschen oder auch die langfristige Vernichtung der Bodenqualität noch nicht einbezogen werden. Aber auch beim Waldsterben werden die Probleme nicht gelöst, sondern nur erörtert. Entscheidungen werden nicht nach gesamtwirtschaftlichen Kriterien oder in Orientierung am Allgemeininteresse getroffen, sondern eher in betriebswirtschaftlicher Hinsicht.

Zweitens: Nach wie vor bestehen in der Bundesrepublik eklatante sozialpolitische Fehlallokationen. Obwohl die Bundesrepublik eines der reichsten Länder der Welt ist, steigt die Millionenzahl der Menschen, die am Rande des Existenzminimums leben. Besonders betroffen sind kinderreiche Familien und ältere Frauen, die sich in ihrem Leben der Kindererziehung gewidmet haben. Mehr als die Hälfte aller Bewohner von Notunterkünften sind Kinder, die wirtschaftliche Randstellung der kinderreichen Familien mit durchschnittlichem oder unterdurchschnittlichem Einkommen hat sich in den letzten Jahren sogar verschlechtert. Trotz des immer noch großen Sozialhaushalts, trotz der aufgeregten Diskussion um das »Aussterben der Deutschen« scheint die bundesdeutsche Sozialpolitik der Lösung dieser Probleme nicht näherzukommen.

Drittens: Seit Mitte der sechziger Jahre hat die Bundesrepublik ausländische Arbeitnehmer angeworben, die mit ihren Familien inzwischen zu einem wichtigen Bestandteil der bundesdeutschen Wirtschaft und Gesellschaft geworden sind. Bis heute ist aber keine konsistente und zukunftsweisende Politik gegenüber dieser neuen Minderheit von viereinhalb Millionen Menschen gefunden worden. Das war ein Grund, warum sie seit Ende der siebziger Jahre Objekt einer durch einen Teil der Medien und manche Politiker geschürten Ausländerfeindlichkeit werden konnten, die sie zum Sündenbock für die wirtschaftlichen Schwierigkeiten der Bundesrepublik machte. Obwohl diese Welle inzwischen etwas abgeklungen ist, kann sie sich jederzeit wiederholen, wenn kein Eingliederungskonzept entwickelt wird, wie es z.B. Schweden seit Jahren besitzt.

Viertens: Arbeitslosigkeit wird als Problem allenthalben beschworen, besonders in bezug auf den Lehrstellenmangel für Jugendliche. Trotz aller gegenteiligen Erklärungen steigt die Arbeitslosigkeit aber an. Politisch sind keine Konzepte erkennbar, mit denen das Problem entscheidend eingedämmt werden könnte. Die Kooperationsfähigkeit der Sozialpartner und der Regierung zur gemeinsamen Lösung derartiger gesamtwirtschaftlicher Fragen ist in den letzten Jahren deutlich geringer geworden.

Fünftens: Für die Bundesrepublik ist die Regelung des Ost-West-Verhältnisses stärker als für andere Nationen ein vorrangiges Problem. Sie ist in dieser Hinsicht einerseits von den Westmächten, insbesondere den USA abhängig, da sie den Schutz Berlins gewährleisten. Andrerseits hat sie ein besonderes Interesse an positiven Beziehungen zum Ostblock, um in Berlin und in bezug auf das Verhältnis zwischen den beiden deutschen Staaten auf keine unlösbaren Schwierigkeiten zu treffen. In dieser Hinsicht ist seit 1969 sicher vieles verbessert worden. Gleichwohl bleibt die Situation explosiv. Das hochbewaffnete Nebeneinander ist auf die Dauer eine schwer erträgliche Situation. Angesichts der militärischen Stärke des Ostblocks und seiner strukturellen Schwäche muß eine geduldige Ausgleichspolitik verfolgt werden, die weder eigenen Freund-Feind-Bildern zum Opfer fällt noch den gegenwärtigen Zustand als unveränderbar annimmt.

Sechstens: Der Nord-Süd-Konflikt existiert zwar inzwischen als Problem im politischen Bewußtsein eines Teils der Bevölkerung, bestimmt aber nur wenig das Handeln der Regierung. Vielmehr ist zur Zeit eher ein Prozeß der Reideologisierung der Entwicklungspolitik und der Orientierung an kurzfristigen Prioritäten zu beobachten, der den langfristigen Interessen der Bundesrepublik nicht entspricht.

Vom Tiefpunkt der »deutschen Katastrophe« 1945 bis zum gegenwärtigen Stand als einem der führenden Industrieländer der Erde, in den westlichen Block integriert und mit erträglichen Beziehungen zum Osten, hat die Bundesrepublik einen weiten Weg zurückgelegt. Von der besonderen Berlin-Problematik und den innerdeutschen Beziehungen abgesehen, hat sie heute die Probleme eines »normalen« Landes. In gewisser Beziehung erweist sich die Vergangenheit sogar als nützliche Lernerfahrung, die vor nationalistischer Überschätzung der eigenen Möglichkeiten schützen kann. Es wird eine wesentliche politische Aufgabe bleiben, die besondere moralische Sensibilität, welche die deutsche Vergangenheit auferlegt, zu bewahren und die Politik der Bundesrepublik an der Lösung der offenen gesellschaftlichen Fragen zu orientieren.

Tabelle 1: Bundestage der Bundesrepublik Deutschland 1949–1983   1.1: Ergebnisse in Prozent

Parteien-anteile in %	Erste Landtags-wahlen 1946/47	Bundestagswahlen									
		1949	1953	1957	1961	1965	1969	1972	1976	1980	1983
CDU/CSU	38,5	31,0	45,2	50,2	45,3	47,6	46,1	44,9	48,6	44,5	48,8
SPD	35,7	29,2	28,8	31,8	36,2	39,3	42,7	45,8	42,6	42,9	38,2
FDP	8,4	11,9	9,5	7,7	12,8	9,5	5,8	8,4	7,9	10,6	6,9
DP	2,5	4,0	3,3	3,4 } GDP: 2,8							
WAV, GB/BHE	0,2	2,9	5,9	4,6 }							
ZENTRUM	3,4	3,1	0,8	0,3	–	–	0,1	–	–	–	–
BAYERNP.	–	4,2	1,7	0,5	0,2						
DRP; NPD	–	1,8	1,1	1,0	0,8 NPD:	2,0	4,3	0,6	0,3	0,2	0,2
KPD	9,4	5,7	2,2	–	DFU: 1,9	1,3 ADF:	0,6 DKP:	0,3	0,3	0,2	0,2
GRÜNE										1,5	5,6
SONSTIGE	1,2	6,2	1,5	0,5	0,2	0,3	1,0	0,1	0,3	0,0	0,0

Kanzler:
Adenauer 1949–63 | Erhard 63–66 | Kiesinger 66–69 | Brandt 69–74 | Schmidt 74–82 | Kohl seit 1982

Regierungsparteien:
1. CDU/CSU 1949–69
2. FDP 1949–56
3. DP 1949–61
4. BHE 1953–56
1. FDP 1961–66
2. SPD 1966–69
1. SPD 1969–82
2. FDP seit 1969
1. CDU/CSU seit 1982

Bis 1955 ohne Saarland. Ab 1953 jeweils Zweitstimmen. 1946/47 addiertes Ergebnis der Landtagswahlen in den westlichen Besatzungszonen. Kursiv gesetzte Zahlen: im Bundestag vertretene Parteien.

1.2: Sitzverteilung

Partei	1949	1953	1957	1961	1965	1969	1972	1976	1980	1983
CDU/CSU	139(2)[1]	243(6)	270(7)	242(9)	245(6)	242(8)	225(9)	243(11)	226(11)	244(11)
SPD	131(5)	151(11)	169(12)	190(13)	202(15)	224(13)	230(12)	214(10)	218(10)	193(10)
FDP	52(1)	48(5)	41(2)	67	49(1)	30(1)	41(1)	39(1)	53(1)	34(1)
KPD	15	–	–	–	–	–	–	–	–	–
DP	17	15	17(1)	–	–	–	–	–	–	–
GB/BHE	–	27	–	–	–	–	–	–	–	–
DRP	5	–	–	–	–	–	–	–	–	–
Z	10	3	–	–	–	–	–	–	–	–
BP	17	–	–	–	–	–	–	–	–	–
WAV	12	–	–	–	–	–	–	–	–	–
Die Grünen	–	–	–	–	–	–	–	–	–	27(1)

1 In Klammern die Zahl der Berliner Abgeordneten; Stand jeweils zu Beginn der Wahlperiode.

Tabelle 2: Ergebnisse der Landtagswahlen nach Bundesländern
1946–1985 (in Prozent)

(Süd-) Baden

	CDU	SPD	FDP LDP(D) DVP	KPD
1947	55,9	22,4	14,3	7,4

(Nord-)Württemberg-(Nord-)Baden

	CDU	SPD	FDP LDP(D) DVP	KPD	GB/BHE
1946	38,4	31,9	19,5	10,2	
1950	26,3	33,0	21,0	4,9	14,8

(Süd-)Württemberg-Hohenzollern

	CDU	SPD	FDP LDP(D) DVP	KPD
1947	54,2	20,8	17,7	7,3

Baden-Württemberg

	CDU	SPD	FDP LPD(D) DVP	KPD
1952	35,9	28,0	18,0	4,4
1956	42,6	28,9	16,6	3,2
1960	39,5	35,3	15,8	
1964	46,2	37,3	13,1	
1968	44,2	29,0	14,4	
1972	52,9	37,6	8,9	
1976	56,7	33,3	7,8	
1980	53,4	32,5	8,3	
1984	51,9	32,4	7,2	

	GB/BHE		Sonst.
1952	9,4		4,3
1956	6,3		2,4
1960	6,6		2,8
1964	1,8		1,6
1968	NPD 9,8		2,6
1972			0,6
1976			2,2
1980		Grüne 5,3	0,6
1984		Grüne 8,0	0,5

Bayern

	CSU	SPD	FDP	
1946	52,3	28,6	5,6	KPD 6,1
1950	27,4	28,0	7,1	KPD 1,9
1954	38,0	28,1	7,2	KPD 2,1
1958	45,8	30,8	5,6	
1962	47,5	35,3	5,9	DFU 0,9
1966	48,1	25,8	5,1	
1970	56,4	33,3	5,5	
1974	62,1	30,2	5,2	
1978	59,1	31,4	6,2	AUD 1,8
1982	58,3	31,9	3,5	Grüne 4,6

	BP			Sonst.
1946			WAV 7,4	
1950	17,9	BHE 12,3	WAV 2,8	2,6
1954	13,2	GB/BHE 10,2		1,2
1958	8,1	GB/BHE 8,6		1,5
1962	4,8	GDP 5,1		0,5
1966	3,4		NPD 7,4	0,1
1970	1,3		NPD 2,9	0,6
1974	0,8		NPD 1,1	0,6
1978	0,4		NPD 0,7	0,4
1982	0,5		NPD 0,7	0,6

Berlin (West)

	CDU	SPD	FDP LDP (D) DVP	
1946	22,2	48,7	9,3	(Ergebnis für ganz Berlin)
1946	24,3	51,7	10,3	(Westsektoren)
1948	19,4	64,5	16,1	
1950	24,6	44,7	23,0	
1954	30,4	44,6	12,8	
1958	37,7	52,6	3,8	
1963	28,8	61,9	7,9	
1967	32,9	56,9	7,1	
1971	38,2	50,4	8,4	
1975	43,9	42,6	7,1	
1979	44,4	42,7	8,1	
1981	48,0	38,3	5,6	
1985	46,4	32,4	8,5	

		Sonst.	
1946	SED 19,8	(Ergebnis für ganz Berlin)	
1946	SED 13,7	(Westsektoren)	
1950		7,7	
1954	SED 2,7	9,5	
1958	SED 1,9	4,0	
1963	SED 1,4		
1967	SED 2,0	1,1	
1971		3,0	
1975		6,4	
1979		4,9	
1981	AL 7,2	0,9	
1985	AL 10,6	2,1	

	CDU	SPD	FDP	KPD
1946	19,3	48,0	1,2 BDV 15,7	11,5
1947	22,0	41,7	FDP/BDV 19,5	8,8
1951	9,1	39,1	FDP/BDV 11,8	6,4
1955	18,0	47,8	FDP/BDV 8,6	5,0
1959	14,8	54,9	7,2	
1963	28,9	54,7	8,4	
1967	29,5	46,0	10,5	
1971	31,6	55,3	7,1	
1975	33,8	48,7	13,0	
1979	31,9	49,4	10,7	
1983	33,3	51,4	4,6	

				Sonst.
1946				4,3
1947	DP 3,8			4,2
1951	DP 14,7	BHE 5,6	SRP 7,7	5,6
1955	DP 16,6	GB/BHE 2,9		
1959	DP 14,5	GB/BHE 1,9		6,7
1963	DP 5,2			2,9
1967	NPD 8,9			6,0
1971				6,0
1975				4,5
1979	Bremer Grüne Liste 5,1 Br. Altern. L. 1,4			
1983	Grüne 5,4 Bremer Grüne L. 2,4 Br. Alt. L. 1,4 Sonst. 1,5			

BDV Bremer Demokratische Volkspartei

	CDU	SPD	FDP
1946	26,7	43,1	18,2
1949	–	42,8	Vaterstädtischer Block Hamburg (VBH) 34,5
1953	–	45,2	VBH 50,0
1957	32,3	53,9	8,6
1961	29,1	57,4	9,6
1966	30,0	59,0	6,8
1970	32,8	55,3	7,1
1974	40,6	45,0	10,9
1978	37,6	51,5	4,8
1982	38,6	51,3	2,6

			Sonst.
1946	KPD 10,4		1,6
1949	KPD 7,4		2,0
1953	KPD 3,2		1,6
1957		DP 4,1	1,1
1961			3,9
1966			4,2
1970	DKP 1,7	NPD 2,7	0,4
1974			3,6
1978			6,1
1982		AL 6,8	0,7

	CDU	SPD	FDP
1946	30,9	42,7	LPD 15,7
1950	18,8	44,4	31,8
1954	24,1	42,6	20,5
1958	32,0	46,9	9,5
1962	28,8	50,8	11,5
1966	26,4	51,0	10,4
1970	39,7	45,9	10,1
1974	47,3	43,1	7,4
1978	46,0	44,3	6,6
1982	45,6	42,8	3,1
1983	39,4	46,2	7,6

			Sonst.
1946	KPD 10,7		
1950	KPD 4,7		0,3
1954	KPD 3,4	GB/BHE 7,7	1,7
1958	DP/FVP 3,5	GB/BHE 7,4	0,7
1962		GDP/BHE 6,3	2,6
1966		NPD 7,9	4,3
1970	DKP 0,5	NPD 3,0	0,8
1974			2,1
1978			3,1
1982		Grüne 8,0	0,5
1983		Grüne 5,9	0,8

Niedersachsen

	CDU	SPD	FDP	
1947	19,9	43,4	8,8	DP 17,9
1951		33,7	8,4	Niederdeutsche Union (DP/CDU) 23,8
1955		35,2	7,9	Niederdeutsche Union (DP/CDU) 39,0
1959	30,8	39,5	5,2	DP 12,4
1963	37,7	44,9	8,8	
1967	41,7	43,1	6,9	NPD 7,0
1970	45,7	46,2	4,4	NPD 3,2
1974	48,8	43,1	7,0	
1978	48,7	42,2	4,2	
1982	50,7	36,5	5,9	

				Zentrum	Sonst.
1947	KPD 5,6			4,1	0,3
1951	KPD 1,8	BHE 14,9 SRP 11,0	DRP 2,2	3,3	0,9
1955		BHE 11,0	DRP 3,8	1,1	0,7
1959		GB/BHE 8,3			3,8
1963		GB/BHE 3,7			4,9
1967					0,7
1970	DKP 0,4				0,1
1974					1,0
1978					5,0
1982			Grüne 6,5		0,4

Nordrhein-Westfalen

	CDU	SPD	FDP
1947	37,4	32,0	6,0
1950	36,9	32,3	12,1
1954	41,3	34,5	11,5
1958	50,5	39,2	7,1
1962	46,4	43,3	6,9
1966	42,8	49,5	7,4
1970	46,3	46,1	5,5
1975	47,1	45,1	6,7
1980	43,2	48,4	4,98
1985	36,5	52,1	6,0

				Sonst.
1947	KPD 14,0	Zentrum 9,8		0,8
1950	KPD 5,5	Zentrum 7,5		5,7
1954	KPD 3,8	Zentrum 4,0	BHE 4,6	0,3
1958				3,2
1962				3,4
1966				0,4
1970	DKP 0,9	NPD 1,0		1,1
1975				1,1
1980			Grüne 3,0	0,5
1985			Grüne 4,6	0,8

Rheinland-Pfalz

	CDU	SPD	FDP
1947	47,2	34,3	9,8
1951	39,2	34,0	16,7
1955	46,8	31,7	12,7
1959	48,4	31,7	9,7
1963	44,4	40,7	10,1
1967	46,7	36,8	8,3
1971	50,0	40,5	5,9
1975	53,9	38,5	5,6
1979	50,1	42,3	6,4
1983	51,9	39,6	3,5

		Sonst.
1947	KPD 8,7	
1951	KPD 4,3	5,8
1955	KPD 3,2	5,6
1959	DRP 4,1	1,9
1963		4,8
1967	NPD 6,9	1,2
1971		3,5
1975		1,9
1979		1,2
1983	Grüne 4,5	0,5

Saarland

	CDU	SPD	FDP DPS	
1947	–	–	7,6	CVP 51,2
1952	–	–	–	CVP 54,7
1955	25,4	14,3	24,2	CVP 21,8
1960	36,6	30,0	13,8	SVP 11,4
1965	42,7	40,7	8,3	SVP 5,2
1970	47,9	40,8	4,4	NPD 3,4
1975	49,1	41,8	7,4	
1980	44,0	45,4	6,9	
1985	37,3	49,2	10,0	

	SPS		Sonst.
1947	32,8	KP 8,4	
1952	32,8	KP 9,5	3,4
1955	5,8	KP 6,6	1,9
1960		DDU 5,0	3,2
1965		DDU 3,1	
1970		DKP 2,7	0,9
1975			
1980			0,8
1985			1,0

SVP Saarländische Volkspartei

	CDU	SPD	FDP DPS	SSW
1947	34,0	43,8	5,0	9,3
1950	19,7	27,5	7,1	5,5
1954	32,2	33,2	7,5	3,5
1958	44,4	35,9	5,4	2,8
1962	45,0	39,2	7,9	2,3
1967	46,0	39,4	5,7	1,9
1971	51,9	41,0	3,8	
1975	50,4	40,1	7,1	
1979	48,3	41,7	5,7	1,4
1983	49,0	43,7	2,2	1,3

				Sonst.
1947	KPD 4,7			3,2
1950	KPD 2,2	DP 9,6	BHE 23,4	5,0
1954	KPD 2,1	DP 5,1	GB/BHE 14,0	2,4
1958			GB/BHE 6,9	4,6
1962				5,6
1967		NPD 5,8		
1971				3,3
1975				2,4
1979	SSW 1,4	Grüne 2,4		0,5
1983	SSW 1,3	Grüne 3,6		0,2

Tabelle 3:

Wahlen in Bayern von 1946 bis 1983

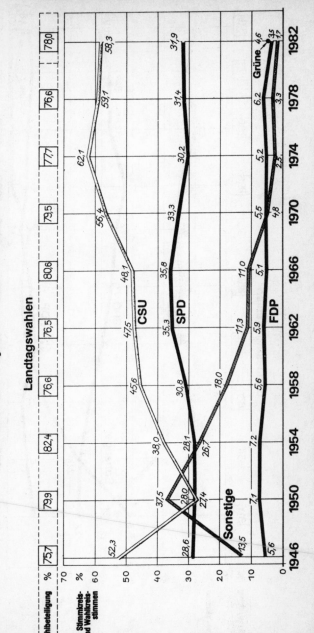

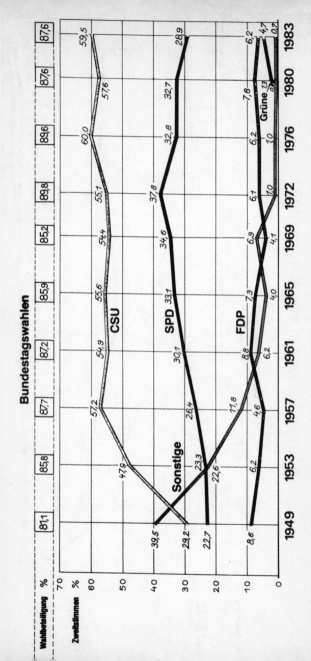

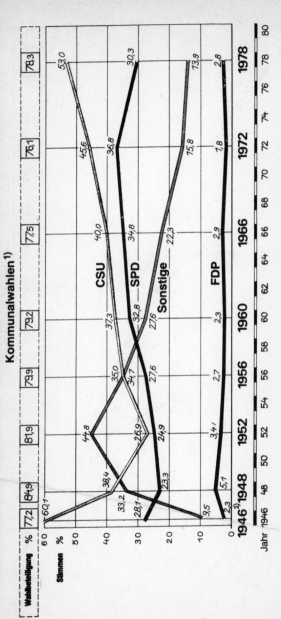

Kommunalwahlen[1]

| Wahlbeteiligung % | 77,2 | 84,9 | 81,9 | 79,9 | 79,2 | 77,5 | 76,1 | 78,3 |

CSU
53,0
45,6
40,0
37,3
35,0
34,7
44,8
38,4
33,2
28,7

SPD
30,3
36,8
34,8
32,8
27,6
26,9
24,9
23,3

Sonstige
22,3
15,8
13,9
27,6
3,41

FDP
2,8
1,8
2,9
2,3
2,7
5,1
9,5
2,3

Stimmen %

60
50
40
30
20
10
0

Jahr 1946   1948   1952   1956   1960   1966   1972   1978

1946[2] 1948

[1] Stadtratswahl in den kreisfreien Städten und
Kreistagswahl in den Landkreisen
[2] Ohne Stadt und Landkreis Lindau (Bodensee)

Quelle: Bayerisches Statistisches Landesamt

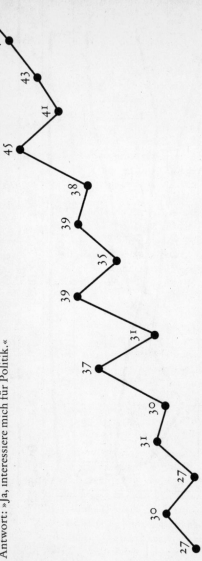

Tabelle 4: *Wachsendes politisches Interesse*

Frage: »Einmal ganz allgemein gesprochen: Interessieren Sie sich für Politik?«

Antwort: »Ja, interessiere mich für Politik.«

Juni	Jan.	Febr.	April	Aug.	Dez.	April	Sept.	Nov.	Juni	Nov.	Aug.	Sept.	Jan.	Sept.	Juni
1952	1960	1960	1961	1962	1965	1965	1965	1967	1967	1967	1969	1969	1971	1972	1973

Quelle: Jahrbuch der öffentlichen Meinung 1968–1973, Allensbach 1974, 213.

Abkürzungsverzeichnis

ADF	Aktion Demokratischer Fortschritt (Wahlbündnis Bundestagswahl 1969, mit DKP)
AdG	Archiv der Gegenwart
APO	Außerparlamentarische Opposition
ASG	Archiv für Sozialgeschichte
BBC	British Broadcasting Corporation
BBU	Bundesverband Bürgerinitiativen Umweltschutz
BBV	Bayerischer Bauernverband
BHE	Bund der Heimatvertriebenen und Entrechteten
BP	Bayernpartei
CDP	Christlich-Demokratische Partei (Gründungsname CDU Rheinland)
CGB	Christlicher Gewerkschaftsbund
CVP	Christliche Volkspartei (Saar)
DAF	Deutsche Arbeitsfront
DAG	Deutsche Angestellten-Gewerkschaft
DBB	Deutscher Beamtenbund
DEFA	Deutsche Film AG (Filmgesellschaft in der SBZ/DDR nach 1945)
DFU	Deutsche Friedens-Union
DKP	Deutsche Kommunistische Partei
DP	Deutsche Partei
DPS	Demokratische Partei Saar
DRP	Deutsche Reichspartei
DU	Demokratische Union (Gründungsname CDU Schleswig-Holstein)
DVP	Demokratische Volkspartei (später FDP Baden-Württemberg)
EG	Europäische Gemeinschaft
EGKS	Europäische Gemeinschaft für Kohle und Stahl (seit 1951)
EPG	Europäische Politische Gemeinschaft
ERP	European Recovery Program (Marshallplan)
EVG	Europäische Verteidigungs-Gemeinschaft
EWG	Europäische Wirtschafts-Gemeinschaft
FRUS	Foreign Relations of the United States
GARIOA	Government and Relief in Occupied Areas
GATT	General Agreement on Trade and Tariffs

GB/BHE	Gesamtdeutscher Block/BHE (Flüchtlingspartei, 1953–1957 im Bundestag)
GDP	Gesamtdeutsche Partei
JCS	Joint Chiefs of Staff (Vereinigte Generalstabschefs der USA)
KPD	Kommunistische Partei Deutschlands
KPF	Kommunistische Partei Frankreichs
LDPD	Liberaldemokratische Partei Deutschlands
LSD	Liberaler Studentenbund Deutschlands
NATO	North Atlantic Treaty Organization
NPD	Nationaldemokratische Partei
NSDAP	Nationalsozialistische Deutsche Arbeiterpartei
NSKK	Nationalsozialistisches Kraftfahrer-Korps
NWDR	Nordwestdeutscher Rundfunk
OECD	Organization for Economic Cooperation and Development
OEEC	Organization for European Economic Cooperation
OMGUS	Office of Military Government, United States (Amerikanische Militärregierung in Deutschland)
PVS	Politische Vierteljahresschrift
RCDS	Ring Christlich-Demokratischer Studenten
SBZ	Sowjetische Besatzungszone
SDS	Sozialistischer Deutscher Studentenbund
SED	Sozialistische Einheitspartei Deutschlands
SHB	Sozialdemokratischer Hochschulbund
SPS	Sozialdemokratische Partei Saar
UFA	Universum-Film-AG
VEBA	Vereinigte Elektrizitäts- und Bergwerks AG
VfZG	Vierteljahreshefte für Zeitgeschichte
WAV	Wirtschaftliche Aufbauvereinigung (süddeutsche Nachkriegspartei)
WEU	Westeuropäische Union

Anmerkungen

Einleitung

1 W. Loth, Die Teilung der Welt. Geschichte des Kalten Krieges 1941–1955, München 1982.³
2 C. Kleßmann, in: Anhörung der SPD-Bundestagsfraktion zum »Haus der Geschichte der Bundesrepublik Deutschland«. Protokoll 8. Mai 1984. Materialien der Arbeitsgruppe »Kunst u. Kultur« der SPD-Bundestagsfraktion. Hg. F. Duve, Bonn 1984, 150.

I. Gründung und Konstituierung der Bundesrepublik 1945–1961

1. Die »deutsche Katastrophe« als Ausgangspunkt

1 F. Meinecke, Die deutsche Katastrophe, Wiesbaden 1947.
2 Loth, 24.
3 T. Eschenburg, Jahre der Besatzung 1945–1949, Stuttgart 1983, 65.

2. Besatzungspolitik und strukturelle Reformen

1 J. H. Backer, Die deutschen Jahre des General Clay. Der Weg zur Bundesrepublik 1945–1949, München 1983, 69 ff.; R. Steininger, Deutsche Geschichte 1945–1961, I, Frankfurt 1983, 74 ff.
2 C. Kleßmann, Die doppelte Staatsgründung. Deutsche Geschichte 1945–1955, Bonn/Göttingen 1982, 87.
3 L. Niethammer, Die Mitläuferfabrik. Die Entnazifizierung am Beispiel Bayerns, Berlin 1982, 255 ff.; V. Dotterweich, Die »Entnazifizierung«, in: J. Becker u.a. Hg., Vorgeschichte der Bundesrepublik Deutschland, München 1979, 147 f.
4 J. Borkin, Die unheilige Allianz der I. G. Farben. Eine Interessengemeinschaft im Dritten Reich, Frankfurt 1979, 105 ff.
5 A. Shonfield, Organisierte freie Marktwirtschaft: Bundesrepublik Deutschland, in: W. D. Narr u. D. Thränhardt Hg., Die Bundesrepublik Deutschland, Königstein 1984², 116 ff.
6 H. Hurwitz, Die politische Kultur der Bevölkerung u. der Neubeginn konservativer Politik, Köln 1983, 200.
7 J. Gimbel, Amerikanische Besatzungspolitik in Deutschland 1945–1949, Frankfurt 1968, 170. Zur Gesamtproblematik der Sozialisierung: Steininger, II, 317 ff; W. Rudzio, Die ausgebliebene Sozialisierung an Rhein und Ruhr. Zur Sozialisierungspolitik von Labour-Regierung u. SPD 1945–1948, in: ASG 18. 1978, 1 ff.

8 W. Link, Deutsche u. amerikanische Gewerkschaften und Geschäfts-
   leute 1945–1975, Düsseldorf 1978, 74.
9 C. Kleßmann u. P. Friedemann, Streiks u. Hungermärsche im Ruhrgebiet 1946–1948, Frankfurt 1977; H.-H. Hartwich, Sozialstaatspostulat
   u. gesellschaftlicher Status quo, Opladen 1977², 87 f.; H. J. Spiro, The
   Politics of German Codetermination, Cambridge/Mass. 1958, 33 f.
10 D. Thränhardt, Bildungspolitik in der Bundesrepublik: eine histo-
   risch-strukturelle Analyse der Entwicklung seit 1945, in: G. Gerds-
   meier u. D. Thränhardt Hg., Schule. Eine berufsvorbereitende Einführung in das Lehrerstudium, Weinheim 1979, 91 ff.
11 V. Hentschel, Geschichte der deutschen Sozialpolitik 1880–1980,
   Frankfurt 1983, 146 ff.; J. Fijalkowski u. a., Berlin – Hauptstadtanspruch u. Westintegration, Köln 1957.
12 U. Borsdorf u. L. Niethammer Hg., Zwischen Befreiung u. Besatzung. Analysen des US-Geheimdienstes über Positionen u. Strukturen deutscher Politik 1945, Wuppertal 1976; L. Krieger, Das Interre-
   gnum in Deutschland: März – August 1945, in: Narr u. Thränhardt
   Hg., 26 ff.; P. Brandt, Antifaschismus u. Arbeiterbewegung. Aufbau,
   Ausprägung, Politik in Bremen 1945/46, Hamburg 1976.
13 Krieger, 35.
14 L. Niethammer, Zum Verhältnis von Reform u. Rekonstruktion in
   der US-Zone am Beispiel der Neuordnung des öffentlichen Dienstes,
   in: Narr u. Thränhardt Hg., 47 ff.; U. Reusch, Versuche zur Neuordnung des Berufsbeamtentums, in: J. Foschepoth u. R. Steininger Hg.,
   Britische Deutschland- u. Besatzungspolitik 1945–1949, Paderborn
   1985, 180 f.

3. Die Parteigründungen und der neue demokratische Konsens

1 Kleßmann, 421.
2 O. K. Flechtheim Hg., Dokumente zur parteipolitischen Entwicklung seit 1945, II, III, IV, Berlin 1963/68.
3 Flechtheim Hg., III, 8; vgl. auch W.-D. Narr, CDU – SPD. Programm und Praxis, Stuttgart 1966, 130 f.
4 Narr, 74.
5 A. Stegerwald, Wohin gehen wir? Würzburg 1946, 70.
6 Narr, 74 f.
7 Ebd., 78.
8 Ebd., 75.
9 G. Jasper, Die Entwicklung des Verhältnisses von Demokratie u. pro-
   testantischer Kirche in Deutschland, in: H. Kühr Hg., Kirche u. Politik, Berlin 1983, 25 ff.
10 U. Schmidt, Die Christlich-Demokratische Union Deutschlands, in:
   R. Stöss, Parteienhandbuch, I, Opladen 1983, 514 ff.

11 A. Mintzel, Die Christlich-Soziale Union, in: Stöss Hg., I, 672 ff.
12 W. Conze, Jakob Kaiser, Politiker zwischen Ost u. West 1945–1949, Stuttgart 1969.
13 Die Zeit 20/1946.
14 J. Dittberner, Die Freie Demokratische Partei, in: Stöss Hg., II, 1311 ff.; J. M. Gutscher, Die Entwicklung der FDP von ihren Anfängen bis 1961, Königstein 1984.[2]
15 H.-G. Marten, Die unterwanderte FDP, Göttingen 1978.
16 Vgl. Anm. 10 im 2. Kapitel.
17 A. Kaden, Einheit oder Freiheit. Die Wiedergründung der SPD 1945/1946, Hannover 1946; D. Staritz, Die Kommunistische Partei Deutschlands, in: Stöss Hg., II, 1749 ff.
18 Narr, CDU, 106 ff.
19 Ebd., 109; K. Klotzbach, Der Weg zur Staatspartei, Berlin 1982, 66 ff.
20 Turmwächter der Demokratie. Ein Lebensbild von Kurt Schumacher. Hg. A. Scholz u. W. G. Oschilewski, Berlin 1953, II, 426.
21 Narr, CDU, 109.
22 Klotzbach, 178 ff.
23 D. Thränhardt, Wahlen u. politische Strukturen in Bayern 1848–1953, Düsseldorf 1973, 263 f.

4. Konsensuale Verbands- und Gewerkschaftsstrukturen. Die Sonderstellung der Kirchen

1 W. L. Bernecker, Die Neugründung der Gewerkschaften in den Westzonen 1945–1949, in: Becker Hg., 263 ff.
2 E. Schmidt, Die verhinderte Neuordnung 1945–1952, Frankfurt 1970, 35 ff.
3 D. Buchhaas u. H. Kühr, Von der Volkskirche zur Volkspartei – ein analytisches Stenogramm zum Wandel der CDU im rheinischen Ruhrgebiet, in: H. Kühr Hg., Vom Milieu zur Volkspartei, Königstein 1979, 135 ff.
4 V. Berghahn, Unternehmer u. Politik in der Bundesrepublik, Frankfurt 1985.
5 I. Tornow, Die deutschen Unternehmerverbände 1945–1950. Kontinuität oder Diskontinuität? in: Becker Hg., 235 ff.; Thränhardt, Wahlen, 231 ff.
6 Ebd., 235 ff.
7 F. Spotts, Kirche u. Politik in Deutschland, Stuttgart 1976, 50.
8 Jasper, 31 f.
9 G. Hollenstein, Die Katholische Kirche, in: W. Benz Hg., Die Bundesrepublik Deutschland, II, Frankfurt 1983, 240.
10 T. Ellwein, Klerikalismus in der deutschen Politik, München 1955.
11 Narr, 78; Jasper, 42 ff.

1 Frei, Die Presse, in: Benz Hg., III, 275 ff.
2 Frei, Hörfunk u. Fernsehen, in: ebd., 319 ff.
3 Ebd., 323.
4 B. Eberan, Luther? Friedrich d. Gr.? Wagner? Nietzsche? Wer war an Hitler schuld? Die Debatte um die Schuldfrage 1945–1950, München 1983.
5 Ebd.

6. Der »Kalte Krieg« und die Neuordnung Deutschlands

1 J. H. Backer, Die Entscheidung zur Teilung Deutschlands. Amerikas Deutschlandpolitik 1943–1948, München 1983, 23 ff.
2 E. Deuerlein, Frankreichs Obstruktion deutscher Zentralverwaltungen 1945, in: Deutschland-Archiv, 4. 1971, 466 ff.
3 Ebd.
4 R. H. Schmidt, Saarpolitik 1945–1955, 3 Bde., Berlin 1959–62; F. Dingel, Die Christliche Volkspartei des Saarlandes, in: Stöss Hg., I., 719 ff.; ders., Die Demokratische Partei Saar, in: ebd., I, 766 ff.
5 Thränhardt, Bayern, 306.
6 R. Schachtner, Die deutschen Nachkriegswahlen. Wahlergebnisse in der Bundesrepublik…, München 1956.
7 Steininger, I, 179 ff., 196 ff. (Dok. 29).
8 Akten zur Vorgeschichte der Bundesrepublik Deutschland 1945–1949, München 1982 ff., passim.
9 Hurwitz, passim.
10 Ebd.
11 A. Riklin, Das Berlin-Problem, Köln 1964.
12 Backer, Clay, 200.
13 J. Gimbel, Byrnes' Stuttgarter Rede u. die amerikanische Nachkriegspolitik in Deutschland, in: VfZG 20. 1972, 39–62.
14 Backer, Clay, 231, 128 ff.
15 Ebd., 179.
16 Ebd., 120 ff.
17 Loth, 94 ff.
18 Steininger, I, 201 ff., 214 f. (Dok. 31).
19 Backer, Clay, 204 ff.; J. F. Dulles, War or Peace, London 1950, 102, 134.
20 Loth, 99 ff., 120 ff.; Backer, Clay, 112, 115 ff.
21 Ebd., 197.
22 Steininger, I, 227.
23 Schwarze, 117; Conze, Kaiser.
24 H.-P. Schwarz, Vom Reich zur Bundesrepublik Deutschland im Wi-

derstreit der außenpolitischen Konzeptionen in den Jahren der Besatzungsherrschaft 1945–1949, Stuttgart 1980², 479 ff.

25 M. Overesch, Die Bremer Interzonenkonferenz Oktober 1946, in: Deutschland Archiv 14. 1981, 1172–1190.

26 W. Grünewald, Die Münchener Ministerpräsidentenkonferenz 1947, Meisenheim 1971, 195 ff.

27 Steininger, I, 226 f.

28 Grünewald, 497; Steininger, I, 231.

29 R. Steininger, Zur Geschichte der Münchener Ministerpräsidentenkonferenz 1947, in: VfZG 23. 1975, 375–453.

30 Steininger, I, 232; W. Abelshauser, Zur Entstehung der »Magnet-Theorie« in der Deutschlandpolitik. Ein Bericht von Schlange-Schöningen über einen Staatsbesuch in Thüringen im Mai 1946, in: VfZG 27. 1979, 661–79.

31 W. Abelshauser, Wiederaufbau vor dem Marshall-Plan. Westeuropas Wachstumschancen u. die Wirtschaftspolitik in der zweiten Hälfte der vierziger Jahre, in: VfZG 29. 1981. 545–578; W. Link, Der Marshall-Plan u. Deutschland, in: Aus Politik u. Zeitgeschichte B. 50/80, 13. 12. 1980, 3–18; Schwarz, 479.

32 Conze, Kaiser.

33 W. Leonhard, Die Revolution entläßt ihre Kinder, Köln 1955 u.ö., 429 ff.

34 Steininger, I, 236.

35 Ebd., II, 282 ff.

36 Steininger, II, 306 f. (Dok. 42); Schwarz, 606 ff.

37 Steininger, II, 293 f.

38 Ebd., II, 292, 297 (Kennan, Robertson).

39 Ebd., II, 394, 403, 522.

7. Parlamentarischer Rat und Grundgesetz

1 Steininger, II, 306 f. (Dok. 42).

2 Die Neue Zeitung 21. 4. 1948.

3 F. K. Fromme, Von der Weimarer Verfassung zum Bonner Grundgesetz. Die verfassungspolitischen Folgerungen des Parlamentarischen Rates aus Weimarer Republik u. nationalsozialistischer Diktatur, Tübingen 1960; Der Parlamentarische Rat 1948–1949. Akten u. Protokolle, Hg. Deutschen Bundestag u. Bundesarchiv, Boppard 1975 f.

4 Th. Stammen u. G. Meier, Der Prozeß der Verfassungsgebung, in: J. Becker u.a. Hg., 408.

5 The New German Constitution, in: Social Research, 1949, 468, zit. nach Sörgel, 120.

6 Ebd., 117; J. Seifert, Grundgesetz u. Restauration, Darmstadt 1977.³

7 A. Vogel, Frauen u. Frauenbewegung, in: Benz Hg., II, 68 ff.; I. Langer-El Sayed, Familienpolitik, Frankfurt 1980.

8. »Soziale Marktwirtschaft« und »Wirtschaftswunder«

1 K. Schreyer, Bayern – ein Industriestaat. Die importierte Industrialisierung, München 1969, 65 ff.
2 W. Abelshauser, Wirtschaftsgeschichte der Bundesrepublik Deutschland 1945–1980, Frankfurt 1983, 46.
3 Ebd., 51.
4 Backer, Clay, 263.
5 H.-J. Grabbe, Unionsparteien, Sozialdemokratie u. Vereinigte Staaten von Amerika 1945–1966, Düsseldorf 1983, 86 ff.
6 Gimbel, Besatzungspolitik, Kap. 7 und 13; Schmidt, Verhinderte Neuordnung, 150 ff.
7 R. Uertz, Christentum u. Sozialismus in der frühen CDU, Stuttgart 1981.
8 G. Baier, Der Demonstrations- u. Generalstreik vom 12. November 1948, Frankfurt 1975, 44.
9 Abelshauser, Wirtschaftsgeschichte, 53, 65.
10 Ebd., 67 ff.
11 Ebd., 76 ff.
12 C. Baer u. E. Paul Hg., Das deutsche Wahlwunder, Frankfurt 1953.
13 A. Shonfield, Organisierte freie Marktwirtschaft, in: Narr u. Thränhardt, Hg., 116 ff, (»Banken als Präfekten«).

9. Atlantisches Bündnis und westeuropäische Integration

1 Steininger, Geschichte, II, 3 f.; Die Legende von der verpaßten Gelegenheit. Die Stalin-Note vom 10. März 1952, Hg. H.-P. Schwarz, Stuttgart 1982.
2 Steininger, 360 f., 366 ff.
3 Ebd., 363 f.
4 K. Adenauer, Erinnerungen 1945–1953, Frankfurt 1967, 327.
5 W. Loth, Der Koreakrieg u. die Staatswerdung der Bundesrepublik, in: J. Foschepoth Hg., Deutschland im Widerstreit der Mächte 1945–1952, Göttingen 1985, 335–61.
6 Loth, Teilung, 257 ff.
7 H. P. Schwarz, Die Ära Adenauer 1949–1957, Stuttgart 1981; 104 f,; Steininger, II, 383 f.; A. Baring, Außenpolitik in Adenauers Kanzlerdemokratie, 2 Bde., München 1971.
8 R. Steininger, Das Scheitern der EVG u. der Beitritt der Bundesrepublik zur NATO, in: Aus Politik u. Zeitgeschichte 17, 27. 4. 1985, 3 ff.

9 E. Korsthorst, J. Kaiser. Bundesminister für gesamtdeutsche Fragen 1949–1957, Stuttgart 1972.
10 N. Balapkins, West German Reparations to Israel, New Brunswick/ N. J. 1971, 152.
11 Ebd., 135.

10. Die Vollendung der Teilung und die Illusion der Wiedervereinigung

1 Narr, CDU, 160 ff.
2 Steininger, Scheitern, 15; ders., Eine Chance zur Wiedervereinigung? Die Stalin-Note vom 10. März 1952. Darstellung und Dokumentation auf der Grundlage unveröffentlichter britischer u. amerikanischer Akten, Bonn 1985.
3 Legende, 69, 71.
4 Ein Grußwort der Evangelischen Kirche Schlesiens an ihre Gemeinden (1946), in: Kirchliches Jahrbuch für die Evangelische Kirche in Deutschland 1945–1948, Hg. J. Beckmann, Gütersloh 1950, 123 ff.
5 K. Epstein, The Era Adenauer in German History, in: S. R. Graubard Hg., A New Europe? Boston 1963, 112 ff.
6 Klotzbach, 228.
7 K. Erdmenger, Das folgenschwere Mißverständnis. Bonn u. die sowjetische Deutschlandpolitik 1949–1955, Freiburg 1967, 34.
8 Zitiert nach A. Scholz, Der letzte Weg, in: Turmwächter, III, 12 f.
9 Narr, CDU, 127 f.
10 Klotzbach, 338 ff., 467 ff.
11 Ebd., 482 ff.
12 H. Soell, F. Erler, 2 Bde., Berlin 1976.
13 A. J. Heidenheimer, Adenauer and the CDU, Den Haag, 1960, 220.
14 W. Besson, Die Außenpolitik der Bundesrepublik, München 1970, 129.
15 Kosthoff, 170.
16 Besson, 108.
17 Ebd., 152.
18 Ebd., 129.
19 A. Hillgruber, Europa in der Weltpolitik 1945–1963, München 1981, 70.
20 Kosthorst, 189.
21 Loth, 263 ff.
22 Besson, 129.
23 Schwarz, Ära, 348 ff.
24 Steininger, II, 499.
25 »Eine Fliege vom Himmel holen«. Moskaus Kunst der Tarnung u. des Rüstungsbluffs, in: Der Spiegel 28/1984, 79–81.

26 Steininger, II, 503 f. Zur Gesamtproblematik H.-P. Schwarz Hg., Berlinkrise u. Mauerbau, Bonn 1985.

27 Ebd., 510.

28 Ebd., 503.

29 H. Krone, Aufzeichnungen zur Deutschland- u. Ostpolitik 1954–1959, Hg. K. Gotto, in: Adenauer-Studien, III, Mainz 1974, 162.

30 Krone, 163.

11. Integration und Oppostion in Adenauers Kanzlerdemokratie

1 Adenauer, Erinnerungen, 217; Kosthorst, Kaiser, 69; Schwarz, Ära Adenauer 1949–1957, 1981, 31.

2 Besson, 68.

3 A. Heidenheimer, Adenauer u. die CDU, in: Narr u. Thänhardt Hg., 84 ff.

4 Heidenheimer, Adenauer and the CDU, 194 f.

5 Ders., 89 ff.

6 K. Loewenstein, Verfassungslehre, Tübingen 1969[2], 93 f., 461; C. Wighton, Adenauer-Democratic Dictator, London 1963.

7 R. Steininger, Rundfunkpolitik im ersten Kabinett Adenauer, in: W. B. Lerg u. R. Steininger Hg., Rundfunk u. Politik 1923–1973, Berlin 1975, 342.

8 Frei, Hörfunk, 333.

9 U. Kitzinger, Wahlkampf in Westdeutschland, Göttingen 1960; Zur Soziologie der Wahl, Hg. E. K. Scheuch u. R. Wildenmann, Köln 1968[2]; W. Hirsch-Weber u. K. Schütz, Wähler u. Gewählte. Eine Untersuchung der Bundestagswahlen 1953, Köln 1957; R. Diederich u.a., Die rote Gefahr. Antisozialistische Bildagitation 1918–1976, Berlin 1976, 123.

10 Kleßmann, 256; A. v. Brünneck, Politische Justiz gegen Kommunisten in der Bundesrepublik Deutschland 1949–1968, Frankfurt 1978, 346.

11 Kosthorst, Kaiser, 360.

12 Kleßmann, 251; Narr u. Thränhardt Hg., 4.

13 Heidenheimer, Adenauer u. die CDU, 87.

14 E. Ehrich, Hellwege, Hannover 1977, 95.

15 H. Meyn, Die Deutsche Partei. Entwicklung u. Problematik einer konservativen Rechtspartei nach 1945, Düsseldorf 1965, 33.

16 F. Neumann, Der Bund der Heimatvertriebenen u. Entrechteten 1950–1960, Meisenheim 1968; L. Kather, Die Entmachtung der Vertriebenen, 2 Bde., München 1964/65.

17 Gutscher, FDP, 151 ff.

18 Marten, FDP.

19 Klotzbach, 433 ff.

20 Ebd., 482 ff.
21 Narr, CDU, 221 ff.
22 Ebd., 233.
23 Ebd., 159.
24 W. Wagner, Die Bundespräsidentenwahl 1959, in: Adenauer-Studien, II, München 1972, 95 ff. Vgl. auch J. Küppers, Die Kanzlerdemokratie. Voraussetzungen, Strukturen u. Änderungen des Regierungsstiles in der Ära Adenauer, Frankfurt 1985.
25 E.-O. Czempiel, Die Bundesrepublik u. Amerika: Von der Okkupation zur Kooperation, in: R. Löwenthal u. H.-P. Schwarz Hg., Die zweite Republik, Stuttgart 1974², 566.

12. Gegengewichte: Landes- und Kommunalpolitik

1 E. Krippendorff, Das Ende des Parteienstaates? in: Der Monat 160. 1962, 64 ff.; ders., Ende des Parteienstaates? in: Die neue Gesellschaft 13. 1966, 3 ff.
2 R. Dinkel, Der Zusammenhang zwischen Bundes- u. Landtagswahlergebnissen, in: PVS 18. 1977, 348 ff.
3 T. Ellwein, Klerikalismus in der deutschen Politik, 2 Bde., München 1955; Schwarz, Ära, I, 200.
4 U. v. Alemann Hg., Parteien u. Wahlen in Nordrhein-Westfalen, Köln 1985; D. Hüwel, K. Arnold, Wuppertal 1980; P. Hüttenberger, Nordrhein-Westfalen u. die Entstehung seiner parlamentarischen Demokratie, Siegburg 1973.

13. Verteilungsstaat und neue Konsumgesellschaft

1 Schreyer, Industrialisierung.
2 Schwarz, Ära, I, 399 f.; Taschenbuch für die Wirtschaft 1961. Hg. Deutsches Industrieinstitut, Köln 1961⁵, 554–58.
3 Ders., ... doch das Leben ging weiter, Köln 1971, 112–116.
4 P. P. Nahm, Lastenausgleich u. Integration der Vertriebenen u. Geflüchteten, in: Löwenthal u. Schwarz Hg., 825.
5 Wohnungsbaugesetz vom 24. April 1950, § 1, zitiert nach: W. Marondel Hg., Wohnungsbaugesetze, München 1979.
6 D. Zöllner, Sozialpolitik, in: Benz Hg., II, 1983, 300.
7 Ebd., 304.
8 H. G. Hockerts, Sozialpolitische Entscheidungen im Nachkriegsdeutschland, Stuttgart 1980, 372.
9 Schwarz, Ära, I, 325. Vgl. auch H. P. Bank, Die Sozialgesetzgebung der Bundesrepublik Deutschland u. ihr zeitlicher Zusammenhang mit den Wahlterminen seit 1949, in: Recht der Arbeit 1970, 101 ff.
10 Langer-El Sayed, 100 f.

11 D. Thränhardt, Ideologie u. Realität bundesdeutscher Familienpolitik, in: R. Heinze Hg., Neue Subsidiarität – Leitidee für eine zukünftige Sozialpolitik? Opladen 1986, 202–224.

12 Baring, 198 f.

13 Hartwich, 180 ff.

14 Schwarz, Ära, I, 381.

15 H. Schelsky, Die Bedeutung des Schichtungsbegriffs für die Analyse der gegenwärtigen deutschen Gesellschaft, in: ders., Auf der Suche nach Wirklichkeit, Düsseldorf 1965, 331–36.

14. Verwestlichung, Eskapismus und kritische Tendenzen in der Kultur

1 W. Langenbucher, Der aktuelle Unterhaltungsroman, 156 f.

2 Der Spiegel 16. 4. 1952, 29.

3 E. Endres, Die Literatur der Adenauerzeit, München 1983², 207 f.

4 J. Hembus, Der deutsche Film kann gar nicht besser sein. Ein Pamphlet von gestern. Eine Abrechnung von heute, München 1981.

5 Frei, Presse, 296 f.

6 E. Kraushaar, Rote Lippen. Die ganze Welt des deutschen Schlagers, Reinbek 1983, 28 ff.

7 I. Bachmann, Alle Tage, in: dies., Die gestundete Zeit, München 1957.

8 P. Celan, Todesfuge, in: ders., Mohn u. Gedächtnis, Stuttgart 1952.

II. Der Weg zur sozialliberalen Reform 1962–1973

1. Krise der Adenauerschen Außenpolitik. Brandts Politik der »kleinen Schritte«

1 Grabbe, 347 f.

2 Ebd., 346.

3 Ebd., 351.

4 Ebd., 499 f.

6 Zitiert nach ebd., 343.

6 »Quittung für den langen Schlaf. Die Politik des Nichtstun kommt uns teuer zu stehen«, in: Die Zeit 18. 8. 1961, auch in: M. Gräfin Dönhoff, Deutsche Außenpolitik von Adenauer bis Brandt, Hamburg 1970, 173.

7 Infas, 27. 11. 1963, zitiert nach Grabbe, 342.

8 B. Meissner, Die deutsche Ostpolitik 1961–1970, Köln 1970, 45.

9 Borowsky, 14 f.

10 Ebd., 15.

11 Grabbe, 346 f.

12 Ebd., 339.

13 B. Bandulet, Adenauer zwischen West u. Ost. Alternativen der deutschen Außenpolitik, München 1970, 282, Anm. 148; Grabbe, 310.

14 Günther, 126.
15 U. Damm, Die Bundesrepublik Deutschland u. die Entwicklungslän-
  der, Coburg 1965.

2. *Die* Spiegel-*Krise – Erschütterung des autoritären Kanzlerregimes*

1 Schwarz, Ära 1957–63, 262.
2 A. Grosser u. J. Seifert Hg., Die Spiegel-Affäre, 2 Bde., Olten 1966;
  D. Koerfer u. K.-H. Janßen, Dossier, in: Die Zeit 22. 8. 1980; J.
  Schoeps, Die Spiegel-Affäre des Strauß, Reinbek 1983.
3 J. Seifert, Die Spiegel-Affäre als Staatskrise, in: Grosser u. ders. Hg.,
  I, 160.
4 Dokument 30, in: ebd. I, 503 ff.
5 Seifert, 130.
6 Ebd., 137.
7 Ebd., 139.
8 M. Liebel, Die öffentlichen Reaktionen in der Bundesrepublik, in:
  Grosser u. Seifert Hg., II, 187.
9 Ebd., 199.
10 Schwarz, Ära 1957–63, 273.

3. *Modernisierung, Gemeinschaftsideologie und neue Kritik. Innenpolitik 1961–1966*

1 H. White, Der Präsident wird gemacht.
2 Schwarz, Ära 1957–1963, 232 f.
3 K. Günther, Der Kanzlerwechsel in der Bundesrepublik. Adenauer,
  Erhard, Kiesinger, Hannover 1970, 100 ff.
4 W. F. Dexheimer, Koalitionsverhandlungen in Bonn 1961, 1965, 1969,
  Einholz 1973, 50 ff.
5 K. Hildebrand, Von Erhard zur Großen Koalition 1963–1969, Stuttgart 1984, 164.
6 L. Erhard, Rede auf dem Bundesparteitag der CDU 1965, 4. Plenar-
  sitzung, 31. 3. 1965, 9, zit. nach: O. Negt, Gesellschaftsbild u. Ge-
  schichtsbewußtsein der wirtschaftlichen u. militärischen Führungsschichten. Zur Ideologie der autoritären Leistungsgesellschaft, in:
  G. Schäfer u. C. Nedelmann Hg., Der CDU-Staat. Analysen zur Verfassungswirklichkeit der Bundesrepublik, II, Frankfurt 1969[2], 379.
  Vgl. auch R. Opitz, »Der große Plan der CDU«. Die »Formierte Gesellschaft«, in: Blätter für deutsche u. internationale Politik 9, 1965.
  Dort auch entsprechende Zitate von Erhard aus dem Jahr 1933 (26).
7 Klotzbach, 533.
8 Ebd., 497 ff.
9 Narr, 223 f.

10 W. Brandt, »Denk ich an Deutschland...« Tatsachen – Argumente, Hg. Vorstand der SPD, Nr. 66, Juli 1963, 5.

11 Hildebrand, 207 f.

12 A. Shonfield, Geplanter Kapitalismus. Wirtschaftspolitik in Westeuropa u. USA, Köln 1968.

13 Günther, 141.

14 G. Picht, Die deutsche Bildungskatastrophe, Freiburg 1964.

15 Thränhardt, Bildungspolitik, 108 ff.

16 Die Lage der Vertriebenen u. das Verhältnis des deutschen Volkes zu seinen östlichen Nachbarn. Eine Evangelische Denkschrift, in: Deutschland u. die östlichen Nachbarn, Hg. R. Henkys, Berlin 1966.

17 Briefwechsel der katholischen Bischöfe, in: Deutschland u. die östlichen Nachbarn, 218 ff.

18 P. Borowsky, Deutschland 1963–1969, Hannover 1983, 42–47.

19 K. Jaspers, Wohin treibt die Bundesrepublik?, München 1966, 200.

4. *Krise, Protest, Große Koalition und stabilisierende Reformen* *1966–1969*

1 L. Niethammer, Angepaßter Faschismus. Politische Praxis der NPD, Frankfurt 1969.

2 H. Knorr, Der parlamentarische Entscheidungsprozeß während der Großen Koalition 1966 bis 1969, Meisenheim 1975, 104.

3 Ebd.

4 Ebd., 285, Anm. 217.

5 G. Gaus, Staatserhaltende Opposition oder Hat die SPD kapituliert? Gespräche mit H. Wehner, Reinbek 1966.

6 Narr, CDU, 215.

7 Jahrbuch 1965–67, 231; Jahrbuch 1968–73, 280.

8 F. W. Scharpf u.a., Politikverflechtung: Theorie u. Empirie des kooperativen Föderalismus in der Bundesrepublik, Kronberg 1976.

9 D. Thränhardt, Länder u. Regionen. Zur funktionalen Neubestimmung des bundesdeutschen Föderalismus, in: ders. Hg., Funktionalreform, Königstein 1979, 131–76.

10 K. Hesse, Der unitarische Bundesstaat, Karlsruhe 1962.

11 T. v. d. Vring, Reform oder Manipulation? Zur Diskussion eines neuen Wahlrechts, Frankfurt 1968.

12 K. Bungardt, Schulpolitik in Bewegung, 10. Folge, Frankfurt 1968.

13 Archiv der Gegenwart 36. 1966, 12840 f., Brandts Antwort: 12841, zit. nach E. Deuerlein, Deutschland 1963–1970, Hannover 1972[4], 88 f.

14 Soell, Erler, I, 476 ff.; W. Brandt, Begegnungen u. Einsichten. Die Jahre 1960–1975, Hamburg 1976, 89.

15 R. Dahrendorf, Gesellschaft u. Demokratie in Deutschland, Mün-

chen 1965; ders., Die angewandte Aufklärung. Gesellschaft u. Soziologie in Amerika, ebd. 1963.

16 A. Baring, Machtwechsel. Die Ära Brandt–Scheel, Stuttgart 1982, 65 ff.
17 Das Berliner Programm der CDU vom 4. November 1968, Punkt 32. Zit. nach: H. Jäckel, Wahlführer 1969, München 1969.
18 C. Leggewie, Kofferträger. Das Algerien-Projekt der Linken im Adenauer-Deutschland, Berlin 1984; H. K. Rupp, Außerparlamentarische Opposition in der Ära Adenauer. Der Kampf gegen die Atombewaffnung in den fünfziger Jahren, Köln 1970.
19 Baring, Machtwechsel 138 ff.
20 Vgl. Jahrbuch 1965–1967, 214 ff. Nur die ehemaligen Minister Jaeger und Blank schnitten bei den Umfragen schlechter ab als Mende, wenn man »Gute Meinung« durch »Keine gute Meinung« dividiert.
21 Baring, Machtwechsel 63 ff.
22 Besson, 429.
23 R. Löwenthal, Vom Kalten Krieg zur Ostpolitik, in: ders. u. Schwarz Hg., 678 f.

5. Die Regierung Brandt–Scheel und die neue Ostpolitik

1 Baring, Machtwechsel 164.
2 Ebd., 192.
3 H. Kissinger, Memoiren 1968–1973, München 1979, 442.
4 Baring, Machtwechsel, 258, 444 f.
5 Löwenthal, 683.
6 Ebd., 685.
7 Ebd., 688 f.
8 Ebd., 691.
9 Ebd., 690.
10 Ebd.
11 G. Schmid, Henry Kissinger u. die deutsche Ostpolitik, in: Aus Politik u. Zeitgeschichte, B. 8/80, 23. 2. 1980, 10–20.
12 Chronik. Debatten, Gesetze, Kommentare. Deutscher Bundestag 1969–1972, Bonn o. J., 18, 53, 71, 95, 99, 136.
13 Baring, Machtwechsel 418.
14 Ebd., 499.
15 Ebd., 499.
16 V. Berghahn, Unternehmer u. Politik in der Bundesrepublik, Frankfurt 1985, 328 f.

6. Innere Reformen bis zum Ölschock 1974

1 A. Möller, Genosse Generaldirektor, München 1978, 482 ff.; Baring, Machtwechsel, 653 ff.
2 Chronik, 230 f.
3 Ebd., 232.
4 A. Windhoff-Héritier, Umverteilungspolitik – Versuch einer Begriffserklärung, in: PVS 1982, 68–86.
5 Zöllner, 313 f.
6 Vgl. R. Lambrecht u. W. Malanowski, Richter machen Politik. Auftrag u. Anspruch des Bundesverfassungsgerichts, Frankfurt 1979, W. Däubler u. G. Kösel Hg., Verfassungsgericht u. Politik, Reinbek 1979.
7 P. Glotz, Anatomie einer politischen Partei in einer Millionenstadt. Über den Zusammenhang von Mitgliederstruktur und innerparteilicher Solidarität in der Münchner SPD 1968–1974, in: Aus Politik u. Zeitgeschichte, 11. 10. 1975, 15 ff.
8 Baring, Machtwechsel 73 f.
9 Ebd., 355 ff.
10 Ebd., 392.
11 Ebd., 394.
12 Ebd., 722 ff.
13 Ebd., 689.
14 So die Grundthese von Abelshauser.
15 C. P. Grotz, Die Junge Union. Struktur, Funktion, Entwicklungen der Jugendorganisation von CDU u. CSU seit 1969, Kehl 1984.

III. Regieren gegen Krisen 1974–1986

1 S. Heimann, Die Sozialdemokratische Partei Deutschlands, in: Stöss Hg., II, 2075 ff.
2 F. Stern, Germany in a Semi-Gaullist Europe, in: Foreign Affairs 58. 1980, 876.
3 Zu den materiellen Größen dabei vgl. die Studie des Umweltbundesamtes 1984 nach: Frankfurter Rundschau 230, 2. 10. 1984.
4 G. Verheugen, Der Ausverkauf. Macht u. Verfall der FDP, Reinbek 1984, 120.
5 N. Pötzl, Riesenhaft dimensioniertes Stückwerk. Die Umweltpolitik der sozialliberalen Koalition, in W. Bickerich Hg., Die 13 Jahre. Bilanz der sozialliberalen Koalition, ebd. 1982, 103 ff.
6 Die Anti-Terror-Debatte im Parlament. Protokolle 1974–1978. Zusammengestellt u. kommentiert von H. Vinke u. G. Witt, ebd. 1978; AdG 1977, 21 300; S. Aust, Der Baader-Meinhof-Komplex, Hamburg 1985.
7 Verheugen, 107 ff.

8 Baring, Machtwechsel, 698.

9 O. K. Flechtheim u.a., Der Marsch der DKP durch die Institutionen. Sowjetmarxistische Einflußstrategien u. Ideologien, Frankfurt 1980; Wir warn die stärkste der Partein ... Erfahrungsberichte aus der Welt der K-Gruppen, Berlin 1977; vgl. auch die Artikel zu den entsprechenden Parteien einschließlich des Beitrags über die Vorgeschichte der Grünen in: Parteienhandbuch, a.a.O.

10 H. W. Schmollinger u. P. Müller, Zwischenbilanz. 10 Jahre sozialliberale Politik 1969–1979. Hannover 1980, 53, 66.

11 Ebd., 76.

12 R. Inglehart, Political Dissatisfaction and Mass Support for Social Change in Advanced Industrial Society, in: Comparative Political Studies 10. 1977, 462 ff.; C. Offe, Krisen des Krisenmanagements, in: M. Jänicke Hg., Herrschaft u. Krise, Opladen 1973, 212 ff.

13 S. W. Kaltefleiter, in: Die Welt, 14. 3. 1978, zit. nach Schmollinger u. Müller, 79.

14 A. Klönne, Zur Erinnerung an eine »deutsche Bewegung«, in: Nicht links – nicht rechts? Über die Zukunft der Grünen, Hamburg 1983, 7 ff.; L. Klotzsch u. R. Stöss, Die Grünen, in: Stöss Hg., II, 1509–98.; W. P. Bürklin, Grüne Politik. Ideologische Zyklen, Wähler u. Parteiensystem, Opladen 1984.

15 Verheugen, 118.

16 M. G. Schmidt, Wohlfahrtsstaatliche Politik unter bürgerlichen u. sozialdemokratischen Regierungen. Ein internationaler Vergleich, Frankfurt 1982.

17 Die Zeit 31. 8. 1984.

18 Vgl. die Analysen zu den drei Landtagswahlen in: Zeitschrift für Parlamentsfragen, 3/1985.

19 D. Thränhardt, Politische Inversion. Wie u. warum Regierungen das Gegenteil dessen erreichen, was sie versprochen haben, in: PVS 1984, 440–461.

20 Schmidt, Politik.

IV. Ausblick: Neue Herausforderungen, alte Antworten

1 Diesen Begriff verwenden die Gutachter der Bundesregierung für das »Haus der Geschichte« in ihren Ausführungen mehrfach. Vgl. L. Gall u.a., Überlegungen und Vorschläge zur Errichtung eines »Hauses der Geschichte der Bundesrepublik Deutschland« in Bonn, Bonn 1984, MS.

Auswahlbibliographie

1. Handbücher, Bibliographien und Chroniken

W. Benz Hg., Die Bundesrepublik Deutschland, 3 Bde., Frankfurt 1983.

P. Borowsky, Deutschland 1970–1976, Hannover 1980.

Ders., Deutschland 1963–1969, Hannover 1983.

K. D: Bracher Hg., Nach 25 Jahren. Deutschland-Bilanz, München 1970.

W. Conze u. M. R. Lepsius Hg., Sozialgeschichte der Bundesrepublik Deutschland, Stuttgart 1983.

Th. Ellwein u. W. Bruder Hg., Die Bundesrepublik Deutschland, Freiburg 1984.

Evangelisches Staatslexikon, Hg. H. Kunst u. S. Grundmann, Berlin 1976².

Gesellschaft u. Staat. Lexikon der Politik, Hg. H. Drechsler u.a., Baden-Baden 1970.

A. Grosser, Geschichte Deutschlands seit 1945, München 1974.

Hamburger Bibliographie zum parlamentarischen System der Bundesrepublik Deutschland 1945–1970, Hg. U. Bermbach, Opladen 1973; 1. Ergänzungslieferung: 1971–1972, ebd. 1975; 2. Ergänzungslieferung: 1973–1974, ebd. 1976; 3. Ergänzungslieferung: 1975–1976, ebd. 1978.

Handlexikon zur Politikwissenschaft, Hg. A. Görlitz, München 1972.

Handbuch des Parlamentarismus, Hg. H.-H. Röhring u. K. Sontheimer, München 1970.

B. H. Herbstrith, Daten zur Geschichte der Bundesrepublik, Düsseldorf 1984.

H. G. Lehmann, Chronik der Bundesrepublik Deutschland. 1945/49 bis 1983, München 1983².

H. Lilge Hg., Deutschland 1945–1963, Hannover 1967.

Staatslexikon. Recht, Wirtschaft, Gesellschaft, Hg. Görres-Gesellschaft, 11 Bde., Freiburg 1957–1970/Neuausgabe 1985 ff.

Staat u. Politik, Hg. E. Fraenkel u. K. D. Bracher, Frankfurt 1957.

D. Thränhardt, Bibliographie Bundesrepublik Deutschland, Göttingen 1980.

2. Darstellungen

W. Abelshauser, Wirtschaftsgeschichte der Bundesrepublik Deutschland 1945–1980, Frankfurt 1983.

W. Abendroth, Antagonistische Gesellschaft u. politische Demokratie, Neuwied 1967.

F. R. Allemann, Bonn ist nicht Weimar, Köln 1965.

K. D. Bracher u.a. Hg., Geschichte der Bundesrepublik Deutschland, 5 Bde., Wiesbaden 1981 ff.

D. Claessens u.a., Sozialkunde der Bundesrepublik Deutschland, Düsseldorf 1965.

A. Doering-Manteuffel, Die Bundesrepublik Deutschland in der Ära Adenauer, Darmstadt 1983.

K. Düwell, Entstehung und Entwicklung der Bundesrepublik Deutschland, Köln 1981.

Th. Ellwein, Das Regierungssystem der Bundesrepublik Deutschland, Köln 1977[4].

G.-J. Glaeßner u.a. Hg., Die Bundesrepublik in den siebziger Jahren, Opladen 1984.

A. Grosser, Das Deutschland im Westen. Eine Bilanz, München 1985.

Kluxen, Geschichte u. Problematik des Parlamentarismus, Frankfurt 1983.

D. Lehnert, Sozialdemokratie zwischen Protestbewegung und Regierungspartei 1848–1983, Frankfurt 1983.

R. Löwenthal u. H.-P. Schwarz Hg., Die zweite Republik. 25 Jahre Bundesrepublik, Stuttgart 1974[2].

J. Mooser, Arbeiterleben in Deutschland 1900–1970, Frankfurt 1984.

W.-D. Narr Hg., Politik u. Ökonomie – autonome Handlungsmöglichkeiten des politischen Systems, Opladen 1975.

W.-D. Narr u. D. Thränhardt Hg., Die Bundesrepublik Deutschland. Entstehung, Entwicklung, Struktur, Königstein 1984[2].

W. Rudzio, Das politische System der Bundesrepublik Deutschland, Opladen 1983.

K.-J. Ruhl, Hg. »Mein Gott, was soll aus Deutschland werden?« Die Adenauer-Ära 1949–1963, München 1985.

G. Schäfer u. C. Nedelmann Hg., Der CDU-Staat, Analysen zur Verfassungswirklichkeit der Bundesrepublik, 2 Bde., Frankfurt 1969[2].

R. Steininger, Deutsche Geschichte 1945–1961. Darstellung u. Dokumente in zwei Bänden, Frankfurt 1983.

W. Voß, Die Bundesrepublik Deutschland. Daten u. Analysen, Stuttgart 1981[2].

I. Wilharm Hg., Deutsche Geschichte 1962–1983, 2 Bde., Frankfurt 1985.

3. Entstehung der Bundesrepublik Deutschland

Akten zur Vorgeschichte der Bundesrepublik Deutschland 1945–1949, Hg. Bundesarchiv u. Institut für Zeitgeschichte, 5 Bde., München 1976 ff.

G. Ambrosius, Die Durchsetzung der sozialen Marktwirtschaft in Westdeutschland 1945–1949, Stuttgart 1977.

J. H. Backer, Die deutschen Jahre des Generals Clay. Der Weg zur Bundesrepublik 1945–1949, München 1983.

W. Benz, Von der Besatzungsherrschaft zur Bundesrepublik Deutschland. Stationen einer Staatsgründung 1946–1949, Frankfurt 1984.

Ders., Die Gründung der Bundesrepublik. Von der Bizone zum souveränen Staat, München 1984.

U. Borsdorff u. L. Niethammer Hg., Zwischen Befreiung u. Besetzung. Analysen des US-Geheimdienstes über Positionen u. Strukturen deutscher Politik 1945, Wuppertal 1976.

W. Conze, J. Kaiser, Politiker zwischen Ost u. West 1945–1949, Stuttgart 1969.

K. Düwell, Entstehung u. Entwicklung der Bundesrepublik Deutschland 1945–1961, Köln 1981.

B. B. Ferencz, Lohn des Grauens. Die verweigerte Entschädigung für jüdische Zwangsarbeiter, Frankfurt 1981.

J. Foschepoth u. R. Steininger Hg., Britische Deutschland- und Besatzungspolitik 1945–1949, Paderborn 1986.

Ders. Hg., Deutschland im Widerstreit der Mächte 1945–1952, Göttingen 1985.

F. K. Fromme, Von der Weimarer Verfassung zum Bonner Grundgesetz. Die verfassungspolitischen Folgerungen des Parlamentarischen Rates aus Weimarer Republik u. nationalsozialistischer Diktatur, Tübingen 1960.

J. Gimbel, Amerikanische Besatzungspolitik in Deutschland 1945–1949, Frankfurt 1971.

Ders., Eine deutsche Stadt unter amerikanischer Besatzung. Marburg 1945–1952, Köln 1964.

W. Jacobmeyer, Vom Zwangsarbeiter zum heimatlosen Ausländer, Göttingen 1985.

A. Kaden, Einheit oder Freiheit. Die Wiedergründung der SPD, Hannover 1964.

C. Kleßmann, Die doppelte Staatsgründung. Deutsche Geschichte 1945–1955, Bonn 1982 u.ö.

K. Niclauß, Demokratiegründung in Westdeutschland. Die Entstehung der Bundesrepublik 1945–1949, München 1974.

L. Niethammer u.a. Hg., Arbeiterinitiative u. Reorganisation der Arbeiterbewegung in Deutschland, Wuppertal 1977.

M. Overesch, Deutschland 1945–1949, Königstein 1979.

Der Parlamentarische Rat 1948–1949. Akten u. Protokolle, Hg. K. G. Wernicke u. H. Booms, Boppard 1975 ff.

H.-P. Schwarz, Vom Reich zur Bundesrepublik. Deutschland im Widerstreit der außenpolitischen Konzeptionen in den Jahren der Besatzungsherrschaft 1945–1949, Neuwied 1949/Stuttgart 1982.[2]

W. Sörgel, Konsensus u. Interessen. Eine Studie zur Entstehung des

Grundgesetzes für die Bundesrepublik Deutschland, Opladen 1984.[2]

H.-G. Wieck, Christliche u. Freie Demokraten in Hessen, Rheinland-Pfalz, Baden und Württemberg 1945/46, Düsseldorf 1958.

4. Außenpolitik, Deutschland-Frage

K. Adenauer, Erinnerungen, 4 Bde., Stuttgart 1965 ff.

U. Albrecht, Politik u. Waffengeschäfte. Rüstungsexporte in der BRD, München 1972.

A. Baring, Außenpolitik in Adenauers Kanzlerdemokratie, 2 Bde., München 1969.

W. Besson, Die Außenpolitik der Bundesrepublik Deutschland, München 1970.

H. End, Zweimal deutsche Außenpolitik. Internationale Dimensionen des innerdeutschen Konflikts 1949–1972, Köln 1973.

K. Erdmenger, Das folgenschwere Mißverständnis. Bonn u. die sowjetische Deutschlandpolitik 1949–1955, Freiburg 1967.

J. Fijalkowski u.a., Berlin – Hauptstadtanspruch u. Westintegration, Köln 1967.

H.-J. Grabbe, Unionsparteien, Sozialdemokratie u. Vereinigte Staaten von Amerika 1954–1966, Düsseldorf 1983.

H. Haftendorn, Sicherheit u. Entspannung. Zur Außenpolitik der Bundesrepublik Deutschland 1955–1982, Baden-Baden 1983.

A. Hillgruber, Deutsche Geschichte 1945–1982. Die »deutsche Frage« in der Weltpolitik, Stuttgart 1983.[5]

E. Jahn u. V. Rittberger Hg., Die Ostpolitik der Bundesregierung, Opladen 1974.

H. E. Jahn, Die deutsche Frage von 1945 bis heute. Der Weg der Parteien u. Regierungen, Mainz 1985.

M. Knapp Hg., Die deutsch-amerikanischen Beziehungen nach 1945, Frankfurt 1975.

H. G. Lehmann, Der Oder-Neiße-Konflikt, München 1979.

W. Loth, Die Teilung der Welt 1941–1955, München 1973.[3]

F. R. Pfetsch, Die Außenpolitik der Bundesrepublik, München 1981.

A. Riklin, Das Berlin-Problem, Köln 1965.

M. Roth, Zwei Staaten in Deutschland. Die sozialliberale Deutschlandpolitik u. ihre Auswirkungen 1969–1978, Opladen 1981.

G. Schmid, Entscheidung in Bonn. Die Entstehung der Ost- u. Deutschlandpolitik 1969/1970, Köln 1979.

K. v. Schubert, Wiederbewaffnung u. Westintegration. Die innere Auseinandersetzung um die militärische u. außenpolitische Orientierung der Bundesrepublik 1950–1952, Stuttgart 1970.

H.-P. Schwarz Hg., Handbuch der deutschen Außenpolitik, München 1975.

G. Schweigler, Grundlagen der außenpolitischen Orientierung der Bundesrepublik Deutschland, Baden-Baden 1985.

K. L. Shell, Bedrohung u. Bewährung. Führung u. Bevölkerung in der Berlin-Krise, Köln 1965.

R. Steininger, Eine vertane Chance. Die Stalin-Note vom 10. März 1952 u. die Wiedervereinigung, Bonn 1985.

Texte zur Deutschlandpolitik, Hg. Bundesministerium für Innerdeutsche Beziehungen (bis 1969: für Gesamtdeutsche Fragen), Bonn/Berlin 1968 ff. (Dokumente in Fortsetzungsbänden.)

5. Regierung, Verwaltung, Parlament, Parteien

Die Anti-Terror-Debatten im Parlament. Protokolle 1974–1978, Hg. H. Vincke u. G. Witt, Reinbek 1978.

A. Baring, Machtwechsel. Die Ära Brandt–Scheel, Stuttgart 1982.

W. Bickerich Hg., Die 13 Jahre der sozialliberalen Koalition, Reinbek 1982.

K. Bölling, Die letzten 30 Tage des Kanzlers Helmut Schmidt, Reinbek 1982.

D. Buchhaas, Die Volkspartei. Programmatische Entwicklung der CDU 1950–1973, Düsseldorf 1981.

W. P. Bürklin, Grüne Politik. Ideologische Zyklen, Wähler u. Parteiensysteme, Opladen 1984.

J. Domes, Mehrheitsfraktion u. Bundesregierung. Aspekte des Verhältnisses der Fraktion der CDU/CSU im zweiten u. dritten Deutschen Bundestag zum Kabinett Adenauer, Köln 1964.

L. J. Edinger, K. Schumacher. Persönlichkeit u. politisches Verhalten, Köln 1967.

Th. Eschenburg, Zur Politischen Praxis in der Bundesrepublik, I: 1957–1961, II: 1961–1965, III: 1966–1970, München 1967^2, 1966, 1972.

H. Kaack, Die F.D.P., Königstein 1978^2.

H. Kaack, Geschichte u. Struktur des deutschen Parteiensystems, Opladen 1971.

W. Kaltefleiter, Die Funktionen des Staatsoberhaupts in der parlamentarischen Demokratie, Köln 1969.

K. Klotzbach, Der Weg zur Staatspartei. Programmatik, praktische Politik u. Organisation der deutschen Sozialdemokratie 1945–1965, Berlin 1982.

H. Knorr, Der parlamentarische Entscheidungsprozeß während der Großen Koalition 1966 bis 1969, Meisenheim 1975.

G. Loewenberg, Parlamentarismus im politischen System der Bundesrepublik Deutschland, Tübingen 1971^2.

A. Mintzel, Die CSU. Anatomie einer konservativen Partei, Opladen 1975.

W.-D. Narr, CDU–SPD. Programm u. Praxis, Stuttgart 1966.

J. Raschke Hg., Bürger u. Parteien. Ansichten u. Analysen einer schwierigen Beziehung, Opladen 1982.

H. W. Schmollinger u. P. Müller, Zwischenbilanz. 10 Jahre sozialliberaler Politik 1969–1979, Hannover 1980.

H. Soell, Fritz Erler, 2 Bde., Berlin 1976.

M. Sperr, Petra Kelly, München 1983.

W. Steffani Hg., Parlamentarismus ohne Transparenz? Opladen 1973[2].

R. Stöss Hg., Parteienhandbuch, 2 Bde., Opladen 1983/84.

U. Thaysen, Parlamentarisches Regierungssystem in der Bundesrepublik Deutschland, Opladen 1976.

G. Verheugen, Der Ausverkauf. Macht u. Verfall der FDP, Reinbek 1984.

U. Wengst, Staatsaufbau u. Regierungspraxis 1948–1953. Zur Geschichte der Verfassungsorgane der Bundesrepublik Deutschland, Düsseldorf 1984.

K. Wolf, CSU u. Bayernpartei. Ein besonderes Konkurrenzverhältnis 1948–1960, Köln 1984.

6. Wahlen, Umfrageforschung, Partizipation

E. Blankenburg, Kirchliche Bindung u. Wahlverhalten. Die sozialen Faktoren bei der Wahlentscheidung in Nordrhein-Westfalen 1961 bis 1966, Olten 1967.

E. Faul Hg., Wahlen u. Wähler in Westdeutschland, Villingen 1960.

B. Guggenberger, Bürgerinitiativen in der Parteidemokratie, Stuttgart 1978.

J. Hallerbach Hg., Die eigentliche Kernspaltung. Gewerkschaften u. Bürgerinitiativen im Streit um die Atomkraft, Darmstadt 1978.

W. Hirsch-Weber u. K. Schütz, Wähler u. Gewählte. Eine Untersuchung der Bundestagswahlen 1953, Köln/Opladen 1967.

Jahrbuch der öffentlichen Meinung/Allensbacher Jahrbuch der Demoskopie, Hg. E. Noelle u. E. P. Neumann 1947–1955; 1957; 1958–1964; 1964–1967, 1968–1973, 1974–1976; 1977; 1978–1983, Allensbach 1956 ff.

U. W. Kitzinger, Wahlkampf in Westdeutschland, Göttingen 1960 (Bundestagswahl 1957).

H. Kühr Hg., Vom Milieu zur Volkspartei, Königstein 1979.

G. Langguth, Die Protestbewegung in der Bundesrepublik Deutschland 1968–1976, Köln 1976.

P. C. Mayer-Tasch, Die Bürgerinitiativbewegung, Reinbek 1976.

K. A. Otto, Vom Ostermarsch zur APO. Geschichte der außerparlamentarischen Opposition in der Bundesrepublik 1960–70, Frankfurt 1977.

Public Opinion in Occupied Germany: The OMGUS Surveys, 1945–1959, Hg. A. J. u. R. L. Merritt, Urbana etc. 1970.

H. K. Rupp, Außerparlamentarische Opposition in der Ära Adenauer. Der Kampf gegen die Wiederbewaffnung in den fünfziger Jahren, Köln 1970.

F. Sänger u. K. Liepelt Hg., Wahlhandbuch 1965, Frankfurt 1965.

E. K. Scheuch u. R. Wildenmann Hg., Zur Soziologie der Wahl, Opladen 1965.

Th. v. d. Vring, Reform oder Manipulation? Zur Diskussion eines neuen Wahlrechts, Frankfurt 1968.

7. Medien, politische Kultur

H. Brüdigam, Der Schoß ist fruchtbar noch ... Neonazistische, militaristische, nationalistische Literatur u. Publizistik in der Bundesrepublik, Frankfurt 1964.

F. Deppe, Das Bewußtsein der Arbeiter, Köln 1971.

P. Dudek u. H.-G. Jaschke, Entstehung u. Entwicklung des Rechtsextremismus in der Bundesrepublik, Opladen 1984.

H. Grebing, Konservative gegen die Demokratie. Konservative Kritik an der Bundesrepublik, Frankfurt 1971.

H. Hurwitz, Die Stunde Null der deutschen Presse. Die Amerikanische Pressepolitik in Deutschland 1945–1949, Köln 1972.

W. Jaide, Junge Arbeiterinnen, München 1969.

M. Jenke, Verschwörung von Rechts? Ein Bericht über den Rechtsradikalismus in Deutschland nach 1945, Berlin 1961.

Jugend '81. Lebensentwürfe. Alltagskulturen, Zukunftsbilder. Hg. Jugendwerk der Deutschen Shell, 3 Bde., Hamburg 1981.

E. Küchenhoff u.a., Bild-Verfälschungen. Analyse der Berichterstattung der Bild-Zeitung über Arbeitskämpfe, Gewerkschaftspolitik, Mieter, Sozialpolitik, 2 Bde., Frankfurt 1973.

W. Röhrich, Die verspätete Demokratie. Zur politischen Kultur der Bundesrepublik Deutschland, Köln 1983.

Die Spiegel-Affäre, Hg. J. Seifert, 2 Bde., Olten 1966.

8. Wirtschaft und Sozialpolitik

Ausländerbeschäftigung u. internationale Politik, Hg. R. Lohrmann u. K. Manfrass, München 1974.

V. Berghahn, Unternehmer u. Politik in der Bundesrepublik, Frankfurt 1985.

M. Borris, Ausländische Arbeiter in einer Großstadt, Frankfurt 1973.

D. Grosser Hg., Der Staat in der Wirtschaft der Bundesrepublik, Opladen 1985.

H. H. Hartwich, Sozialstaatsprinzip u. gesellschaftlicher Status quo, Opladen 1977^2.

V. Hentschel, Geschichte der deutschen Sozialpolitik 1880–1980, Frankfurt 1983.

H.-J. Krupp u. W. Glatzer Hg., Umverteilung im Sozialstaat, Frankfurt 1978.

I. Langer-El Sayed, Familienpolitik, Frankfurt 1980.

E. Lemberg u. F. Edding Hg., Die Vertriebenen in Westdeutschland, 3 Bde., Kiel 1965.

M. Osterland u.a., Materialien zur Lebens- u. Arbeitssituation der Industriearbeiter in der BRD, Frankfurt 1973.

Unterprivilegiert. Eine Studie über sozial benachteiligte Gruppen in der Bundesrepublik Deutschland, Hg. Spiegel-Redaktion, Neuwied 1973.

Inhaltsverzeichnis